中國貨幣政策
金融監管制度
變遷

解川波、張虎嬰 編著

財經錢線

序言

貨幣簡史

7,000年到5,000年前，農業社會在歐亞大陸出現，不同地區、不同部落和不同生產者之間的社會分工與物品交換活動也同時開始，貨幣逐漸產生。

在經歷了對各種各樣的貨幣材料的選擇後，歐亞大陸的人類都選擇了金、銀、銅三種金屬作為貨幣材料。貨幣應該具有天然的財務硬約束性。這一時期，人類已經明白了貨幣的交易符號性質以及金屬材料的純度問題。所以，在交易中，人們要根據貨幣的純度來確定貨幣作為交易工具的價格。但是，國家出現以後，面臨財政困難的國王總會想方設法降低貨幣純度或重量來變相增加稅收。最典型的就是歷史上的皇帝們都在窮困潦倒時發行當折錢。當折錢就是在原來的銅幣上鑄明該銅錢本身只值一個單位，但現在皇帝規定它值兩個或更多的單位。在公元10世紀的宋代，四川商人發明了替代長途運送金屬貨幣的匯票，並把匯票作為貨幣來流通。商人的智商比得上皇帝，他們憑空捏造匯票去哄人，結果鬧出了匯兌風波。於是，北宋政府沒收了商人的發行權，自己發行國家紙幣。於是我們看到，依附於金屬貨幣的信用貨幣被我們的祖先創造出來了，但其發行人的意圖、發行數量及其代表的金屬貨幣數量，以及還能流通多久，對接受者來說都存在不確定性。

在此，我們看到，在交易的支付環節，信用產生了。信用催生了信用貨

幣，也在歷史上屢屢闖下危及貨幣制度的大禍。進一步講，人們追求的便利和省錢，同時也被人們的貪婪與狡詐盯上了。更進一步講，如果貪婪與狡詐的是個人，那麼人們可以將他痛打一頓，然後將他捆綁起來送到官衙懲辦。但是，如果貪婪與狡詐的是國王——那個代表國家的個人，人們基本上就無法反抗了。

在歐亞大陸的西端，到17世紀，逐漸形成的全球貿易體系和工業社會的快速成長使社會財富激增，金屬貨幣數量嚴重不足，同時人們也發現了長途運輸金屬貨幣的種種不便。成本與風險上升問題促使商人們使用匯票和支票，私人銀行更發行替代匯票和支票的紙幣。但是，歐洲商人也不是道德滿懷、善意始終的聖徒，狡詐之徒和食言者比比皆是，銀行擠兌與破產風波四起。在以貿易與工業立國的島國——英國，在私人銀行發行紙幣惹起很多風波和訴訟之後，終於讓位於國家支持的英格蘭銀行。接下來便是歐洲其他國家學習和效仿英國，把紙幣發行權收歸國家銀行。

國家銀行發行的紙幣在20世紀初也遇到過巨大挑戰：金銀儲備嚴重不足。黃金的價值來自它的稀缺性、易加工性和穩定性，在遠古到工業革命前，還來自地表黃金的手工操作的易獲取性。相對於農業時代的貿易和財富儲藏來說，黃金的確是不可多得的儲藏貨幣。然而，工業革命的發展，使生產和貿易的價值數十倍於農業時代，國家紙幣的發行在經濟生活中逐漸植根於生產與交易的發展。但是法律和人們的價值認同依然如故：黃金、白銀才是真正的財富。這樣的認知與社會經濟生活對貨幣的需求經常發生衝突，於是銀行擠兌和通貨緊縮，當然，還有通貨膨脹，便頻頻發生。

世界冷兵器時代便發展壯大和流行的武力爭霸文化在工業革命以後達到頂峰，歐亞大陸各國間戰火連綿不絕。兩次世界大戰，摧毀力遠超冷兵器成百上千倍的熱兵器，幾乎把歐亞各工業國打回古代。直到美國出兵，以強大的工業實力擊敗希特勒的第三帝國，使用原子彈懾服企圖本島決戰的日本，最終結束了人類社會漫長的大規模相互殺戮。在以後的幾十年中，國際貨幣體系分裂成幾個相互競爭的貨幣集團，各國貨幣競相貶值，動盪不定。大英帝國因為戰爭和它在地理上、文化認同上的支離破碎而衰落了，又退回英國

序　言

本島，英鎊作為國際貨幣的地位衰落了。二戰的「救世主」美國在戰後通過布雷頓森林會議，使美元正式替代了英鎊，並建立了戰後歐美陣營各國一致認可的國際貨幣與國際金融體制。蘇聯也派代表參加了這個會議，但是，斯大林不喜歡跟著英、美的指揮棒轉，於是他另搞了一套國際貨幣體系——國際盧布體系。

二戰後，全球性社會穩定使世界各國，無論東方還是西方陣營，都出現了經濟簡潔明瞭和增長。在西方國家，金融市場的發展，現代生活的進程的加快，讓更多的人不再追逐黃金、白銀，而追逐各種各樣的投資、投機與花樣翻新的消費。1973年石油危機爆發，美元順勢脫離黃金，紙幣在法律上和人們的觀念上終於徹底擺脫了黃金的影子。當然，美元與黃金正式脫鉤，的確引起了一時的轟動和短期的恐慌。此後，黃金、白銀主要被用於工業生產，如傳統的炫耀性消費品生產，並被各國中央銀行作為高價值、易變現、低倉儲費用的金融資產。

在主要資本主義國家，人們經過十來年的努力創造，也擺脫了高油價的打擊，再次進入長期的經濟增長與繁榮。在這個過程中，物價上漲與經濟增長同行，扣除通貨膨脹後，人們的實際收入仍是增長的，而且生活質量有所提高，社會福利也在增加。

2008年，當中華人民共和國逐漸融入世界經濟體系，第一次遭遇世界經濟大風暴時，儘管炒作黃金和黃金再度貨幣化的聲音很大，但是國人並沒有去追逐黃金，而是去追逐房產、股票、子女教育。人們在日常生活中實在找不到多少使用和儲藏黃金的理由。這就是說，中華人民共和國的國家貨幣制度是勝任的。

在20世紀70年代的經濟大危機中，歐美各國人民也是這樣平靜地對待黃金的。

2016年中國黃金產量453.486噸，連續10年位居世界第一，價值12,808億元人民幣。2016年中國國內生產總值744,127億元，黃金產值占其中的1.72%。可見黃金在國民經濟中已經微不足道，只是採掘業中的一個細分行業。

但是，現代貨幣潛伏著特別重大的危險性。簡單地說，就是世界各國以及國際市場上，國家信用和私人信用市場越來越快地推動著貨幣數量快速上升，並拉高了各種資產的價格，造成貧富懸殊。信用市場紛繁複雜的各子市場和閃電式全球性海量交易，都越來越脫離經濟發展的實質部門，而且不斷狡猾地掠奪不具備金融知識而又急於求富的人們的積蓄。人類對於這個現象有著共同的高度警惕，世界各國都建立了自己的貨幣政策與金融監管法律、監管機構、工作與預警系統，並通過國際合作加強警戒。但人類仍然不能確定國家貨幣系統能否一直比較安全地運行下去。

社會主義：從蘇聯到中華人民共和國

20世紀初，歐洲社會大動蕩與連綿不斷的戰爭使新興的工人階級和農民遭受了巨大的災難。舊時代的皇權、貴族和新時代的資本家合力把歐洲大陸攪得烽火連連，戰亂不絕。俄國底層人民進行了反戰、反皇權與貴族和資產階級聯合壓迫的鬥爭，在俄共（布）領導下，推翻了沙皇帝國統治，建立了工農兵聯合執政的政府，即蘇維埃政權。蘇維埃公開宣布，剝奪資產階級、舊時代貴族地主的一切財產和權利，廢除私有財產和權利，一切權力歸蘇維埃。俄共（布）領導俄國人民開始獨創一條人類社會從來沒有走過的道路：共產主義道路。在經歷了1917—1920年的內戰和世界各資本主義國家聯合軍事侵略干涉後，蘇維埃政權對小規模經營的私人經濟實行短期退讓，新的社會結構與秩序得到穩定，蘇維埃政權也得以有效運轉，世界資本主義不再對她咬牙切齒地痛恨。

從1926年起，蘇聯開始進入了社會主義工業化時期。1928—1929年蘇聯工業產量年平均增長6.9%。1929年，蘇聯共產黨終於開始了人類經濟史上前所未有的第一個國民經濟發展五年計劃。遵循高速建成社會主義的思想，蘇聯提前完成了第一個國民經濟發展五年計劃，在整個國民經濟中，排除了多種經濟成分，社會主義成分已經取得了徹底的勝利。到1933年1月，55%的農戶已參加社會主義集體農莊。工業中，生產資料的生產年均增長率達28.5%，

消費品的生產年均增長率也達 11.7%，比西方國家高得多。例如，即使在「繁榮」的 20 世紀 20 年代，1925—1929 年，美國的消費品生產年均增長率也只有 1.4%，德國為 3.1%，英國反而縮減了 1.9%。蘇聯的就業人數從 1928 年的 115 萬人增加到 1932 年的 2,290 萬人，基本實現了全民就業。那是資本主義國家經濟的灰暗與蘇聯社會主義經濟的輝煌強烈對比的時期。

在包括人力資源在內的全面系統的計劃經濟中，貨幣不再重要。但貨幣最終得以保留，有兩個基本理由：第一個是無法對每個農業生產單位進行財政統一收支。農業生產具有高度分散性、季節性、非機械化性，即使已經建立的集體農莊的農業生產也是如此。農民或者社會主義化的集體農莊，都只是自耕自食的自在之民，對社會交換系統的依賴性非常小，主要是對穿的布、吃的鹽與外界有年度性的交換需求，而簡單的農具與鍋盆碗盞均可以多年不換。對這樣海量的生產單位和相對微小的交換量顯然不可能轉帳結算，只能現金交易。第二個理由是對城市人口的食物等日用消費品的供給制度在試驗後確認成本太高，還是各家各戶憑票去國營商店購買更合適。

「消滅貨幣」這個偉大夢想，蘇聯人在經過反覆實踐後，指向了共產主義實現之日。銀行成為計劃經濟活動的會計中心，在蘇聯工商企業和財政收支系統中，很快就得以實現。但貨幣仍然在流通，時時刻刻滋生著資本主義。

蘇聯宣布廢除私有制，建立了公有制企業和農莊，接受黨的意志和計劃的人民都過著比較好的生活，國家計劃滲透到了包括生活、思想、工作、學習和娛樂的各個方面。這種歷史上從未有過的制度創造了俄國歷史上的偉大奇跡：迅速走向軍工導向的工業化、城市化和高就業率。

1933 年，第一個五年計劃獲得成功，蘇聯政府滿懷自信地向西方國家的社會名流、新聞記者發出邀請，請他們到蘇聯進行訪問並報導。凱恩斯先生攜太太應邀訪問他太太的祖國，目睹了這些變化，並在 1936 年發表了他的不朽名著《就業、利息與貨幣通論》。凱恩斯從來沒有在公眾場合和他的任何書面材料裡提到過蘇聯經濟。這樣做，在當時的英國，政治上是正確的。

然而，如果我們把《就業、利息與貨幣通論》中由政府用廉價貨幣來煽動投資情緒低落的私人投資，換成政府直接控制實物資源和人力資源進行建

設，不是同樣可以得到經濟發展與充分就業嗎？斯大林的政策有沒有啓迪了凱恩斯的理論和羅斯福總統的新政？

中國共產黨在全面建立政權前就決定全面採用蘇聯社會政治與經濟制度，建立政權後在蘇聯專家顧問總團的指導下很快建立了國家計劃經濟系統。可惜的是28年的計劃經濟實踐後，中國並沒有實現工業化、城市化，人民的生活水準仍然較低。

在「文化大革命」後，黨中央在經過兩三年的實踐後，決定拋棄蘇式計劃經濟制度，探索一條很多方面不同於蘇聯的道路：在不完全排斥私人利益、私人財產和私人企業的情況下，堅持以社會主義公有制為主體，堅持黨領導的社會主義市場經濟的道路，堅持中國共產黨對國家的全面領導的社會主義國家制度，與資本主義國家和平共處，共同發展。

無論何種市場經濟，貨幣和銀行都具有特別重要的意義。1979年，鄧小平指示全黨要把銀行辦成真正的銀行，並確立了對外開放的基本國策，大力發展國際貿易，大力引進外資。

從1978年起，中華人民共和國財政、銀行系統都持續而且快節奏地大舉投資國內基礎建設，工業系統持續地更新升級，城市也從破敗中得到重建與擴張，外國資本在抗日戰爭前夕撤出後再度返回，農民走出鄉村進入城市和工廠，青年學者從歐美大學的各種專業帶回各種知識與技術。在這40年裡，商品出口大幅增長，外匯順差逐年增加。持續的大量的外匯流入，深刻地改變了中國貨幣的供給模式，促進了金融體系的發展。經過40年的努力奮鬥，中華人民共和國已經成為中等發達國家，成為國際貿易與資本輸出大國。

在此背景下，本書對中華人民共和國的貨幣政策與金融監管的發展歷程展開敘述，重現這個重要歷史時期經濟活動最高層面的主要進程，描述她的貨幣政策的產生及其發展與變化，以及由簡至繁的金融監管制度的變遷過程。

目錄

第一章　1978 年前中華人民共和國的貨幣銀行制度 …………… 1

　　第一節　社會經濟制度的巨變 ………………………………… 2

　　第二節　貨幣政策、銀行制度及其監管制度 ………………… 4

　　第三節　脫蘇向西的外貿與外匯政策 ………………………… 13

　　附錄：《中共中央　國務院關於切實加強銀行工作的集中統一，

　　　　　嚴格控制貨幣發行的決定》（1962 年 3 月 10 日） ……… 17

第二章　離計劃經濟制度過程中的貨幣政策與銀行監管（1977—1983）

　　……………………………………………………………………… 21

　　第一節　國家與社會的變化 …………………………………… 22

　　第二節　1977 年全國銀行工作會議與另一條道路 …………… 24

　　第三節　貨幣政策：從計劃分配信貸資金到市場決定信貸資金流向 … 33

　　第四節　社隊企業的崛起與中國式工業化道路的探索 ……… 39

　　第五節　人民銀行跟進改革信貸制度 ………………………… 44

　　第六節　人民銀行成為中央銀行 ……………………………… 53

　　第七節　國際關係：親西方經濟原則確立，出口導向型經濟開始出現

　　　　　………………………………………………………………… 58

　　附錄：鄧小平在中國共產黨各省、直轄市、自治區委員會第一書記座談

　　　　　會上的講話（1979 年 10 月 4 日，摘錄） ……………… 63

第三章　中央銀行的貨幣政策與金融監管：在經濟體制巨變中探路
（1984—1991）………………………………………………… 69

第一節　第一代貨幣政策與金融監管制度 ………………… 73

第二節　新的信貸制度與貨幣投向 ………………………… 77

第三節　外匯制度與外匯市場 ……………………………… 87

第四節　各金融市場的創立 ………………………………… 94

第五節　兩次貨幣流通量陡增與貨幣政策失準 …………… 102

第四章　走向社會主義市場經濟的貨幣政策與金融監管（1992—2002）
……………………………………………………………………… 105

第一節　世界政治、經濟格局大變動與中國經濟發展的重大機遇 … 107

第二節　社會主義市場經濟道路的確定與《關於金融體制改革的決定》
……………………………………………………………………… 109

第三節　整頓金融秩序與大力發展並舉 …………………… 112

第四節　擴張性貨幣政策推動經濟發展、市場擴容、貨幣發行量擴張
……………………………………………………………………… 126

第五節　金融業改造完成，現代金融監管體系建立 ……… 129

第六節　新的穩健性貨幣政策的實施 ……………………… 134

附錄：國務院《關於金融體制改革的決定》（國發〔1993〕91號）
……………………………………………………………………… 138

第五章　社會主義市場經濟制度完善期的貨幣政策與金融監管（2003—2012）
……………………………………………………………………… 147

第一節　與貨幣政策和金融監管有關的國家法律的修訂 … 148

第二節　銀監會的成立及其監管體系 ……………………… 151

第三節　銀行業的註資與上市 ………………………………… 155

　　第四節　繼續實行穩健的貨幣政策 …………………………… 158

　　第五節　匯率與外匯管理 ……………………………………… 166

　　第六節　金融安全與金融監管 ………………………………… 170

　　第七節　微觀審慎和宏觀審慎相結合的監管新模式的探索 … 182

第六章　擴大對外投資初期的貨幣政策與金融監管（2013—2018） …… 187

　　第一節　國內城市化與工業化升級中的貨幣政策 …………… 189

　　第二節　對外經濟擴張簡況、意義與金融監管 ……………… 195

　　第三節　擴大直接融資 ………………………………………… 200

　　第四節　網路融資與金融監管 ………………………………… 202

　　第五節　失落的股市 …………………………………………… 207

　　第六節　外匯市場規制的實施 ………………………………… 210

　　第七節　加強金融風險控制和重整控制系統 ………………… 214

　　第八節　貨幣政策和宏觀審慎政策雙支柱調控框架初步形成 …… 220

參考文獻 ………………………………………………………… 223

結束語 …………………………………………………………… 226

第一章
1978年前中華人民共和國的貨幣銀行制度

第一節　社會經濟制度的巨變

第二節　貨幣政策、銀行制度及其監管制度

第三節　脫蘇向西的外貿與外匯政策

附錄：《中共中央　國務院關於切實加強銀行工作的集中統一，
　　　嚴格控制貨幣發行的決定》（1962年3月10日）

第一節　社會經濟制度的巨變

1949—1950年，土地改革將農村土地全部依各鄉村人口數量與土地及房產、農具、牲畜的比例重新分配，並將高於人均擁有土地數量的農村居民劃為地主、富農，確定為階級敵人，由鄉級軍管軍人或其後的土改工作隊（也有經過區、縣兩級軍管會和其後的政府）決定分別進行槍決、判刑和原地自食其力的處理。農村社區和家族共有的學田、廟田等集體救濟性土地、房產，城市居民中軍警及政府雇員官員、工商資本家及普通自我雇傭者、教師、律師、醫生等自由職業者在農村的土地、房產無償剝奪。自此，城鄉隔離的土地制度建立，其影響深遠。

全體國民在鄉村被劃分為地主、富農、富裕中農、中農、下中農和貧農；在城市劃分為革命軍人、革命幹部、幹部、工人、城市貧民、教師（醫生）等有文化的自由職業者、小業主、資本家。地主、富農、資本家和前政權留下的軍政官員都是階級敵人。革命軍人、革命幹部、幹部成為國家領導階層，被社會推崇，下中農和貧農則在農村成為領導人群，教師（醫生）等有文化的自由職業者則成為社會高度警惕和反覆被教育、改造的對象。

1951年7月公安部頒布《城市戶口管理暫行條例》。其第一條載明本法宗旨：「為維護社會治安，保障人民之安全及居住、遷徙自由，特製定本條例。」但是，後來事實上卻限制了居民的自由遷徙權利。

1953年10月16日，中共中央發出《關於實行糧食的計劃收購與計劃供應的決議》。這一決議是根據陳雲的意見，由鄧小平起草的。「計劃收購」，簡稱為「統購」；「計劃供應」，簡稱為「統銷」。1955年8月25日，國務院總理周恩來簽署國務院令，發布《市鎮糧食定量供應暫行辦法》。該辦法規定，居民口糧、工商行業用糧和牲畜飼料用糧，均按核定的供應數量發給供應憑證。供應憑證分為市鎮居民糧食供應證、工商行業用糧供應證、市鎮飼料供應證、市鎮居民糧食供應轉移證、全國通用糧票、地方通用糧票、地方糧票七種。伴隨著糧票而生的，還有糧食公司、糧站、糧店等糧食供應機構。其

後，統購統銷的範圍又擴大到棉花、布料、食油、肉食品、蛋、糖、酒、鹽、菜、茶葉等生活必需品。在這一制度下，農民的糧食、肉類、油料、土特產品都只準按國家規定的價格賣給政府機構；城鎮居民每個人，從嬰兒時期到死亡前，都只能按照國家規定的配給數量和價格購買糧、油、肉、糖、酒、蛋、菜、鹽、煤及棉花、布料。農村居民則只準按國家規定的留存數量獲得糧食和計劃供給的工業產品。自此，城鄉居民被固化為世代相傳的居民與農民。

這一政策取消了歷史自然形成的，也是最有效率、交易成本最低的農業產品與工業品、手工業品的城鄉自由交易市場，包括境外貿易市場。這一政策所形成的制度，希望固定糧價和保障供應，但嚴重地阻礙了農業產出的增加，在糧、油、肉食品徵購中的徵集、運輸、倉儲、銷售中的成本費用也是極高的，城鄉各階層人民的絕大多數長期生活在營養不良狀態中，恩格爾系數高達80%以上。

人民長期營養不良並不能都歸罪於統購統銷，耕地嚴重不足、人口快速增長、化肥嚴重不足，糧食、食用油、肉、蛋、魚、土產類副食品被強制出口創匯也是非常重要的原因。

1956年社會主義「三大改造」完成。全國農村入社戶占總農戶的96.3%；90%以上的手工業勞動者加入合作社；私營工業人數的99%、私營商業人數的85%，實現了全行業的公私合營。中國基本上實現了對農業、手工業和資本主義工商業的社會主義改造。9月，中國共產黨八大召開。大會指出：國內主要矛盾，已經不再是無產階級和資產階級的矛盾，而是人民對於經濟文化迅速發展的需要同當前經濟文化不能滿足人民需要的狀況之間的矛盾；全國人民的主要任務是集中力量發展社會生產力，實現國家工業化，滿足人民的經濟文化需要。雖然還有階級鬥爭，還要加強人民民主專政，但其根本任務已經是在新的生產關係下保護和發展生產力。因此，要逐步系統地制定完備的法律，健全社會主義法制。

但是1956年年底發生的波蘭、匈牙利事件改變了黨在幾個月前對國內主要矛盾的正確判斷，反對資本主義、資產階級思想，反對地主階級、資產階級復辟，反對帝國主義侵略再次成為全黨全國人民的首要任務。在此基本國策下，整個國民經濟更深地進入準備戰爭狀態，直到20世紀80年代初期才正式結束。

第二節　貨幣政策、銀行制度及其監管制度

一、社會主義貨幣、銀行及其短期信貸制度的建立

1949年2月2日，中國人民銀行由石家莊遷入北平。北平、天津、南京等城市解放後，黨組織了由大中學生組成的南下戰地服務團，跟隨解放軍，邊行軍邊培訓，在全國各地接管前政權各省、市、縣級機構的各個部門。銀行系統（包括官僚資本的私人銀行和公私合營銀行）被中國人民銀行接管後，成為中國人民銀行的組成部分。銀行各級分支機構在黨中央的財政經濟委員會領導下，與財政、稅務協同作戰，配合工作。國民黨政權時期的銀行工作人員大都配合交接，並成為新中國的銀行工作人員。

1949年9月29日，中國人民政治協商會議第一屆全體會議通過《中國人民政治協商會議共同綱領》（相當於臨時憲法），規定：貨幣發行權屬於國家；禁止外幣在國內流通；外幣和金、銀的買賣應由國家銀行經營。其後，隨著中國人民解放軍向全國進軍的步伐，人民幣成為全國流通貨幣，各種各樣的紙幣、金屬貨幣、外國貨幣都退出了流通領域。

1950年4月，根據政務院《關於實行國家機關現金管理的決定》，中國人民銀行始設貨幣管理機構，從總行至縣行，實施現金管理職能。相關政策規定，一切公營企業、機關、部隊及合作社等單位的所有現金，除規定限額外，必須存入當地人民銀行。單位庫存現金限額，由單位提出申請，經所在縣人民銀行核定後執行。限額外現金，除支付工資、向農村採購物資、差旅費支出及30元以下小額支付外，均以銀行轉帳、匯劃方式結算。庫存現金限額，每年核定一次。同時實行現金檢查制度，全面檢查現金庫存情況和逐筆審查現金支票使用情況。

1950年9月，政務院財政經濟委員會頒布實施《機關、國營企業、合作社簽訂合同契約暫行辦法》，規定：凡機關、國營企業、合作社之間有主要業

務行為不能即時清結者，必須簽訂合同，並須將原合同抄送當地人民銀行一份，以當地的人民銀行為結算中心，履行合同之每筆收付，並必須使用人民銀行支票。機關、國營企業、合作社向銀行申請貸款時，應有經上級機關或主管機關批准之事業計劃及財務計劃，並須簽訂契約。合同或契約之簽訂，不得以經辦人為對象，必須以法人為對象。

1950年12月，政務院財政經濟委員會頒布實施的《貨幣管理辦法》共六章55條。該法令確定了中華人民共和國的貨幣制度就是中央計劃經濟的貨幣制度。確定中國人民銀行有權就現金管理、劃撥清算、短期信用、監督基本建設投資等工作實施情況對有關單位進行各項檢查，包括現金庫存、收支計劃執行情況、貸款用途以及政府基本建設投資運用狀況等。如發現不符合規定的，必須提出建議或報告上級處理，並對貸款有隨時停貸或收回之權，對基本建設投資有暫停撥付之權。

1951年1月，中國人民銀行發布放款總則，開始實行全國信貸計劃，把銀行貸款全部限定為1年期以下的各種短期週轉資金，並統一貸款利率。其要點：放款均應配合政府財政經濟政策，根據生產及商品流通計劃辦理。放款以調劑生產及商品流通過程中各種短期週轉資金為限，期限1年。放款均按計劃辦理，計劃分為年度及季度兩種，各級行均須於年度及季度前編製放款計劃草案並逐級上報，最後由總行匯編成全國放款總計劃草案，呈請政務院財政經濟委員會核准後逐級下達執行。凡計劃以外之放款，經辦行應對借戶借款計劃及用途詳細調查，並加具意見；按級報核，非經批准，不得辦理。利率由總行規定範圍，各行參照當地金融情況酌定，超出規定範圍者須先呈請總行核示。

當時，私人銀行和借貸業者已經確認自己沒有未來，基本停止新的放貸。國家資本也處在接管、整頓和維持性營運之中，國家計劃的長期投資開始了。

政務院財政經濟委員會作為國民經濟生產和擴大再生產的最高計劃機關，已經把中國人民銀行信貸的作用限定為配合政府財政經濟政策和國營經濟計劃的短期信用。

1949年12月，中國銀行總管理處由上海遷至北京，承擔外匯經營管理工

作，成為中國外匯專業銀行。1950年4月，中國銀行總管理處劃歸中國人民銀行總行領導，成為人民銀行的國際業務部門，但對外仍然以中國銀行之名運作。

二、中央計劃經濟的實施與銀行制度的運作

根據1949年9月27日中國人民政治協商會議第一屆全體會議通過的《中華人民共和國中央人民政府組織法》第十八條的規定，於1949年10月設立中央人民政府政務院財政經濟委員會。政務院財政經濟委員會主任：陳雲；副主任：薄一波、馬寅初。

政務院財政經濟委員會前身是同年6月成立的中央財政經濟委員會，由陳雲、薄一波負責籌備，在召開新的政治協商會議、成立民主聯合政府以前的幾個月內，計劃並領導國家的財政經濟工作。

1951年陳雲牽頭成立政務院全國核資委員會，頒發《關於國營企業清理資產核定資金的決定》，依《國營企業資金核定暫行辦法》劃分出固定資金與流動資金。凡季節性的生產或營業，以及其他特殊原因所需，用作非正常週轉的流動資金，應由國家銀行短期信貸解決。

1952年政務院財政經濟委員會發布關於工資總額組成的規定，為現金管理提供了基礎數據。此後，關於工資總額組成的規定，作為管理全國城市居民的消費基金，由國家統計局不斷更新編製，直到20世紀末才停止。在計劃經濟中，消費基金是指工商部門生產總值中用於個人和社會公共消費的基金，主要是工資及其附加和財政開支的黨、政、軍、民、學各部委的工資及其附加，但不包括農民的現金收入。消費基金的物質內容是各種各樣的消費資料即最終產品，但不包括農民自產自食部分。在價值形態上，表現為滿足非生產消費需要的那部分社會產品的價值。在貨幣形態上，消費基金對應的是城鎮居民現金支出與日常生活消費品的銷售、個人儲蓄時的現金回流。

1951年初政務院財政經濟委員會開始試編中華人民共和國第一個國民經濟發展五年計劃。1952年7月，「一五」計劃第一草稿完成。次月，周恩來、

陳雲等率代表團赴蘇，與蘇聯商談和修改「一五」計劃。最終確定156個國防、機械、電子、化學、能源、冶金等大型建設項目及其支持項目694個，搭起了整個備戰型工業化的骨架。「一五」計劃實際上是一邊計劃、一邊建設、一邊修改。1954年4月，開始全面編製工作。到1955年3月31日，中國共產黨全國代表會議批准了中央委員會提出的第一個五年計劃報告。同年6月，中央對「一五」計劃草案做了適當修改，建議由國務院通過並提請全國人大一屆二次會議審議通過（最終於1955年7月30日通過）。計劃經濟時期的各個五年計劃，都是按照預先編製計劃大綱→執行→修改→再執行這樣的過程進行的。其中對人力、物力、財力的事前計算、平衡修訂都存在政治決策以及各省、市、區及各部委之間的命令與政治上的討價還價的不確定性。

國民經濟計劃主要是指國民經濟中的各部門的簡單再生產和擴大再生產兩部分，這兩部分在運轉上分屬不同政府部門管理與運轉。

案例：部屬北京電子管廠從無到有，由政務院財政經濟委員會根據蘇聯專家對中華人民共和國工業建設佈局的建議而設立。在投資建設期，它所需的資金由中國人民銀行總行根據政務院財政經濟委員會的計劃、財政部的撥款計劃撥款。同時，電子工業部負責調配施工建設單位、進口設備、搭建施工與建成後的領導班子，向人事部和教育部申請技術幹部和大中專畢業生。建成投產後的北京電子管廠的全部固定資產與生產所需流動資金，都記在該工廠、電子工業部和財政部帳目中。同時，流動資金部分報送銀行，以便工廠按電子工業部給它確定的工資計劃提取工資、供應計劃中的各種非工資要素支付資金，按銷售計劃向收貨單位收取貨款。工廠的稅後利潤全部上交電子工業部，工廠沒有技術改造升級的再投資權，只有按計劃的維修保養義務。中國人民銀行就是代表國家財政管理這家工廠的資金與現金使用的出納機構和監管機構。

隨著中國已進入有計劃的經濟建設時期，國家的基本建設投資逐年增加。為了保證基本建設資金的及時供應和監督資金的合理使用，促使各基建部門按照國家規定的計劃完成基本建設任務，同時進行經濟核算，降低工程成本，為國家節約建設資金，單獨設立辦理基本建設撥款監督的專業銀行已有必要。

1954年9月9日，政務院第224次政務會議通過設立中國人民建設銀行（1996年更名為「中國建設銀行」，簡稱建設銀行）的決定。決定的主要內容如下：在財政部系統內設立中國人民建設銀行。凡國家預算內外投資均由建設銀行根據國家批准的計劃和預算監督撥付，並對工程施工企業根據國家批准的信貸計劃辦理短期放款。基本建設中發生的結算業務概由建設銀行轉帳清算。建設銀行受權對建設單位和工程施工企業的資金運用、財務管理、成本核算以及投資計劃完成情況等進行檢查監督報告。

中華人民共和國的銀行制度絕對不是西方意義上的多銀行制或單一銀行制，而是社會主義計劃經濟中的一元化銀行制度。一元化銀行制度就是由中國人民銀行直接辦理貨幣發行與對所有經濟實體的信貸及結算業務的這樣一種制度。在若干時段，為了加強某一戰線的工作，會從中國人民銀行中分離出一個部門來成立專門銀行，比如說中國農業銀行的多次成立與撤銷。即使是中國人民銀行本身，也曾經因為追求極高等級的中央計劃體制的快速反應而被並入財政部。

三、人民銀行在歷史洪流中隨波逐流

1956年，隨著「一五計劃」投資建設項目的部分完成，經濟工作中的樂觀主義盛行，開始出現急躁、冒進的情緒，基本建設、工資支出、農業貸款三個現金投放渠道失去控制。其中，基本建設投資比上年增長62%，工資支出比上年增長47.8%，再加上農業貸款比原計劃多增80%，信貸差額大幅擴大。

1957年，國家對國民經濟計劃進行了調整，壓縮投資規模，削減財政支出，控制信貸規模，但在同年年底就遭到毛澤東主席的批評。當時已64歲的毛澤東主席希望在他有生之年使中國經濟趕上並超越英國。

1958年春天，「大躍進」開始。一時間，農業、工業、商業、外貿出口、對外援助、文教科技衛生部門都發表了「大躍進計劃」，並匯總成「多快好省地建設社會主義」的總路線。

第一章　1978年前中華人民共和國的貨幣銀行制度

在缺乏資源支持、缺乏技術能力、缺乏協調計劃的國民經濟全面發展的「大躍進」中，銀行信貸基本原則和管理制度都被當成生產發展的「絆腳石」而加以廢除，從而導致新中國成立以來最嚴重的一次國民經濟比例失調和貨幣信貸失控。在財政赤字大增的同時，銀行各項貸款出現狂飆式增長。

1958年春天，中國人民銀行總行報告：目前工業、商業、財政、信貸等體制均有改變，各地銀行在組織上仍僅受上級行垂直領導，這就增加了地方黨政對銀行工作領導的一些不便，也給總行增加了許多事務，不利於銀行工作更好地服務於社會主義建設的發展。因此重申：各級黨政都有對人民銀行領導的雙重領導權力，各地人民銀行列為當地政府的組成部門之一，以便從組織上保證雙重領導的順利實行。人民銀行不是企業，是國家機關，是代表國家通過信用進行資金的再分配，是國民收入再分配的過程中的國家財政預算的輔助機關，是通過信貸工作對企業完成國家經濟計劃進行貨幣監督的機關。

1958年11月，中國人民銀行曹菊如行長在全國分行行長會議上講話：1959年黨的財經工作的中心任務是為鋼產量達××噸、糧食產量達××億斤而奮鬥。財經工作的中心任務也就是銀行的中心任務，我們的儲貸、結算、現金工作，都要為中心任務服務，成為實現中心任務的工具。我們的銀行工作，必須保證各部門的流動資金需要。積極支持「以鋼為綱」的工業生產和商業大購大銷，支持人民公社實行以農業為主的工農業並舉，必須眼睛向下，依靠群眾，協作各方，充分動員資金，並通過大放、大存、大收，管好流動資金，促進國民經濟的全面大躍進。[①]

1957年年末，市場現金流通量52.80億元，1960年125.70億元，三年增長了1.3倍多。1957年糧食產量19,504.5萬噸，1960年14,385.7萬噸，三年下降了近30%。1959年年底，人口67,207萬人，1961年年底，人口

[①] 中國社會科學院，中央檔案館.1958—1965中華人民共和國經濟檔案資料選編：金融卷、財貿卷及對外貿易卷［M］.北京：中國財政經濟出版社，2011：5.

65,859萬人，淨損失1,348萬人。①

1961年1月20日，中共中央出台《關於調整管理體制的若干暫行規定》，為「大躍進」收拾「爛攤子」。②中央後續出台的所有政策都圍繞以下三條：

（1）經濟管理大權集中到中央。國家計委在國務院各部門和各大區計劃草案的基礎上，綜合平衡，編製全國計劃。

（2）財權集中。各級的預算收支必須平衡，不許有赤字預算。中央部委所提部屬企業的利潤留成，應向國家計委提出使用計劃，不能自由使用。減少企業利潤留成比例，並且不準用於投資，只能用於技術措施、新產品試製、勞保、零星固定資產購置、職工獎金和國家規定的福利開支。加強流動資金和信貸資金的管理。任何地區、任何部門都不得把流動資金用於基本建設，不準把信貸資金用於財政開支，不準向商業部門賒購和挪用商品。

（3）貨幣發行權再歸中央，各大區、各省（市、區、縣）不得再對人民銀行提出信貸命令。人民銀行按期編製貨幣發行計劃和現金出納計劃，經中央批准，嚴格執行。

1962年3月10日，中共中央、國務院出台《關於切實加強銀行工作的集中統一、嚴格控制貨幣發行的決定》：「把貨幣發行權真正集中於中央，把國家的票子管緊，而且在一個時期內，要比1950年統一財經時管得更嚴、更緊。」該決定就是新中國金融史上著名的「銀行六條」。經過三年的努力，進入1964年後，國家財經狀況出現初步好轉。

在進出口與外匯管理方面，面對巨大的饑荒，中華人民共和國在1960年最後一個月，停止了糧食出口，轉為緊急進口。中國人民銀行利用香港中國銀行，在現匯嚴重不足的情況下，使用了延期付款工具，從加拿大、澳大利亞等國緊急進口400萬噸糧食。外國政府默許了對華出口商的出口信貸。

---

① 國家統計局人口與就業統計司. 中國人口統計年鑒1995 [M]. 北京：中國統計出版社，1995：355，384.
② 中共中央文獻研究室. 1958—1965年 建國以來重要文獻選編：第十四冊 [M]. 北京：中央文獻出版社，1992：102.

自清代後期起，中國沿海地區就開始大量進口東南亞各國的糧食[①]。1949年，動盪中的沿海地區仍在進口糧食。1950—1960年，為了抵償從蘇聯和東歐國家獲得的援助物資，獲取西方國家的自由外匯，中國中斷了糧食進口，反而每年出口都在100萬噸以上。從1961年起，中華人民共和國恢復進口糧食，直至今天。

四、對中華人民共和國計劃經濟中的貨幣政策與銀行信貸監管制度的概括與總結

基於1964—1977年的社會政治、經濟、貨幣銀行制度都是前面所述的重演，但是沒有1958—1961年那種激烈起伏，也沒有貢獻更大的福利給國民，我們就不再贅述。在此就本章主題做出結論。

通過前述歷史記錄和章後附錄文件，即《中共中央 國務院關於切實加強銀行工作的集中統一，嚴格控制貨幣發行的決定》(「銀行六條」)，我們可以歸納出中華人民共和國計劃經濟中的貨幣政策與貫徹執行這個政策的工作系統，即銀行信貸監管制度的基本要點：

(1) 中華人民共和國的計劃經濟不是完全的非市場體系。由於農村經濟的非雇傭勞動性質，自耕自食的農民為了獲取生存必需的非農產品和自產不足的食品，依然要進行市場交易。因此，中華人民共和國的貨幣政策嚴格限制現金結算和現金投放，以防範城市現金通過農貿市場購買農產品，從而破壞統購制度。

(2) 中華人民共和國的貨幣政策是：分別成為資金與現金的貨幣發行量都要與財政收支平衡，形成財政信貸綜合計劃。財政與銀行未經中央指令，不得相互干涉，財政不得壓迫銀行多發貨幣，銀行要滿足財政計劃供應貨幣，但不準過多發行，以免衝擊甚至破壞國家經濟計劃。

(3) 銀行作為貨幣發行與運轉系統，必須完全徹底獨立於各級地方政府，

[①] 楊端六，侯厚培，等. 六十五年來中國國際貿易統計 [J]. 國立中央研究院社會科學研究所專刊，1930 (4).

由作為中央政府的一個組成部分的中國人民銀行垂直計劃管理和行政控制。

（4）中國人民銀行的信貸計劃是指令性計劃，各級分行必須忠實執行，各級地方政府不得干預同級銀行信貸計劃的執行。

（5）中國人民銀行是全國資金往來結算的組織者和監控者。各收付單位必須依照銀行結算辦法，不得故意利用結算工具提前或延期收付，即私自開展信用交易，以免衍生出計劃外的貨幣。

（6）中華人民共和國不準銀行進行長期放款，以免衝擊國家經濟發展計劃。銀行的短期放貸也被嚴格限制為對工農業生產的臨時需求和短期需求。

綜上，我們可以得出三個結論：

（1）在計劃經濟時期，中華人民共和國的貨幣政策不是中國人民銀行的貨幣政策，而是中國共產黨中央委員會和中央人民政府的貨幣政策。國家計劃經濟委員會、財政部是貨幣政策的主要執行機構，人民銀行專職負責現金貨幣投放與回籠。

（2）銀行對企事業單位的貨幣收支與信貸監管是代表黨和政府對國家計劃經濟體系中城市經濟部門的資金運作進行監管。

（3）這一時期，中華人民共和國依然通過各種方式對境外銀行和自由外匯進行操作，與西方經濟維持微弱聯繫，沒有通過外匯制度創造財富的政策。

第三節　脫蘇向西的外貿與外匯政策

1949 年以後，中華人民共和國的貿易與外匯政策發生了兩次巨大變化。第一次是全面建立政權後與西方經濟基本割裂，全面倒向蘇聯及東歐國家，其經貿往來都通過雙邊貨幣協議結算。在這個結算體系中，中方一直是嚴重虧損方。

當時，蘇聯把持經互會國家的投資與貿易，將盧布做了個高定價，定為 1 盧布 = 4 美元，但是在倫敦貨幣市場上 1 盧布 = 0.25 美元。這樣一來，蘇聯對東歐及中華人民共和國的貸款與工業設備、軍火銷售，就在無競爭條件下高價出口到這些國家。而償還貸款本息及支付設備、軍火款項時，中華人民共和國只有用基於國際市場價格定價的農副產品和礦產品實物、黃金和美元支付。

1960 年以前，中蘇貿易使用兩種匯率制度：貿易匯率與非貿易匯率。貿易匯率用於貿易結算，官方稱為正式比價。盧布高估最嚴重，但中方一直隱忍不發。經過中蘇兩國政府協定，從 1958 年 1 月 1 日起，基於蘇聯專家在華生活費用與在蘇聯生活費用比較而求出的非貿易匯款的比價，從正式匯率規定的 1 元人民幣 = 2 個盧布，改變為 1 元人民幣 = 6 個盧布，但貿易匯率仍然維持原比價不變。[①]

中蘇結盟，在國際共產主義運動史上是必然的結果，在自然地理上也是有道理的，因為兩國國界相連。但是，在經濟地理上就講不通了，中間隔了近一萬千米荒涼的西伯利亞才是中蘇各自的經濟中心，豆腐運成了肉價。而海運價是火車運價的 1/10，所以，中蘇間的普通貨物運輸主要靠波蘭的港口中轉。

[①] 中國社會科學院，中央檔案館. 1958—1965 中華人民共和國經濟檔案資料選編：金融卷、財貿卷及對外貿易卷 [M]. 北京：中國財政經濟出版社，2011：5.

在工業設備的技術水準和製造精密度上，當時蘇聯都比西方落後一兩代，在價格上卻比西方貴三成。所謂西方制裁中國，是這樣的：1953年以前，因為朝鮮戰爭，軍用物資是封鎖了的，但民用物品還是可以從香港地區進出口的。1953年朝鮮戰爭停戰以後，一般工業設備、器材、車輛，只要繞開美國，都可以進口，但因為中國是綁在蘇聯經濟體上的，所以進得很少。1963年起就進口了很多西方設備與新技術專利，包括利用對方的出口信貸。

中國的外貿，1966年與資本主義世界貿易的比重為全部對外貿易額的73%，其中日本占1/7，香港地區居第二位。其他重要夥伴為西德、法國。單是對香港地區貿易就獲得了5.5億美元，占從西方世界獲得的全部貿易收入的1/3。據此推算，對西方世界的貿易總量大致為17億美元，對社會主義國家的貿易為7億美元。①

1973年起，中華人民共和國更是大規模地進口西方國家大型成套設備和軍工設備。

表1.1是1949—1984年蘇聯對華貿易統計。

表1.1　1949—1984年蘇聯對華貿易　　　　　　單位：萬盧布

年份	出口量	占蘇聯出口總比(%)	進口量	占蘇聯進口總比(%)
1949	17,970	13.8	12,890	10
1950	31,940	21.9	16,950	13.1
1951	43,060	20.9	29,820	16.8
1952	49,880	20	37,240	16.4
1953	62,780	23.8	42,720	17.2
1954	68,340	23.4	52,050	17.5
1955	67,350	21.8	57,920	21
1956	65,970	20.3	68,780	21.2
1957	48,970	12.4	66,430	18.6

---

① 沈志華，楊奎松. 美國對華情報解密檔案（1948—1976）第九編：中蘇關係 [M]. 上海：東方出版中心，2009：416.

表1.1(續)

年份	出口量	占蘇聯出口總比(%)	進口量	占蘇聯進口總比(%)
1958	57,060	14.7	79,310	20.3
1959	85,910	17.6	99,030	21.7
1960	73,540	14.8	76,330	15
1961	33,060	6.1	49,630	7.9
1962	21,010	3.8	46,470	7.9
1963	16,850	2.6	37,170	5.8
1964	12,180	1.7	28,280	4
1965	17,250	2.3	20,300	2.8
1966	15,780	2	12,880	1.8
1967	4,520	0.6	5,110	0.7
1968	5,340	0.5	3,300	0.4
1969	2,500	0.3	2,610	0.3
1970	2,240	0.2	1,950	0.2
1971	7,010	0.6	6,860	0.6
1972	10,020	0.8	11,040	0.3
1973	10,050	0.6	11,080	0.6
1974	10,840	0.5	10,550	0.6
1975	9,310	0.4	10,780	0.4
1976	17,980	0.6	13,460	0.5
1977	11,840	0.4	13,010	0.4
1978	16,380	0.6	17,490	0.4
1979	17,520	0.4	15,730	0.4
1980	16,960	0.3	14,700	0.3
1981	8,260	0.1	9,420	0.2
1982	12,010	0.2	10,340	0.2
1983	15,569	0.4	23,260	0.4
1984	46,790	0.6	50,990	0.7

資料來源：陸南泉，等. 蘇聯國民經濟發展七十年[M]. 北京：機械工業出版社，1988.

轉向西方的中華人民共和國的外匯制度，依然像 1950 年確立的政策那樣，把匯率分裂為嚴重高估本幣的正式匯率和比較高估本幣的內部結算價，並對出口商品施以低價採購的計劃壓榨，對貿易部門則用財政補貼來維持其運行。而進口企業的投資與生產成本則被人為低估。不過，當時大家都認為：沒關係，肉爛了還是在自己鍋裡。精細、多層與多部門分析可能會導致大量的日常性的各種比價的調整。頻繁調整會導致計劃經濟體系中人民幣計價的生產、投資體系和消費品計劃價格的不穩定。因此，我們可以確認，社會主義計劃經濟中的匯率要服從本幣價格的長期穩定性要求。

　　由中國人民銀行總行直接管理的境外中國銀行繼續保持警惕性的低姿態、低營運量，但在運行；並且其在滿足中央的過度需求時，通過同業拆借、國際融資，盡量保證了國際收支大致平衡。

附：《中共中央和國務院關於切實加強銀行工作的集中統一，嚴格控制貨幣發行的決定》[①]（1962年3月10日）

貨幣發行過多，部分物價上漲，商品嚴重不足，這是當前國民經濟生活中十分突出的問題。全黨面臨著爭取財政經濟狀況好轉的重大任務。各級黨委和人民委員會在大力增加生產、厲行節約、多方面解決人民吃穿問題的同時，應當把足夠的注意力，放在控制貨幣發行和穩定市場物價方面來，解決人民吃穿問題和票子過多問題，都是今後一定時期內黨和政府面前頭等重要的工作。目前許多地方存在的隨意向銀行增加貸款，賠錢企業靠銀行貸款維持以及挪用銀行貸款作財政性開支等情況，都迫使國家不得不增加貨幣發行。中共中央和國務院認為，必須採取斷然措施，實行銀行工作的高度集中統一，把貨幣發行權真正集中於中央，把國家的票子管緊，而且在一個時期內，要比1950年統一財經時管得更嚴更緊，才有利於國民經濟的調整和發展。中共中央和國務院現作如下六條決定：

（一）再次重申。收回幾年來銀行工作下放的一切權力，銀行業務實行完全的徹底的垂直領導。中國人民銀行的各個分支機構，在黨的工作和行政工作方面，仍然受當地黨委和人民委員會的領導。但是，在有關業務的計劃、制度和現金管理等方面，必須受中國人民銀行總行的垂直領導。經國家批准由總行下達的信貸計劃、現金計劃、貸款辦法、結算辦法和其他重要規章制度，各地黨委、各地人民委員會和中央有關部門必須堅決保證其實現。有不同意見可以提出，但是非經總行同意，不得自行變更。

（二）嚴格信貸管理，加強信貸的計劃性。非經人民銀行總行批准，任何地方、部門和企業、事業單位，不得在計劃以外增加貸款，各級黨政機關不得強令銀行增加貸款。銀行的年度信貸計劃，作為整個國民經濟計劃的一個

[①] 中共中央文獻研究室. 1958—1965年 建國以來重要文獻選編：第十五冊 [M]. 北京：中央文獻出版社，1992：251-256.

重要組成部分，經各級計劃機關和財政機關統一平衡後，由中共中央和國務院批准。在批准計劃的範圍內，各部門、各地區必須層層控制，層層負責，不準突破。中央各部門所屬企業的貸款指標，由各主管部門和人民銀行總行下達給企業和企業所在地的銀行，由當地銀行在指標範圍內，逐筆審查，核實貸放。各省、直轄市、自治區的貸款指標，由省、直轄市、自治區人民委員會負責在總行下達的指標範圍內，掌握分配，從嚴控制。各部門、各地區應當在信貸計劃的總數以內，酌留必要數量的預備指標，作為機動，應付臨時需要。遇有特殊情況，確實需要增加指標時，必須按照程序，先上報總行，經批准後，方能用錢，決不容許「先斬後奏」。

目前全國工商貸款已經占用過多，1962年除了商業部門採購農產品確實需要增加的部分以外，一律只準減少，不準增加。銀行要加強信貸監督。各部門、各企業要結合清產核資，積極處理物資積壓，消除虛假，節約資金。

（三）嚴格劃清銀行信貸資金和財政資金的界限，不許用銀行貸款做財政性支出。銀行信貸不同於財政收支，銀行發放貸款，必須以能夠按期償還為前提。一切非償還性的開支，只能使用財政預算資金，按財政制度辦事，不得挪用或擠占銀行貸款。中共中央和國務院再次重申：銀行貸款絕對不準用於基本建設開支；不準用於彌補企業虧損；不準用於發放工資；不準用於繳納利潤；不準用於職工福利開支和「四項費用」（企業技術措施費、新產品試製費、勞動保護費、零星固定資產購置費）開支。過去挪用和擠占了的，銀行要開列清單，報告當地黨委和人民委員會，按照規定限期清理。今後再發生這些現象，應當立即追回貸款，必要時銀行可以對這些企業停止發放貸款。因追回貸款或停止貸款而引起的困難，概由企業本身自行負責。

（四）加強現金管理，嚴格結算紀律。一切機關、團體、企業、事業、學校、部隊都必須嚴格執行現金管理制度。超過規定限額的庫存現金，必須隨時存入人民銀行。一定數量以上的交易往來，必須通過人民銀行轉帳結算，不得直接支付現金。收支較大的單位，必須事先編報現金收支計劃，在批准的範圍內使用現金。堅決制止一切違反現金管理制度和結算制度的現象。不準攜帶現金到處搶購物資；不準開空頭支票；不準相互拖欠；不準賒銷商品；

不準預收和預付貨款。

中共中央和國務院責成中國人民銀行進行嚴格的工資監督。各單位必須做出工資計劃，由當地人民委員會在國家規定的工資指標範圍內核實批准。銀行根據批准的計劃監督支付，不得超過。

（五）各級人民銀行必須定期向當地黨委和人民委員會報告貨幣投放、回籠和流通的情況；報告工商貸款的增減和到期歸還的情況，報告工資基金的支付情況；報告企業虧損的財政彌補情況；報告違反制度把銀行貸款挪作財政性開支的情況和其他有關的重要情況。在報告這些情況的時候，必須將拖欠貸款、超支工資和發生虧損的單位名稱、有關數字，一一開列清楚。各地黨委和各級人民委員會應當定期討論銀行工作，至少每月討論一次，針對銀行提出的情況和問題，採取具體措施，加以處理。

各級人民銀行必須加強機構，充實人員（中共中央對此已另有通知），改進工作，加強監督，從信貸資金的供應方面，保證計劃的執行，為國家守計劃，把口子。銀行必須認真堅持信貸制度、現金管理制度、結算制度和貨幣發行制度，同一切違反制度、違反國家計劃的行為做鬥爭。銀行人員不堅持制度，以失職論處。各單位人員不遵守制度，以違反財經紀律論處。

（六）在加強銀行工作的同時，必須嚴格財政管理。財政和銀行都要按計劃辦事。誰的支出誰安排，誰的漏洞誰堵塞，財政要堅持收入按政策、支出按預算、追加按程序。企業虧損必須做出計劃，經國家批准，由財政按計劃彌補。計劃以外發生的虧損，必須由企業和企業主管部門實事求是地說明原因，做出檢查，報經批准，財政才予彌補。地方企業的虧損，經省、直轄市、自治區人民委員會批准，由地方財政彌補；中央直屬企業的虧損，經中央財政部批准，由中央財政彌補。但是，檢查和彌補至遲須於兩個月內辦理完竣，歸還銀行墊款。過期企業不報，財政未補，銀行停止貸款。企業生產最低需要的定額流動資金，必須由財政在核實的基礎上列夠撥足，不得少列少撥，擠占銀行貸款。財政收入和支出都必須落實，防止任何虛假現象，真正做到預算和信貸的平衡。

中共中央和國務院認為有必要指出，實行銀行工作的高度集中統一和垂

直領導，這絕不是說各級黨委和人民委員會對銀行工作的領導沒有責任了。恰恰相反，今後的銀行工作必須更加依靠當地黨政的領導和支持，黨政領導機關在這方面的責任是更加重大了，要保證銀行執行中央的政策，按制度辦事，及時反應情況，保證銀行組織上政治上的純潔性。國家銀行是國民經濟各部門資金活動的中心和樞紐。抓緊銀行這一環節，就可以有力地推動和監督各部門經濟的調整和企業經營管理的改善。今後衡量各地區經濟工作的重要標誌之一，是看那裡的財政金融工作做得如何，控制發行做得如何。

應當估計到，執行這個決定，會使一些企業資金週轉不靈，發不出工資，有的要停產關廠，甚至可能出些小亂子。這種情況會給我們帶來一些困難，但是，把本來存在的矛盾暴露出來，才便於正確處理。現在主動地承擔一些困難，比將來被迫承擔更大的困難要好得多。一些企業本來就沒有條件辦下去，或者一時沒有條件辦下去，靠貸款維持，應該關廠停產。一些企業有條件辦，管緊貸款，正好逼它改善管理，限期由虧變盈。還有一些企業確實需要辦，一時又無法改變虧損狀況，應該由財政按計劃彌補。財政賠不起，寧可少辦一些，決不能靠銀行發票子勉強維持。

各省、直轄市、自治區黨委和人民委員會，中央各有關部門，接到本決定以後，應當立即討論布置，立即組織執行。本決定應當傳達到公社一級黨委和管理委員會，傳達到企業、事業、機關、團體的一切有關人員和銀行的基層工作人員，使所有的會計員、出納員、信貸員、採購員都能瞭解本決定的內容和精神。告訴他們，對於任何違反國家財經紀律的現象，應當堅決進行鬥爭，勇於反應情況，必要時直接向中共中央和國務院反應。各省、直轄市、自治區和中央各有關部門關於討論布置和初步執行的情況，須在 4 月底以前，向中共中央和國務院做出報告，關於財政、金融的各項制度和會計員、信貸員的職權條例等，國務院將另行行達。在未行達前，按現行制度辦理。不要等待。

第二章
脫離計劃經濟制度過程中的貨幣政策與銀行監管（1977—1983）

第一節　國家與社會的變化

第二節　1977年全國銀行工作會議與另一條道路

第三節　貨幣政策：從計劃分配信貸資金到市場決定信貸資金流向

第四節　社隊企業的崛起與中國式工業化道路的探索

第五節　人民銀行跟進改革信貸制度

第六節　人民銀行成為中央銀行

第七節　國際關係：親西方經濟原則確立，出口導向型經濟開始出現

附錄：鄧小平在中國共產黨各省、直轄市、自治區委員會
　　　第一書記座談會上的講話（1979年10月4日，摘錄）

第一節　國家與社會的變化

1976年9月9日，毛澤東逝世。同年10月6日，中央政治局執行黨和人民的意志，毅然粉碎了江青反革命集團，結束了「文化大革命」這場災難，開始了「抓綱治國的新長徵」時期。

「抓綱治國」，是1977年《人民日報》元旦社論提出來的。2月7日兩報一刊（《人民日報》《解放軍報》《紅旗》雜誌）社論《學好文件抓好綱》中正式提出「抓綱治國」。抓綱，就是緊緊抓住階級鬥爭這個綱，堅持無產階級專政下繼續革命；治國，就是農業學大寨、工業學大慶，搞好經濟工作。1977年8月，黨的十一大政策報告中確定「抓綱治國」為戰略決策。

1976年3月，全國計劃工作會議在北京召開。會議討論了1977年的國民經濟計劃，通過了國家計委向中央政治局提出的《關於1977年國民經濟計劃幾個問題的匯報提綱》。會議回顧了「文化大革命」中黨同「四人幫」在經濟領域進行的重大鬥爭，針對當時經濟領域存在的思想混亂，提出了要不要堅持黨的領導、要不要搞好生產、要不要規章制度、要不要社會主義累積、要不要「各盡所能、按勞分配」、要不要引進新技術、要不要堅持計劃經濟等十個「要不要」的問題，這對於批判「四人幫」的反動謬論起了積極作用。4月20日至5月13日，全國工業學大慶會議先後在大慶和北京舉行。華國鋒在講話中提出，第五個五年計劃期間，全國至少要有1/3的企業辦成大慶式企業，「石油光有一個大慶不行，要有十來個大慶」。7月17日，中共中央政治局原則批准國家計委提出的今後八年引進新技術和成套設備的規劃。

1977年8月12日至18日，中國共產黨第十一次全國代表大會在北京舉行。次年3月，全國人民代表大會通過決議，修改憲法與國歌歌詞，確定各省（直轄市、自治區）政府及以下地方政府沿用「文化大革命」中使用的名稱：革命委員會。

然而在歷史上這也是另一個進程的開端。

第二章　脫離計劃經濟制度過程中的貨幣政策與銀行監管（1977—1983）

1977年3月，在中央工作會議上，陳雲、王震等老同志鄭重提議要鄧小平出來工作，中央政治局同意了。其後鄧小平任中央軍委副主席、中華人民共和國副總理，從而為黨糾正「文化大革命」及其以前的「左」傾錯誤奠定了基礎。

1978年12月18日，黨的十一屆三中全會召開。會議徹底否定了「以階級鬥爭為綱」，做出把黨和國家的工作重心轉移到經濟建設上來，實行改革開放的偉大決策；會議實際上形成了以鄧小平為核心的黨中央領導集體。

1956年，中國共產黨的第八次代表大會認為：國內主要矛盾，已經不再是無產階級和資產階級的矛盾，而是人民對於經濟文化迅速發展的需要同當前經濟文化不能滿足人民需要的狀況之間的矛盾；全國人民的主要任務是集中力量發展社會生產力，實現國家工業化，滿足人民的經濟文化需要。這以後的失誤，歸根到底，就是背離了八大路線，搞了「以階級鬥爭為綱」，沒有集中力量進行經濟建設。黨的十一屆三中全會做出把全黨工作重點和全國人民的注意力轉移到社會主義現代化建設上來的戰略決策。這是對黨的八大正確路線的恢復和發展，是在新的歷史條件下對建設有中國特色社會主義道路的重新出發。

1978年年底，黨的十一屆三中全會召開前後，中國共產黨宣布不再搞群眾運動，並把歷次政治運動中被錯誤地開除出黨、政、軍和教育戰線的同志們都找回來了。1979年7月1日通過修憲，將國務院以下各級「革命委員會」改回為各級人民政府。這樣做，幹部群眾放心了，舉國上下齊心協力工作，經濟開始快速恢復。結束了對人民劃分政治身分的制度後，社會重新融合，海外僑胞釋然了，回國探親、訪友、祭祖的人開始逐步增加，僑匯增加了。國家落實對民族資本家等的政策，發還部分私有財產、補發部分幹部群眾工資和非賠償性慰問金，職工工資開始不斷上調。居民的存款增加了，大學恢復了考試入學制度和出國留學制度，宣布知識分子屬於工人階級，年輕人開始努力讀書了。不過，投資教育對中華人民共和國的貨幣政策與金融監管制度的建立與完善的回報，還需要等很多年。

第二節　1977年全國銀行工作會議與另一條道路

一、重返計劃經濟的1977年全國銀行工作會議

1977年10月27日，國務院發出《關於嚴禁年終突擊花錢的通知》，凍結事業單位的支出，春節後解凍。11月，國務院批轉財政部《關於稅收管理體制的請示報告》，提出稅收政策的改變、稅法的頒布和實施、稅種的開徵和停徵、稅目的增減和稅率的調整，都屬於中央管理權限，一律由國務院統一規定，把下放到各省（直轄市、自治區）的稅收權收回中央。12月8日，國家計委、財政部、商業部、供銷合作總社發布《社會集團購買力管理辦法》，規定對社會集團購買力採取計劃管理、限額控制、憑證購買、定點供應、專用發票和對某些商品實行專項審批的辦法。

11月28日，國務院發布關於整頓和加強銀行工作的幾項規定，用新的話語重申1962年的銀行工作六條：

（1）各級人民銀行在黨的統一領導下，在揭批「四人幫」的政治大革命中，已經取得了很大的勝利，銀行工作的面貌已經和正在發生顯著改變。今後要繼續把深入揭批「四人幫」的鬥爭進行到底，要徹底摧毀「四人幫」的資產階級幫派體系，深入批判「四人幫」推行的反革命修正主義路線，批判「四人幫」干擾破壞社會主義金融的罪行。要貫徹落實「發展經濟，保障供給」的總方針和黨的各項金融政策，充分發揮銀行的職能作用，使銀行工作更好地為社會主義建設服務，為鞏固無產階級專政服務。

（2）人民銀行是全國信貸、結算和現金活動的中心。要堅持銀行業務工作的集中統一，建立指揮如意的、政策和制度能夠貫徹到底的銀行工作系統。人民銀行的工作，實行總行和省、直轄市、自治區革命委員會雙重領導，在業務上，以總行領導為主，做到統一政策、統一計劃、統一制度、統一資金調度、統一貨幣發行。在黨的工作和政治工作方面，以地方的領導為主。地

第二章　脫離計劃經濟制度過程中的貨幣政策與銀行監管（1977—1983）

方對當地銀行主要領導幹部的任免和調動，要與上一級銀行商量一致。

（3）為了確保貨幣發行權集中於中央，銀行工作必須嚴格執行下列規定：

一切貸款必須按計劃發放，超計劃貸款必須經過上級銀行批准。任何單位不得強令銀行在國家計劃之外增加貸款。

一切信貸資金和企業流動資金，只能按國家規定的用途，用於生產週轉和商品流通，任何單位、任何人不得抽調銀行的資金，不得抽調挪用企業的流動資金。

一切信貸都必須集中由銀行辦理。除國家另有規定的以外，任何單位都不准互相借貸，不准賒銷商品，不准預收預付貨款。

一切單位向銀行提款支付職工工資，都不得超過國家批准的勞動工資計劃。

（4）加強信貸收支的管理工作。國家批准的信貸收支計劃和貨幣投放、回籠計劃，各省、直轄市、自治區及各部門必須嚴格執行。指標確需調整時，應經總行批准，不准「先斬後奏」。各級銀行在信貸收支的管理上，必須立足於促進社會主義經濟的發展，支持正常的生產週轉與商品流通。同時，要加強銀行監督，同破壞國民經濟計劃、違反財經紀律的行為做鬥爭。

（5）加強現金管理，嚴格結算紀律。銀行必須根據國家規定，定期核定各單位的庫存現金限額。各單位超過核定限額的庫存現金，必須隨時存入銀行，不得留存坐支，逃避銀行監督。農村集體經濟單位，也要逐步實行現金管理，做到大宗收支通過轉帳結算。所有單位都必須認真執行結算紀律，不准開空頭支票，不准拖欠貨款，不准出租出借在銀行開立的帳戶，不准用「實物收據」辦理結算。銀行要通過現金管理和結算管理工作，保護正當的經濟往來，並同套取現金、投機倒把、擾亂金融等破壞活動做鬥爭。

（6）財政資金和信貸資金，基本建設資金和流動資金，必須分口管理。銀行發放貸款，必須堅持有計劃、有物資保證、按期歸還的原則。一切應由財政開支的錢、一切基本建設支出，都不得占用銀行貸款，不得擠占或者挪用企業流動資金。銀行貸款不准用於彌補企業虧損或者墊交被挪用的稅收和利潤，不准用於職工福利和其他財政性開支。

1977年的最後一天，國務院召開了全國銀行工作會議，強調要發揮銀行的作用，決定恢復銀行獨立的組織系統，中國人民銀行總行作為國務院部委一級單位，與財政部分設。財政部、中國人民銀行總行於1978年1月1日起分開辦公。重新獨立運轉的中國人民銀行，在國務院的領導下，繼續在計劃經濟體制中加強銀行信貸和結算系統的紀律恢復和紀律檢查。

　　1978年1月1日起，全國實行人民銀行規定的新的統一的結算辦法，嚴厲規定各基層銀行、各開戶的企事業單位必須認真執行：各單位之間的經濟往來，除按照現金管理辦法規定，可以使用現金的以外，都必須通過銀行辦理轉帳結算。所有帳戶不準透支。嚴禁企業間的商業信用。

　　1978年8月，中國人民銀行下發關於《現金管理實施辦法（試行草案）》的通知：為了更好地貫徹執行國務院1977年頒發的《關於實行現金管理的決定》，嚴格貨幣管理，保證貨幣發行權集中於中央，有計劃地調節貨幣流通，節約現金使用，穩定市場物價，提高管理水準，發揮銀行對各項經濟活動的促進和監督作用，維護財經紀律，打擊城鄉資本主義勢力，保衛社會主義公有制，促進國民經濟有計劃按比例高速度地發展，鞏固無產階級專政，實現新時期的總任務。

　　陳雲、鄧小平等都堅持社會主義制度，堅持中國共產黨的領導和無產階級專政，主張發展對西方國家的貿易，引進西方國家先進技術與裝備及其貸款，加快社會主義經濟發展。陳雲的主張是：回到（20世紀）50年代。他認為，第一個五年計劃是成功的，只是「大躍進」搞壞了，以後又接著「四清」「文革」，使得計劃經濟沒有搞好的機會。當然，（20世紀）50年代國有經濟集中得太多，統得太死，沒有劃出一定的地盤讓多種經營和小生產發展日用工業品和食品。所以，他們主張，在計劃經濟制度的前提下，允許搞一點市場調節，這就是「計劃經濟為主，市場調節為輔」。改革開放初期出版的《陳雲文選》體現了這一思想。

　　1979年，在陳雲主持的國務院財政經濟委員會領導下，由張勁夫主持的體制改革小組提交了《關於經濟管理體制改革總體設想的初步意見》，強調了兩點：把企業從行政機構的附屬物，改為相對獨立的商品生產者，按專業化

第二章　脫離計劃經濟制度過程中的貨幣政策與銀行監管（1977—1983）

協作和經濟合理的原則，組織專業公司和聯合公司；把單一的計劃調節，改為計劃調節與市場調節相結合，以計劃調節為主，注意發揮市場調節的作用。

其實最早提出「公司制」的是劉少奇。他當時的看法是，中央各部和省、市的廳局都在干預經濟，這是超經濟的辦法。應該學習蘇聯，組織企業性質的公司，可能比行政機構管得好一些。他考慮把各部的管理局改成公司，不是行政機關，而是經濟組織，這樣就可以更接近生產，更接近企業。1964年8月，劉少奇代表中央批轉了國家經委《關於試辦工業交通托拉斯的意見》報告，不久，全國菸草、鹽業、汽車、橡膠、醫藥等12個行業組織了托拉斯，經濟效益有所提高。但此後不久，「文化大革命」爆發了，劉少奇的嘗試也就結束了。

1979年，鄧小平繼承了劉少奇的設想，把軍工和地方工業兩套系統的機械工業統一起來，平戰結合，軍民結合。管理上搞專業化的聯合公司，產品搞「三化」，即標準化、系列化、通用化。總體上還是設想在計劃經濟體制下進行改革。在本年的全國經濟計劃會議上，李先念副總理對實施全國性大公司制度進行了初步安排。

對「市場調節」講得最早、提得最多的是陳雲同志。早在1956年，陳雲在黨的八大會議上，就提出「三個主體、三個補充」的構想，其中就包含著市場調節的含義。陳雲始終認為，國家計劃是社會主義經濟的主體，市場調節只是從屬的、次要的和補充的部分。應當說明的一點是，20世紀70年代末，鄧小平對「市場經濟」和「市場調節」這兩個概念經常是混用的。1979年11月，鄧小平在會見美國人吉布尼時，談到「社會主義也可以搞市場經濟」，實際就是「市場調節」的意思。因此，鄧小平與陳雲的思想是相通的。

1980年前後幾年，中央的改革設想，是在堅持計劃經濟體制的前提下，將公司制管理和市場調節作為一種輔助手段，並沒有打算要徹底否定計劃經濟。所成立的公司，還是行政性公司，不是企業化的公司。不論是企業還是公司，直到今天的大型的、跨國的中央企業都是行政附屬機構，否則國有性質無從落實到管理控制系統之中。

科斯在《企業的性質》中對資本主義私人企業有恰當的描述：企業是一

系列個人合約的集成，以達成交易費用最低、利潤最大化。

　　社會主義公有制企業則依其公有性質由各級政府部門提出，報請上級黨和政府批准，再由批准執行任務的政府部門委派黨政和技術官員代理全體國民進行創立和管理。社會主義公有制企業的使命是滿足人民不斷擴大的社會需求，並不追求利潤最大化。但是，社會主義企業的成本高昂，在實踐中總是難以滿足人民群眾在固定價格條件下不擴大也不壓縮需求的最低願望。這種特徵放在管理學上，主要是冗員增長和生產紀律漸衰；放在財務分析上，則是資金利潤率不斷下降；最終形成企業不斷依靠追加的資源與資金投入來維持生產。這樣的情形在蘇聯和東歐社會主義國家也普遍存在，並被匈牙利學者科耐爾在《短缺經濟學》一書中歸納為「軟預算」。

二、另一條道路：財政撥款改銀行貸款

　　到 1979 年，各省（市、區）黨委對 1977 年以來調整期間的經濟政策提出了很多疑問，集中起來就是：中央給的錢不夠，中央給的政策也不夠，它們難以解決各地區的城市待業青年就業等一系列重大國計民生問題。

　　在這一年，中央下令停止知識青年上山下鄉，並召回所有還在農村的下鄉知青。那年城市待業人口達到 2,000 多萬，幾乎每個城市家庭都有一個待業者。同時期，日用生活消費品市場化剛剛開始進行，城市個體經營者和農村居民進城販賣農副產品，沿海地區走私、仿造的日常生活用品已深入內地，正在匯集成低級的自由市場經濟。比如 10 元一只的電子手錶迅速打敗 100 元一只的機械表。生產機械表的企業都是最受政府寵愛的各省（市）國營企業。私人與沿海地區的準私人企業的服裝生產銷售鏈條也正在絞殺國營服裝企業和傳統裁縫店鋪。國營工商企業生產和庫存的過時的、低質高價的產品不斷積壓，而生產計劃也難以順應市場潮流。其基本原因是當時的工廠就只有那樣的生產技術、設備和專業技術人員。這些設備與技術基本上是二三十年前蘇聯的甚至是清朝、日本和國民黨政權留下來的「古董」及其低質量的複製品。

第二章　脫離計劃經濟制度過程中的貨幣政策與銀行監管（1977—1983）

因此，在 1979 年 10 月 4 日，鄧小平對各省（市、區）黨委書記講道：

政治工作要落實到經濟上面，政治問題要從經濟的角度來解決。比如落實政策問題、就業問題、上山下鄉知識青年回城問題，這些都是社會問題、政治問題，主要還是要從經濟角度來解決。經濟不發展，這些問題永遠不能解決。所謂政策，也主要是經濟方面的政策。現在北京、天津、上海搞集體所有制，解決就業問題，還不是經濟的辦法？這是用經濟政策來解決政治問題。解決這類問題，要想得寬一點，政策上應該靈活一點。總之，要用經濟辦法解決政治問題、社會問題。

現在對財政、銀行，有很多反應。有的好項目只花幾十萬元，就能立即見效，但是財政制度或者是銀行制度不允許，一下子就卡死了。這樣的事情恐怕是大量的，不是小量的。卡得死死的，動都動不了，怎麼行呢？當然也有上千萬元的項目，那就必須慎重一點了，但是上千萬元的項目也有很快見效的，財政、銀行應該支持，這樣就活起來了。這不是個簡單的財政集中或分散的問題。必須把銀行真正辦成銀行。現在每個省（市、區）都積壓了許多不對路的產品，為什麼？一個原因就是過去我們的制度是採取撥款的形式，而不是銀行貸款的形式。這個制度必須改革。任何單位要取得物資，要從銀行貸款，都要付利息。

這是一個顛覆蘇聯計劃經濟模式的決定：國家計劃出一片天地，讓銀行信貸計劃直接與企業市場化生產決策結合，形成經濟發展新動力，也形成了後來發展出來的社會主義市場經濟體制。

鄧小平、陳雲他們為什麼能夠做出這樣的決定？

毛澤東主席教導我們：人的正確思想是從哪裡來的？是從天下掉下來的嗎？是人的頭腦裡固有的嗎？不是。是從實踐中來的。所以，我們要回顧毛澤東、鄧小平、陳雲他們那一輩第一代無產階級革命家在革命根據地和解放區創建、發展並成功地把中國共產黨的無產階級革命事業帶向奪取全國政權的歷史過程中的貨幣銀行制度及其政策。

在 1935 年 11 月 3 日南京國民政府財政部頒布《法幣政策實施法》及《兌換法幣辦法》以前的銀圓流通時代，即使是普通商家，發行代幣也是可以

被周圍的人們接受的，但擠兌也是經常發生的。中國各地地方政府特別是軍政府，都喜歡建立自己管轄的地方官銀行、銀號，合法或不合法地發行代幣。代幣發行量大於兌付保證金的那部分就是發行利益所在。所以，四川軍閥楊森最得意的就是「老子有豬兒，有銀行，還怕誰？」山東軍閥韓復榘就更直白：「老子有槍有銀行。」

20世紀初，盛行於西方的人民生產、消費、信用合作的社會主義思潮傳入中國。從20世紀20年代開始，華洋義賑會比較成功地將西方合作制度引入中國農村，倡導並推動成立了成千上萬的農村合作社。

1927年毛澤東、朱德建立第一個紅色革命根據地後，就開始依照當時中國各地地方政府特別是軍政府流行的做法和社會主義信用思潮，創辦信用合作社、平民銀行，發行流通貨幣銀圓的代幣。1928年10月，東固根據地黨組織籌集基金3,000銀圓，開辦「東固平民銀行」，1929年又擴大基金8,000銀圓，發行紙幣20,000元，東固平民銀行印製了中國工農政權的第一張紙幣，紙幣分一元、五角、一百文、二百文四種，流通於東固根據地以及鄰縣地區。

1930年10月，毛澤東、朱德、陳毅親臨東固視察。1931年東固平民銀行發展為「江西工農銀行」，後又與閩西工農銀行合併為「中華蘇維埃共和國國家銀行」。1929年10月26日，永定縣蘇維埃政府在湖雷成立。1930年春，為調劑金融，永定縣蘇維埃政府在湖雷創辦永定第一區信用合作社，賴祖烈為主任。這個信用合作社資金預定5,000元，以募股方式籌集，每股1元，由群眾個人和商店認購，共募集了3,000多元，其中個人占40%，商店占60%。信用合作社發行紙幣，保存現金，收購金銀，發展社會經濟，實行低利借貸。湖雷蘇區發行的紙幣，正面印有一個空心的大五角星和倒放的斧頭、鐮刀。紙幣以信用社股金作為保證，每1元等於1個銀圓，可以十足兌現。該紙幣可以在永定縣各地區流通。1930年11月7日，在閩西龍岩誕生了中國最早的蘇維埃銀行——閩西工農銀行。

1931年11月7日，中華蘇維埃共和國臨時中央政府在江西中央蘇區成立，主席毛澤東，定都於瑞金（今江西省瑞金市）。中華蘇維埃共和國臨時中央政府於1932年5月把江西工農銀行和閩西工農銀行合併為中華蘇維埃共和

第二章　脫離計劃經濟制度過程中的貨幣政策與銀行監管（1977—1983）

國國家銀行，毛澤民任行長，會計科科長曹菊如。此後，曹菊如一直在紅色政權的財經、財政、銀行領導班子工作，1954—1964年，任中國人民銀行行長兼黨組書記。1931年8月，鄧小平到達中央革命根據地，擔任中國共產黨瑞金縣委書記。1932年5月，鄧小平調到會昌，擔任中心縣委書記，並兼任江西軍區第三分區政委。1932年年底，政治局主要成員博古、張聞天、陳雲抵達瑞金。最晚從這時起，陳雲、鄧小平就對中國共產黨的國家貨幣銀行制度有了直接的瞭解。1933年1月7日，中共中央政治局被迫由上海遷至瑞金。

中華蘇維埃共和國《國家銀行暫行章程》規定國家銀行隸屬於財政部，國家銀行的管理由財政部任命的管理委員會負責。在瑞金設立總行，各地設立分行，啓動資金國幣100萬元由國庫預算撥付，須增加資本時可呈請財政部核准，由國庫撥付。

國家銀行的業務以「幫助發展生產，對於國有工商業或合作社事業得為有抵押和無抵押之放款」為優先，同時亦有商業票據貼現、代管貴重物品以及收受各種存款等一般銀行業務。國家銀行受臨時中央政府委託辦理國庫和公債業務，因而擁有發行鈔票的特權。

為維護國家貨幣的信用，臨時中央政府一方面採取嚴厲措施強制蘇區社會尊重國家貨幣的權威，另一方面嚴格現金出口制度，穩定金融制度初定時可能的資本外流。臨時中央政府規定：對持票要求兌換者須盡量兌付現洋，不得拒絕。同時要向持票人宣傳以提高他們對國家銀行鈔票之認識和信仰；一切稅收要完全繳納國家銀行鈔票及蘇維埃二角銀幣。

該法律禁止私人從事高利貸事業，但個人之間的借貸則不受此法管束。

1933年4月28日，中華蘇維埃共和國財政部頒布實施《現金出口登記條例》，要求建立現金出口登記制度，禁止「豪紳地主、資本家想假冒辦貨名義偷運大洋出外」，以「保存蘇區現洋，維持市場交易」。登記制度規定「凡攜帶大洋或毫子往白區辦貨二十元以上者須向市區政府登記，一千元以上者須向縣政府登記取得現金出口證才準出口，無出口證及非為辦貨用的一律不準出口。向銀行或兌換所兌換大洋的也要有現金出口證為憑」。規定「凡商人或合作社運現洋出口向政府登記，須由該店員支部或當地店員工會介紹證明，

鄉村無店員工會者由鄉政府給證明書」。「商人運輸現金往白區辦貨，須限期如數辦貨回來，並於貨物回來後開具清單向原登記政府銷案。如到期無貨回來或所辦貨價比運出現金較少者，即嚴厲處分該商人。」

　　以發展壯大自己經濟實力為目標的貨幣銀行制度精神及其政策要點，後來又經歷北方各個革命根據地和解放區，一直傳承發展到1949年全面建立紅色政權，並發展壯大到今天。

　　對任何歷史經驗的總結，都不應該離開歷史發生的主要人物所經歷的社會經驗與社會條件，都不應該離開既有的社會政治經濟制度的基本框架。中國共產黨人依據他們面對的國情確定的現代化道路是這樣的：黨在各個歷史時期的政策、方針都可以修正，但必須是在黨的領導下，確保黨的領導，確保行走在社會主義道路上。

第三節　貨幣政策：從計劃分配信貸資金到市場決定信貸資金流向

1978年，中國人民銀行從財政部獨立出來，作為擔負工商業、農業與外貿的單一銀行與貨幣發行銀行，負責處理全國所有金融事務的龐大責任。這顯然是非常困難的。因此，中央政府打破單一的中央銀行體制，構建雙層銀行體制，推行了中央銀行和專業銀行的分立。

1979年2月23日，國務院發出《關於恢復中國農業銀行的通知》，據此通知，中國農業銀行總行於1979年3月30日正式辦公。為加強對農業投資、農業信貸資金的管理、糧食統購資金管理，以及對農村信用社的支援與管理，中國農業銀行第三次重建。

1979年3月13日，國務院同意並批轉中國人民銀行《關於改革中國銀行體制的請示報告》，中國銀行從中國人民銀行國外業務局分設出來，主要經營外匯業務。

1979年3月13日，中華人民共和國中央政府設立國家外匯管理局，國家外匯管理局的日常工作主要是對外匯收支的監督管理，並落實到具體企業的用匯與創匯、境內外匯的使用等事務的指引與管理上。當然，國家外匯管理局是國家外匯儲備的操作管理者，也是對國際金融市場動態進行調查的機構和國家貨幣政策、匯率政策的主要研究單位。

1979年8月，國務院批准中國人民建設銀行從財政部獨立出來，仍然以國家計劃的長期投資為主業，隨後也作為一般金融服務機構向企業與民眾提供普通金融服務。

1979年年底，中國人民保險公司恢復了國內保險業務。當時，全國懂保險業務的工作人員不過十幾人，就是剛從中國人民銀行分離出來的中國銀行國外保險部的那十幾個工作人員。新成立的中國人民保險公司趕緊公開從社會各界找回1955年因停辦國內保險業務而散失的老員工。

1979年年底，部級的中國國際信託投資公司成立，成為吸收外資的專業機構。1979年10月，國務院責成中國人民銀行考察現代信託制度，隨後批准成

立中國國際信託投資公司,中國信託業重新開啓徵程。此後,全國各省份相繼發展信託業務。至 1982 年年底,全國各類信託機構超過 620 家。

1979 年 2 月,開始對國家綜合信貸計劃管理體制進行改革。

在 1979 年以前,綜合信貸計劃管理體制,即全國的信貸資金,不論是資金來源還是資金運用,都由中國人民銀行總行統一掌握,實行「統存統貸」的管理辦法。銀行信貸計劃納入國家經濟計劃,與全國的實物生產、投資、進出口等計劃進行匹配,以保證以國家財政計劃為核心的國民經濟計劃的執行。這樣的貨幣政策完全排斥了貨幣與信用對經濟發展的自由組合功能。

1979 年下半年,中國人民銀行總行提出了「統一計劃,分級管理,存貸掛勾,差額包干」的辦法,基本內容是總行對基層銀行由存貸款總額指標管理改為存貸款差額指標管理,不再約束基層銀行的信貸總額,只控制存貸款差額,各級銀行在完成存貸差計劃或不突破存貸差計劃的前提下,多存可以多貸,銀行的自主權得到了擴大。這也意味著傳統的蘇聯模式貨幣銀行制度最害怕信用體系有了自由滋生的制度空間。商業與銀行信用機制開始發生作用,並迫使人民銀行作為貨幣發行者,不斷為自身的工商信貸部門和其他專業銀行雄心勃勃的信貸計劃提供資金,也就是不斷擴大貨幣發行數量。

這樣的設計沒有錯誤。正是這樣的貨幣政策打開了創造財富的另一個經濟系統的道路:貨幣通過市場組合生產要素,無論是國營企業、集體企業還是戴紅帽子的私人企業、個體工商戶、農村社隊企業和農民、外商,都可以在經濟合同規範下追逐市場利潤。多種經濟成分參與的經濟發展中發生的糾紛,在當時均由國家經濟委員會、工商行政管理局、中國人民銀行等國家機關調解處理。所以,1981 年頒布的《中華人民共和國經濟合同法》,從立法上確立了中國經濟合同法的制度,自由市場經濟中交易必須合意的觀念第一次進入社會主義法律制度。自由與法律總是相伴相生的。

從 1931 年到 1953 年,中國經歷了 14 年的日本入侵、4 年多的國共內戰與 3 年多的抗美援朝戰爭。在經歷 1953—1956 年的「一五計劃」期間短暫的和平建設後,中華人民共和國的經濟再度進入準戰時經濟和國家內部激烈厮殺與動盪不安狀態,直到 1977 年。中國這塊國土和她的人民經歷了太漫長、太慘烈的戰亂歲月。面對現實,誰敢說不該快速重建家園!

第二章　脫離計劃經濟制度過程中的貨幣政策與銀行監管（1977—1983）

此時，中華人民共和國百廢待興。蘇式的計劃投資、傳統的農業時代的市場經濟恢復和對外貿易擴大都在同時並舉，都能給瘡痍滿目的大地帶來復興，給極度貧困的人民帶來新的希望。銀行貸款對象也由過去主要是國營、集體企業，擴大到多種經濟形式和經濟成分；由過去主要面對生產、流通企業，擴大到各行各業，如科技、文教、衛生、飲食、服務行業。在眾多的恢復與發展事項中，我們挑選一個既能聯繫傳統工業恢復發展和農村經濟簡潔明瞭，又能聯繫重新進入國際市場的行業——紡織業，來進行當時貨幣政策從計劃分配信貸資金到市場決定信貸資金流向的敘述。

紡織工業在第二次世界大戰前，就已經形成幾大生產中心：英國、美國、中國、日本、印度。1949年以後，中國的紡織工業本應快速恢復和發展，但歷史並不是這樣的。在1950—1960年的中國，紡織工業對內沒有給中國人民生產出基本夠穿用的產品，對外也從主要出口商品目錄中消失了。但香港地區的紡織業卻在這段時期有了較大的發展。香港地區的紡織業的資本、技師、設備主要來自1949年前從廣東和上海撤出的紡織廠。由於附近地區大量青壯年移民的遷入，香港地區的失業嚴重，就業嚴重不足，勞工成本較日本、美國、英國遠為低下，正好是勞動密集型的紡織工業發展的時間窗口。

1949年，新政權接收舊政府的國營中國紡織建設公司擁有的棉紡設備近180萬錠和近4萬臺織機，分別占當時全國總數的36%和60%。但由於1947—1949年，大量私人紡織印染企業從上海和廣東遷去了香港地區，以及既有設備的老化，1953—1957年期間，紡織工業僅建成200多萬棉紡錠新廠，仍然不到1947年的產能。

這些情況黨中央是瞭解的。1963年，黨中央指示中國人民銀行、外貿部調查和實施「以進養出」的進口加工再出口貿易。

1963年，中國人民銀行總行國外局向黨中央報告如下：

我們研究的意見是，香港銀行存款，今後應該主要是為中國出口貿易、社會主義建設服務。重點是以下幾方面：

……

五、進口原材料，加工成品出口。有些產品國外市場銷量很大，國內又有生產能力，由於原材料不好解決，不能滿足國外市場需要。如抽紗、雕刻、

麻袋、混紡織品等。如果利用銀行貸款進口一部分原材料，加工出口，就可以為國家換回更多的外匯。銀行貸款從這些產品出口收入的外匯中付還。

六、進口設備裝備國內生產出口產品的工廠。目前，國內有些生產出口產品的工廠，生產能力不平衡，設備不配套，不能完全適應出口要求，迫切需要進口一部分設備填平補齊，如紡織品的後處理設備等。但是，國家的外匯還照顧不到這方面來，暫時難以解決。如果利用銀行貸款，進口一部分設備，就可以立即裝備這些工廠，增加產品出口。所用貸款，國內分期償還。[①]

黨中央決定對香港地區加以利用，所以後來有下一個文件的產生。

1964年7月7日，紡織工業部關於1964年進口紡織設備的報告：

根據以上原則，1964年需進口的紡織設備如下：

（1）棉紡設備。進口國外先進的，以適應化纖混紡的棉紡樣機進行仿製，提高國內技術水準和解決援外出口的需要。

（2）棉織設備。進口國內沒有的寬幅織機，適應國際市場上對寬幅棉布和寬幅色織布的需要。

（3）棉印染設備。進口生產棉化纖混紡、寬幅印花、印花拉絨、精元洋傘布等產品國內一時尚無法製造的印染設備，適應當前紡織品出口的需要。

（4）毛紡染整設備。進口提高毛紡織品質量，增加花色品種，並解決毛化纖混紡產品後處理的毛紡染整設備及增加羊毛衫產品的設備，以適應擴大對外出口毛紡織品的要求。

1964年進口紡織設備共需外匯549萬美元，國內配套設備需人民幣902萬元；基建和安裝費人民幣1,070萬元，合計為人民幣4,717萬元。

上述進口設備全部安裝投入生產後，除可逐步改進棉紗質量外，預計每年將可增加出口紡織品：寬幅布12萬匹，寬幅色織布10萬匹，化纖混紡棉布16萬匹，拉絨布26萬匹，寬幅印花布10萬匹，精元洋傘布5萬匹，羊毛衫50萬件。呢絨出口每年可達500萬米，估計每年約可增加外匯1,400萬美元。[②]

[①] 中國社會科學院，中央檔案館. 1958—1965 中華人民共和國經濟檔案資料選編：金融卷 [M]. 北京：中國財政經濟出版社，2011：264-265.

[②] 中國社會科學院，中央檔案館. 1958—1965 中華人民共和國經濟檔案資料選編：對外貿易卷 [M]. 北京：中國財政經濟出版社，2011：264-265.

第二章 脫離計劃經濟制度過程中的貨幣政策與銀行監管（1977—1983）

這樣的請示報告與批准執行，在歷史上一直延續到 1980 年，最終由國務院一紙公文把紡織業的出口產品從計劃經濟的繁文縟節中解放了出來。想來國務院自己也感覺輕鬆了一些。後來，輕工部、紡織工業部都退出國務院部委編製，轉換為非行政機構。

從 1963 年起，紡織品的出口占國家出口商品總額的比例斷斷續續上升，20 世紀 70 年代可能最高達到 15%。

1980 年 1 月 14 日國務院批轉國家經委、中國人民銀行等部門關於請批准輕工、紡織工業中短期專項貸款試行辦法的報告的通知：

國務院同意國家經委、中國人民銀行等部門《關於請批准輕工、紡織工業中短期專項貸款試行辦法的報告》和《中國人民銀行發放輕工、紡織工業中短期專項貸款試行辦法》，現轉發給你們，望認真執行。

輕工、紡織工業中短期專項貸款，主要用於老廠的挖潛、革新、改造和與之有關的小量改建、擴建工程，不能用於新建、續建企業的基本建設投資。對貸款的使用，一定要按照擇優扶持的原則，優先貸給那些花錢少、見效快、創匯多的項目。各地輕工、二輕（手工）、紡織工業部門，要認真搞好用款規劃，有計劃、有目的地解決幾個生產上的重大問題，把貸款管好、用好。貸款需要的物資，由國家物資總局按基建定額補助一半，其餘由地方解決。有些工期短的項目，還可利用少量的短期自由外匯，進口一些材料和先進的單機、部分生產線，以保證措施項目按期竣工投產。各地人民銀行和中國銀行，要切實加強對貸款的發放和監督工作，積極支持輕紡工業的發展。

國家經委、輕工業部、紡織工業部和中國人民銀行總行，要加強對貸款使用情況的檢查，採取有力措施，盡快發揮經濟效益。[①]

根據國務院領導同志的指示，四部門對發放輕工、紡織工業貸款問題進行了多次研究。為了更好地貫徹執行「調整、改革、整頓、提高」的方針，把輕工、紡織工業盡快搞上去，必須採取特殊措施，拿出一筆資金和物資，把輕紡工業現有老廠的挖潛、革新、改造搞好，使輕紡工業生產在三年調整

[①]《國家經委、輕工業部、紡織工業部、中國人民銀行 關於請批准輕工、紡織工業中短期專項貸款試行辦法的報告》，1980。

期間有個較大的提高。因此四部門商定，從 1980 年起，在國家安排的基本建設投資和技術措施費以外，由中國人民銀行、中國銀行發放 20 億元輕工、紡織工業中短期專項貸款和 3 億美元的買方外匯貸款，每年保持這個餘額週轉使用。

這筆專項貸款，主要用於輕工、二輕（手工）、紡織工業企業（包括進行獨立經濟核算的專業公司）進行老廠（包括原料基地）的挖潛、革新、改造，增加市場急需的產品和擴大出口的產品。貸款期限一般為一年到二年，最長為三年。為了使貸款單位有可靠的償還能力，盡快歸還貸款，在貸款項目完工投產後，全民所有制企業，用本項目增加的全部利潤和固定資產折舊基金、固定資產稅歸還貸款本息，用上述資金按期償還貸款不足的，可再減免工商稅歸還；集體所有制企業，首先用貸款項目投產後所增加的稅後累積和固定資產折舊基金歸還貸款，按期還款不足的，可再減免所得稅及工商稅歸還。在計劃經濟中，由於企業建設與運行資金都來自財政撥款，所以成本項目中沒有償還貸款本息科目。新的靠銀行貸款進行生產的企業就臨時改為先償還貸款本息，再納稅和上繳利潤。

紡織業的生產設備不太複雜，產業鏈又很短，是勞動密集型產業，但工人勞動強度又不是很大，技術要求比較簡單，最適合文化程度較低的婦女就業。所以，在憑票供應的年代，也就是極度短缺時期，不僅在上海、天津、廣東及各大中城市發展極快，而且在江蘇、浙江農村也獲得了極大發展。1979 年、1980 年、1981 年這三年，紡織工業生產大幅提高，生產平均年遞增速度達到 18%以上。輕紡產品 1979 年出口占出口總值的 46.9%。1981 年紡織品出口換取外匯 35 億美元，占出口總額 220 億美元的 16%。1982 年全國棉布產量達到 153 億米。1983 年 12 月，國家決定停止已實行 29 年的棉布限量供應辦法，實現了敞開供應。

中國的紡織工業在整個 20 世紀 80 年代到 90 年代末，有了突飛猛進的發展，並成為世界紡織業霸王。在這當中，中國人民銀行恢復歷史上銀行對紡織業的直接信貸支持是非常重要的第一推動力量。當然，其中的決定因素還有很多，比如說 1963 年以後不斷引進的化纖原料成套設備的投產，農村經濟體制改革中的鄉鎮企業的崛起，美國給予中華人民共和國出口的紡織印染產品以最惠國待遇，等等。

第二章 脫離計劃經濟制度過程中的貨幣政策與銀行監管（1977—1983）

第四節 社隊企業的崛起與中國式工業化道路的探索

1949年新中國成立以後，如何實現工業化一直是擺在中國共產黨面前的一個最大議題。工業化首先遇到的難題是投資的錢從哪裡來。中國共產黨的第一次宏觀貨幣政策是：借與擠。借，就是向蘇聯借貸建立基礎工業。擠，就是直接從全體人民的衣、食、住、行、醫療、教育等消費中擠出資源，來增加投資品的供給，而無須經過人民的儲蓄轉化為投資。

「一五計劃」成功地在中國建立了軍工導向的最基本的基礎工業體系。初戰告捷極大地鼓舞了人民和黨的領袖們。「大躍進」的正面主戰場在鋼鐵工業，但農業也是後方支援前方的大戰場。1958年，鄉政府與各農業生產合作社急急忙忙地合併為人民公社。農民成為做工掙工分、掙基本口糧（75～100千克/人）以上的糧食的「農業工人」，在各級黨政幹部的領導下，在公社幹部指揮下，為全面實現社會主義現代化而奮鬥。其失敗的結果與本書主題沒有關係，不予敘述。

在人民公社制度中，保留了鄉村工匠們的一席之地，而且還加以組織與提高，組織成為人民公社中的社隊企業，但未見有成功的記錄。

「大饑荒」之後，鄉村生活恢復了貧困中的安靜，各鄉各生產隊也都可以有自己的農副產品加工和農具生產作坊，有的地方還辦了微型水電站。各省、市、縣、公社都有農村多種經營辦公機構或工作人員，管理農村泥、木、石、鐵等工匠在農閒時的外出勞動。

在長江三角洲地區，在「文化大革命」動亂最為厲害的時期，大概1968年前後，更獲得了一個奇特的機會：上海城裡的一些支援世界革命的出口工業產品，當然是非常簡單的工業品，比如說液壓管件接頭、軍用鐵鎬、軍用鐵鏟、服裝等，因為必須按期交貨，不能被動亂拖延而送到鄉鎮加工生產。當時鄉下比較安寧，也是許多上海工人和幹部的家鄉，鄉下也有些退休工人、下放回去的工人和能工巧匠。這樣一來，江蘇地區農村的工業化進程就開始了。

再有一個進程就是城市道路和房屋的維護所需沙、石、水泥、石灰、磚塊、搭腳手架的竹子、木頭模板等只需簡單加工的地方建材,也只能從城市外、河道邊的農村獲取。總之,工業生產點在大城市周圍、在沿海、在沿河流的農村地區有計劃地或自在地出現。

1978年4月4日《人民日報》第1版的社論《社隊企業要有一個大發展》指出:

社隊企業是中國人民公社制度的產物,它是隨著人民公社產生和發展起來的。偉大領袖毛主席遠在人民公社化初期,就高瞻遠矚地指出:「目前公社直接所有的東西還不多,如社辦企業,社辦事業,由社支配的公積金、公益金等。雖然如此,我們偉大的、光明燦爛的希望也就在這裡。」

與上述社論同時發表於同一版面的調查報告《農業高速度發展的途徑——江蘇省無錫縣社隊企業調查》記錄了社隊企業發展的個案:

我們調查了玉祁公社民主大隊,這是一個很有代表性的單位。這個大隊平均每人只有五分六厘地,生產條件相當差,過去人們叫它「三靠隊」:生產靠貸款,生活靠救濟,吃糧靠供應,國家每年統銷糧食30萬斤。隊幹部是一些好同志,他們勤勤懇懇,艱苦奮鬥,生產雖然逐年有所好轉,但由於單打一地抓農業,糧食一直在一個低水準上徘徊,隊裡還是窮得很。幾年前,在上級黨委的幫助下,他們覺悟過來了,開始辦糧食加工廠、磷肥廠、大養豬場、大桑園……大隊經濟結構開始發生了變化,原先只有單一的農業收入,現在工業收入已占總收入的50%,副業收入占20%,農業收入占30%。工業利潤的大部分又投入農業擴大再生產,各項過去想辦而無力辦的農業基本建設,都辦起來了。當我們前來訪問這個昔日的「三靠隊」,看到一片興旺景象。「三靠隊」已經變成了「三貢獻」:向國家貢獻糧食、副產品、工業品。去年遇到嚴重自然災害,糧食畝產仍然達到1,800多斤的高水準,全大隊交售給國家糧食38萬斤,每個社員平均賣給國家一頭肥豬,社員收入也大幅度提高。

黨的八屆六中全會《關於人民公社若干問題的決議》中指出:「人民公社實行的工農業同時並舉和互相結合的方針,為縮小城鄉差別、工農差別開闢了道路。」社隊企業就是實行這種工農互相結合的好形式。社隊企業實行亦工

第二章　脫離計劃經濟制度過程中的貨幣政策與銀行監管（1977—1983）

亦農的勞動制度，廣大社員既能種田，又能做工，逐步縮小工農差別。社隊企業在為農業服務的前提下，根據具體條件，開展城鄉協作，為大工業服務，既累積了資金，有利於農業，又支援了工業建設。城市工業有計劃地向農村擴散產品，把一部分任務交給社隊企業去承擔，就可以節省國家投資，不增加職工指標，少建廠房、設備和少支付工資，使生產做到多快好省。工廠還可以騰出手來，向「高、精、尖」進軍。社隊企業還能承擔城市需要的一些缺門、短線產品，人民生活需要的各種小商品，成為全民所有制經濟的有力助手和重要補充。社隊企業發展起來了，農村裡小工廠星羅棋布，城市則避免了無限制擴大和臃腫，做到工業合理佈局。目前，在中國一些社隊企業比較發達的地區，已經出現了有社會主義覺悟、能工能農的一代新人。馬克思和恩格斯在《共產黨宣言》中曾經預言：「把農業和工業結合起來，促使城鄉之間的差別逐步消滅。」

　　黨面對工業化、農業現代化的急迫性和人口過快增長是有很大壓力的，也有1958年「大躍進」時盲目地從農村大量招募工人，到1961年又不得不遣散2,400萬工人和市民回到農村的慘痛教訓。所以，黨和政府對城市的擴張和農民外出務工特別戒備。於是，黨中央一方面加快了現代工業的建設，一方面踐行馬克思主義和毛澤東思想的指引，在人民公社制度中，把農業和工業結合起來，走一條新的城鄉並舉的工業化道路。

　　1979年7月3日，國務院發布《關於發展社隊企業若干問題的規定（試行草案）》，指出發展社隊企業的重大意義：社隊企業發展了，首先可以更好地為發展農業生產服務，可以壯大公社和大隊兩級集體經濟，為農業機械化籌集必要的資金；同時也能夠為機械化所騰出來的勞動力廣開生產門路，充分利用當地資源，發展多種經營，增加集體收入，提高社員生活水準；還能夠為人民公社將來由小集體發展到大集體、再由大集體過渡到全民所有制逐步創造條件。公社工業的大發展，既可以為社會提供大量的原材料和工業品，加速中國工業的發展進程，又可以避免工業過分集中在大中城市的弊病，是逐步縮小工農差別和城鄉差別的重要途徑。

　　國務院制定和頒發的文件，全國各級行政系統必須立即執行。為此，國務院為社隊企業的發展劃出了三個不同的資金來源：生產隊公積的一部分股

本金、財政支援金和信用社、農業銀行的信貸資金。這三種資金渠道，也是1970年以來黨中央和國務院一直肯定的基本渠道：自籌、財政支援、信用社和人民銀行貸款。

四川省渡口市（今攀枝花市）的鄉鎮企業（社隊企業）是1970年北方農業會議和1971年農機會議之後，部分社隊從興辦農機修理、小農具加工企業開始的。銀行和信用社根據當時發放社辦企業貸款問題的有關規定，支持投資少、見效快、與農業關係密切的企業，主要解決流動資金的問題，不發放給商業和服務性行業。這一年農業銀行大田營業所和信用社首先貸款2萬元給大田公社的石墨礦和石墨粉廠，對推動社辦企業發展起了一定作用。1977年，農業銀行四川省分行提出放寬發放貸款限制，大力支持社隊企業。到1978年年底，銀行和信用社累計發放貸款66萬元，累計收回29萬元，占發放數的43.94%。

這裡要說明歷史上的真實情況：在1978年中國人民銀行獨立之前，行政上屬於財政部，但還是獨立運轉的。同樣，1979年農業銀行從中國人民銀行獨立之前，農業銀行、信用社也是單獨對外掛牌的，由人民銀行農業信貸部門負責操作管理。

1979年7月3日由國務院發布的《關於發展社隊企業若干問題的規定（試行草案）》與以往關於社隊企業的政策有巨大不同，就是解除了社隊企業為農業生產和農民自己服務的限制，同意它們走向新的天地：為工業配套、為市民生活，包括生產出口產品，開展補償貿易。為貫徹實施黨和政府的政策，1980年，中國農業銀行總行蘇州會議強調：社隊企業貸款要逐步走上支持企業面向市場，發展商品生產，注重經濟效益的軌道。

所以，在貨幣政策史上，1979年後對農村工業的貨幣支持開始從單純為農業生產服務轉向了國內外市場，轉向了增加就業，具有了國家貨幣政策的新特徵：用貨幣投資去組合山川大地和多餘勞動力等生產要素，使其產品為工業配套，銷售到城鄉各地，甚至出口。

社會學家費孝通1983年在文章《農村工業化的道路》裡高度評價蘇南農村：「這是一條具有中國特色的工業化道路。它和西方資本主義初期工業化的

第二章 脫離計劃經濟制度過程中的貨幣政策與銀行監管（1977—1983）

路子不同。它對農業不發生破壞作用，它對農民不產生貧困化的後果。」[1]

1982年12月4日，第五屆全國人大第五次會議通過新《中華人民共和國憲法》。其中，第九十五條規定：恢復鄉級政權機構，把人民公社的行政權力收回。事實上，在此之前的1979年、1980年，多數的生產小隊已經把生產責任落實到戶，各家各戶做而不宣，基層幹部知而不報，縣裡的幹部也假裝不知道。只有北京的理論工作者還在爭論不休。1983年人民公社制度被廢除。此後的社隊企業被稱為鄉鎮企業，各級地方政府也將社隊企業管理機構改成鄉鎮企業管理局，銀行信貸也改為鄉鎮企業信貸，原有股份逐漸轉化為私人股份，成為私人企業。到20世紀90年代後期，隨著工業升級、外資進入、私人企業的廣泛發展和去南方打工潮流興起，沿海發達地區鄉村逐漸城市化，內陸大城市郊區以外地區的農村同樣被逐漸邊緣化，鄉鎮企業基本融入現代工業體系，費孝通所讚賞的工業化道路依然通向了城市化。但也有例外，比如華西大隊的華西集團（股票代碼：000936）、河南南街村辦企業。表2.1為1983—1984年鄉鎮企業發展情況。

表2.1　1983—1984年鄉鎮企業發展情況

項目	1983年	1984年	環比增加（%）
單位數（萬個）	135	165	123
總收入（億元）	928	1,268	137
就業人數（萬人）	3,234	3,848	119
總收入（億元）	929	1,268	137
稅金（億元）	59	79	134
工資總額（億元）	176	239	136
銀行貸款（億元）	98	198	203
百元資金利稅率	20	24	83

資料來源：國家統計局. 中國統計年鑒（1985）[M]. 北京：中國統計出版社，1985：297-298. 引用時對小數點以下的數據進行了四捨五入處理。

---

[1] 費孝通. 費孝通文集：第9卷 [M]. 北京：群言出版社，1999.

第五節　人民銀行跟進改革信貸制度

　　1979 年 3 月 21 日—23 日，中共中央政治局集中討論國民經濟調整問題。陳雲、鄧小平在會上做了重要講話。陳雲提出，要充分利用外資和外國技術。鄧小平指出，現在的中心任務是調整，要有決心，東照顧、西照顧不行。過去提「以糧為綱」「以鋼為綱」，是到了該總結的時候了。一個國家的工業水準，不光決定於鋼，要把鋼的指標減下來，搞一些別的。談農業，只講糧食不行，要農、林、牧、副、漁並舉。會議同意國家計委修改和調整 1979 年國民經濟計劃的意見，並決定用 3 年時間調整國民經濟。

　　1979 年 4 月 5 日，中共中央召開工作會議。李先念做《關於國民經濟調整問題》的講話。會議針對國民經濟比例嚴重失調的情況，決定從 1979 年起，用 3 年時間對國民經濟實行「調整、改革、整頓、提高」的方針。

　　針對國民經濟比例嚴重失調的調整，重點是停止 1965 年以來的「三線建設」。那是把中華人民共和國經濟全面拖進準備迎擊美帝國主義、國民黨反動派反攻大陸和蘇聯社會帝國主義全面進攻的備戰計劃。「三線建設」在十來年間，吞噬了大約 1,000 億元人民幣的投資。停止「三線建設」每年可以減少上百億的無效投資，可以把大約 300 萬工人、幹部、工程技術人員和重要的工廠、實驗室、學校、醫院從西南、西北的大山裡搬遷出來，回到大城市，充實工業、科研與高等教育，轉向民用產品生產。

　　根據其後進行的銀行信貸制度的改革和貨幣信貸政策，銀行系統開始把資金投向人民日常生活的吃與穿，並扶植農村鄉鎮企業、城市集體工商企業和城鄉個體工商戶。

　　集體企業是準國有企業，鄉鎮企業也不是私營企業。但是，在 1980 年開始出現廣泛而沉重的財務壓力，迫使這兩種企業以及國營小微工商企業開始轉型。這些變化，從中央到地方，人們都懂，只不過心照不宣而已。

　　在貨幣政策方面的改革重點是：

第二章　脫離計劃經濟制度過程中的貨幣政策與銀行監管（1977—1983）

（1）將企業的流動資金全部由財政支出改為銀行信貸管理。1979年7月13日，國務院發布《關於國營工業企業實行流動資金全額信貸的暫行規定》，要求國營工業交通企業的流動資金，由財政和銀行分別供應，分口管理。定額流動資金由財政部門核撥，作為企業的自有資金，無償占用；超定額流動資金由銀行信貸供應。這種辦法，管理多頭，調劑困難，而且占用資金多少與企業和職工的經濟利益沒有關係，不利於調動企業和職工管好流動資金的積極性。為了充分發揮銀行信貸這個經濟槓桿的積極作用，促進企業改善經營管理，減少物資積壓，加速資金週轉，國營工業交通企業（包括物資部門所屬企業）的全部流動資金，逐步改由中國人民銀行以貸款方式提供。中國人民銀行隨即與各部委開展資金管理的具體交接工作，並在1979年年底基本完成。

（2）繼續擴大利用外資。在這期間，繼續擴大利用外資的第一個重大成果是成功解決了國外投資者最為關注的兩個問題：一是法律環境，二是中美關係。

1979年7月1日第五屆全國人民代表大會第二次會議通過《中華人民共和國中外合資經營企業法》。在中華人民共和國初建商法系統的時候，其第十六條規定合營各方發生糾紛，最終可由合營各方協議在國外仲裁機構仲裁。這是讓外商最為放心的條款。同時，國家外匯管理局也對外匯進出及在國內特別是在沿海14個經濟特區存放使用做了對外商投資束縛最少的規定。外資開始緩慢但不斷增加地進入。

1979年1月1日中、美正式建交，5月，中、美兩國簽訂了關於解凍資產的協議。9月，國務院授權中國銀行辦理收回中國被美國政府凍結資產的命令。中方依照美方要求解凍並無訴訟支付8,050萬美元，中方亦索回被凍資金1.12億美元。這項解凍的意義不僅僅存在於中美關係，其影響是廣泛而深遠的。

（3）基本建設投資試行貸款。1979年8月28日，國務院同意國家計委、國家建委、財政部《關於基本建設投資試行貸款辦法的報告》及《基本建設貸款試行條例》。報告說：遵照中央領導同志關於基本建設投資要逐步由財政

撥款改為銀行貸款，今年就開始試辦的指示精神，我們對基本建設投資試行銀行貸款的問題做了多次研究，草擬了《關於基本建設投資試行貸款的意見》和《基本建設貸款試行條例》，在全國基本建設工作會議上進行了討論，在全國財政會議上徵求了意見。多數同志表示贊成，要求創造條件，盡快試行。少數同志認為貸款辦法好是好，但在現行經濟體制改革以前實行有困難。還有個別同志認為搞貸款不見得比撥款好。此後，我們又在四月中央工作會議期間，徵求了部分省、直轄市、自治區主管經濟工作的同志的意見，他們都贊成試行貸款辦法。

基本建設貸款由中國人民建設銀行負責辦理。中國人民建設銀行當時是財政部的一個局級單位。撥改貸後，升格為國務院直屬單位，由國家建委、財政部代管，以財政部為主。1982年國務院發99號文件規定，在辦理金融業務方面受中國人民銀行領導；在辦理財政業務方面受財政部領導。畢竟建設銀行也是金融業一分子。

為什麼我們都贊成試行貸款辦法？因為我們都認為：銀行和貸款單位都是經濟組織，它們之間的業務往來按合同辦事，互相承擔經濟責任和法律責任。由於貸款單位要保證按期還本付息，這就促使它們慎重地考慮是否需要進行建設，建設過程中怎樣精打細算，少花錢多辦事，加快建設進度，更好地發揮投資效果，以達到發展生產、增加盈利的目的。同時，銀行發放貸款，要按規定進行嚴格審查，實行擇優發放的原則，符合條件的，才給予貸款。不符合條件的，有權拒絕貸款。這對於那些只從需要出發，不看建設條件，不講經濟效果，盲目爭項目、爭投資、爭材料設備，隨意拉長基建戰線的做法是一個有力的限制。

後來的歷史證明，個別認為搞貸款不見得比撥款好的觀點也不是完全沒有道理的，政府的銀行貸款制度對政府的基本建設項目的決定並沒有強大的財務約束力。

（4）1981年國務院關於切實加強信貸管理嚴格控制貨幣發行的決定。從1978年起，中國的貨幣發行量就開始猛增。放在當時的情況下，這樣的增長幅度並非災難而只是比較痛苦的事。先是城鎮職工工資上調。在1978年做了

第二章　脫離計劃經濟制度過程中的貨幣政策與銀行監管（1977—1983）

一個少數職工不調高工資的錯誤決定後，1979年起實行普調，就是都往上調高。同時，農副產品收購價格也開始上調，進而推動市場價格上漲和產量擴張。

當時，農村集市貿易普遍恢復，中小城市甚至北京三環路以外的城區，都在農村集市貿易範圍內。其市場價格比國家計劃收購價格高，是因為國家按計劃收購的糧食有國家計劃價格的化肥等農資實物補貼，而把計劃收購外的糧食賣給國家糧站，糧站只會給計劃價格的錢與糧票。當時，糧票可以比較公開地賣成錢，各種農資補貼指標也可以換算成貨幣。同樣，城裡的小商小販也知道，他們跟「公家」單位的人不一樣，沒有生、老、病、死的生活保障和各種各樣的福利，自己掙的錢比「公家」單位裡的人拿的工資的錢「小」些。所以，他們從鄉村高價買回城裡賣的農副食品就該賣貴些，反正城裡的計劃配給沒有或者不夠，或者不新鮮、不好吃。貨幣價值被計劃經濟分裂後再通過自由市場統一。於是自由交易促進了計劃外產量提高和收入增加，大多數人的生活開始有了改善。1953年以後從控制吃的開始，人民普遍貧困；1/4世紀後的發展也從吃的開始。中華人民共和國的改革是從要求吃飽穿暖開始的。

「自己掙的錢比公家單位裡的人拿的工資的錢『小』些」，實際上就是計劃經濟造成的對貨幣「元元平等」本性的撕裂，反應為價格分裂與貨幣分裂。從社會學上講，也是國民身分分裂具體到當期勞動收入報酬隱含了長期收入水準的不同。將來的改革實際上不僅僅是發展問題，而且包含社會平等的訴求。但短期內，人們還沒有想那麼遠，維護秩序還是比較重要。所以，1979年9月15日，糧食部、工商行政管理總局發布關於糾正違反糧票使用規定的通知：「近來一些地方反應，有的生產隊、生產大隊在農村開設的飯館，出賣熟食，收取糧票，並持糧票到當地糧食部門要求供應糧食；有的生產隊、生產大隊和社員個人，在集市上出售糧食，也收取糧票；國家職工和城鎮居民把糧票作為貨幣換購物品的現象也多有發生。這不僅違反國家糧食政策和糧票管理制度，不利於國家控制糧食銷量和城鄉人民節約糧食，同時也給投機倒把分子以可乘之機。」好在這樣的文告並沒有被人們認真執行。

同時，全國各地、各部委的投資建設熱情高漲，人民群眾熱烈擁護，各

項投資也在1978年開始進行。有些投資見效快，有些投資見效慢，共用設施投資沒有直接回報，有些投資錯誤了……三五年後，都匯集成貨幣流通量洪流，主要在消費品價格上形成猛烈的物價上漲。在短期內，人們都對工資水準感到不滿。有些單位沒有資源給職工發放福利，或者有，但是又不敢給職工發放計劃外福利，特別是黨政文教系統的職工所受痛苦最深。那時候的黨政機構和大、中、小學都嚴格遵守黨的財經紀律。

表2.2　1977—1984年現金、M2　　　　　　　單位：億元

年份	現金	環比增長（%）	M2	環比增長（%）
1977	195.4			
1978	212	8.5	1,134	
1979	267.7	26.3	1,339	18.1
1980	346.2	29.3	1,661	24
1981	396.34	14.5	2,035	22.5
1982	439.12	10.8	2,370	16.5
1983	529.78	20.7	2,789	11.8
1984	792.11	49.5	3,584	28.5

資料來源：數據來自國家統計局網站。

本節所講述的歷史，放進貨幣政策實踐就是：既然通貨膨脹不可避免，那麼多少為最佳，危害最少？這是最困難的政策選擇。在一般通貨膨脹歷史與理論中，持續性的兩位數的通貨膨脹對實體經濟的增長是非常有害的。然而，在中華人民共和國的這段歷史中並非如此，實體經濟和人民的實物獲得量都在快速增長。但是，國務院並沒有掉以輕心，仍然發表文告要嚴格遵守信貸計劃，制止通貨膨脹。1981年1月29日，國務院發布《關於切實加強信貸管理　嚴格控制貨幣發行的決定》。

根據黨中央的指示，中國人民銀行總行立即對全國貨幣流通現狀、貨幣發行數量陡增的成因及後果進行廣泛的調查研究和專業討論，得出的結論基本可以用貨幣使用範圍擴大來解釋。主管研究工作的劉鴻儒副行長在1981年9月撰文講道：「今年年初，黨中央進一步明確狠抓經濟調整，穩定經濟，並

第二章　脫離計劃經濟制度過程中的貨幣政策與銀行監管（1977—1983）

採取了一系列措施，把信貸收支平衡，不搞財政性發行作為穩定經濟的重要標誌之一，國務院為此專門下達了加強信貸管理、控制貨幣發行的文件。隨後，中共中央和國務院領導同志進一步提出，三中全會以來城鄉經濟發展變化較大，人民收入增加，特別是廣大農村變化更大，許多新變化、新因素需要相應地增加貨幣流通量；要求人民銀行就這些新變化、新因素對貨幣需要量帶來的影響進行調查，並研究怎樣根據新的情況確定貨幣流通是否正常的標誌。為了弄清這個問題，總行布置各地銀行進行調查測算，在這個基礎上召開了這次匯報會議。」[1] 表2.3是此次調研得到的數據。

表 2.3　1977—1984 年基本數據　　　　　　　　　　　單位：億元

年份	財政收入/支出	工資總額	儲蓄餘額	GDP	環比 CPI	進口/出口
1977	874. / 843	515	182	3,202	2.7%	140/133
1978	1,132/1,122	569	211	3,645		187/168
1979	1,146/1,282	647	281	4,038	2.3%	243/212
1980		773	400	4,546	2.2%	291/272
1981	1,176/1,138	820	524	4,892	2.5%	368/368
1982	1,212/1,230	882	675	5,323	2.0%	358/414
1983	1,367/1,410	935	893	5,963	1.5%	422/438
1984	1,643/1,702	1,112	1,215	7,208	2.8%	620/581

資料來源：國家統計局網站。引用時，四捨五入到個位數。

對於表2.3中的環比CPI，筆者不完全同意，但對折算後的GDP、原始的進出口額、銀行帳戶裡的國民儲蓄餘額還是認可的。之所以如此，就是因為前面已經敘述過的在漫長苦難中重建經濟。這樣的現象，在二戰後的歐洲國家和日本，以及韓國重建家園時期都出現過若干年。有興趣者可以讀讀《來自競爭的繁榮》（［西德］路德維希·艾哈德著，祝世康、穆家驥合譯，商務印書館1983年出版）。西南財經大學的賈渠平在《日本經濟起飛時期的貨幣政策》中也有敘述（見《金融研究》1988年第8期）。大家也可以訪問韓國

---

[1]　劉鴻儒．當前貨幣流通調查研究的幾個問題 [J]．金融研究，1981（9）．

中央銀行網站中關於其貨幣政策史部分。要說明的是，當時，西德、日、韓三國都接受了美國大量援助，而中華人民共和國沒有得到任何援助。

當然，中央政府也一直不斷警告、反覆製止、持續清理過度投資。1981年1月29日，國務院發布《關於切實加強信貸管理 嚴格控制貨幣發行的決定》。1982年4月10日，國務院發布《關於整頓國內信託投資業務和加強更新改造資金管理的通知》。1983年7月7日，中國人民建設銀行發布《關於嚴格控制貸款的緊急通知》。

1983年6月，李先念主席指出：現在銀行貸款搞基本建設比較亂。固定資產投資性貸款餘額1979年為25億元，1982年年底增加到300億元。要認真整頓。用銀行貸款搞基本建設，實際上就是財政赤字。我們的物價不夠穩，幣值在受影響。每年增發多少貨幣，要有個合理的限度，要嚴格管起來。

李先念主席在1954年9月任國務院副總理兼財政部部長，協助周恩來領導經濟建設，在「文革」期間更苦苦主持國家經濟計劃管理工作。1983年，李先念主席已經74歲，仍繼續使用財政金融綜合計劃理論來分析走向市場初期的貨幣政策問題，告誡同志們要處理好通貨膨脹問題，對黨和國家負責任之心令人敬佩。

也是在這一年，國家計委根據1960年國務院曾做出的《關於加強綜合財政信貸計劃工作的決定》和金融教育與學術界的意見，推出編製「國家財政信貸綜合計劃」任務，希望把銀行信貸和計劃外信用活動產生的借貸規範於財政收支計劃範疇，並使之成為驅動中央計劃「戰車」的「戰馬」。但這兩次編製財政信貸綜合計劃的工作最終都成為沒有任何意義的工作。

農業時代，國家強制農民更加辛勤地在田地裡用雙手勞作；但工業社會裡，國家強制只會打垮一家又一家工廠，也不能使大多數中小型國營企業興旺發達。1980年底占用的流動資金相當於當年國民收入的88.2%，從生產領域到流通領域，都存在著相當嚴重的問題。[1] 在現代工業社會，銀行撮合資本

---

[1] 人民銀行上海市分行金融研究所，計劃信貸處．上海流動資金占用的現狀和提高使用效果的途徑[J]．金融研究，1981（10）．

第二章 脫離計劃經濟制度過程中的貨幣政策與銀行監管（1977—1983）

與生產要素的信貸，是財政可以收集更多資源來增加社會福利的時代，也是大金融小財政的時代。

在20世紀80年代初期，中國金融教育與學術界一直在社會經濟生活變化的後面繼續講授蘇式社會主義財政信貸學及其在中國經濟中的應用。同時，從西方國家引進的經濟學和貨幣銀行學的教科書以及介紹外國國家貨幣銀行和金融市場各方面情況的著作、文章也開始出版、發行、發表。「文革」後最早翻譯並公開出版發行的教科書是《貨幣銀行學》（［美］錢得勒等著，中國人民大學財政金融教研室譯，中國財政經濟出版社1980年12月出版發行）。於是，在貨幣政策方面，實際社會生活的進程與理論研究嚴重脫節，理論研究中蘇聯教科書派占據上方，剛剛從西方引進的市場貨幣理論則有更宏觀的思想與歷史基礎、可觀察與可統計的工具、更精細精確的概念與研究工具，受到部分青年學者的追捧。中國人民銀行也開始及時公布年度貨幣信貸數據，而蘇式貨幣銀行制度則把這些數據作為國家機密不予公開。不過舊派與新銳對貨幣政策的討論歸討論，發生決策作用的依然是黨中央改革開放求發展的基本政策，中國人民銀行緊緊地與黨中央保持一致，一直奉行發展優先的積極貨幣政策。表2.4是1979—1980年全國金融餘額統計。

表2.4　1979—1980年全國金融餘額統計　　　　　單位：億元

項　目	1979年年底餘額	1980年年底餘額
各項存款	1,340.04	1,658.64
企業存款	468.91	573.09
財政存款	148.68	162.02
基本建設存款	131.3	171.75
機關團體存款	184.88	229.45
城鎮儲蓄存款	202.56	282.49
農村存款	203.71	239.84
國際金融機構往來		34.27
流通中貨幣	267.71	346.2
銀行自有資金	427.88	477.33

表2.4(續)

項目	1979年年底餘額	1980年年底餘額
當年結溢	49.45	27.19
其他	77.52	80.63
資金來源合計	2,162.60	2,624.26
各項貸款	2,039.63	2,414.30
工業生產企業貸款	363.09	431.58
工業供銷企業及物資部門貸款	242.12	236.03
商業貸款	1,232.25	1,437.02
中短期設備貸款	7.92	55.5
城鎮集體及個體工商貸款	57.51	78.29
預購訂金貸款	6.98	7.88
國營農業貸款	6.86	9.4
農村社隊貸款	122.9	158.6
黃金占款	12.16	12.16
外匯占款	20.58	8.47
在國際貨幣基金組織資產		30.04
財政借款	90.23	170.23
資金運用合計	2,162.60	2,624.26
各項存款合計	215.88	272.34
社隊集體存款	98.33	105.48
社隊企業存款	21.93	29.47
社員個人存款	78.43	117.03
各項貸款合計	47.54	81.64
社隊農業貸款	22.54	34.54
社隊企業貸款	14.15	31.11
社員個人貸款	10.85	15.99
外匯儲備（億美元）	21.54	22.62
黃金儲備（萬盎司）	1.28	1.28
美元兌人民幣平均匯率	1.554,9	1.498,4

資料來源：中國人民銀行. 中國金融年鑒 [M]. 北京：中國金融出版社，1986.

第六節　人民銀行成為中央銀行

一、初期的混亂與人民銀行向國務院的報告

1980年，中國農業銀行、中國人民建設銀行、中國銀行獨立，信託投資公司和保險公司特別是各省各專業銀行都自設或附設的信託投資公司更是遍地開花。個別省政府居然認為轄內企業購買財產保險是「肥水外流」，紛紛自辦財產保險。外商銀行和代表機構也開始進入中國市場。此前，中華人民共和國各部委、各省都習慣對銀行施加一定的影響，以促成本地、本部門獲取更多投資發展的機會。特別是1980年地方信託的興起，地方社會債務與股權集資的興起，都給已經在國家層面預定要辦成中央銀行的人民銀行的日常監管造成了壓力。信託公司在1980—1983年這一階段具有強力的地方銀行色彩，進行了大量的借貸業務，而信託公司的資金來源很大一塊則來自其他金融機構甚至財政存款。這的確是鑽了「多存多貸」貨幣政策的漏洞，信用膨脹再次在地方權力的運作下發生。從1979年開始，銀行初步建立了經濟核算制，1983年又實行了利潤留成制度，按照存款增加、資金週轉、資金損失、成本、費用及利潤等指標考核工作成效，並與提留各種基金掛勾，擴大了基層銀行的財權和銀行員工的獎金與集體福利。在很多情況下，在權衡方方面面的利弊後，銀行當然會樂意順從地方政府的干涉。

面對這些新情況，人民銀行對金融業的監督管理責任也同時產生。1979年6月國務院批復同意中國人民銀行《關於重建各級銀行監察機構的報告》，所以銀行內部監察是有系統的。人民銀行及各專業銀行的統計系統是完備的，人民銀行總行金融研究所已恢復對信用與貨幣流通的調查研究。

但是，那個時候，法制建設剛剛起步，還沒有民法、商法，更沒有銀行法、信託法等今天制定貨幣政策與對銀行業進行監督管理的法律依據。所以，人民銀行總行及各地分行沒有任何法律授權，也沒有任何交易工具用於調控

各金融機關，只能主要靠會議與文件協商，靠報告上級領導。那時候，「金融監管」這個詞彙還在剛剛翻譯出版的著作和文章裡，還沒有成為金融工作的日常用語。但是，檢查問題、分析原因、尋找解決問題的政策規定和制定新的政策、使用財經紀律處理、移送司法部門使用刑法處理等工作還是天天都在進行著的。

1982年5月26日，中國人民銀行向國務院報告了以上情況，提交了《關於人民銀行的中央銀行職能及其與專業銀行的關係問題的請示》。其原文如下：

目前，中國人民銀行既統一管理全國金融事業，又直接辦理工商信貸業務，具有中央銀行和工商銀行的兩種職能。為了進一步加強金融事業的管理和更好地發揮專業銀行的作用，在這次國家機構改革中，我們提出一個有關銀行機構改革的意見。這個意見曾經國務院領導同志召集有關部門和專業銀行的負責同志討論修改。現將我們對人民銀行的中央銀行職能及其與專業銀行關係的意見，報告如下：

一、中國人民銀行的中央銀行職能和主要任務

中國人民銀行是中國的中央銀行，是在國務院領導下統一管理全國金融事業的國家機關。它的主要任務和職責範圍是：

（一）負責擬定金融工作的方針、政策、法規，制定需要全國統一的金融規章制度，制定銀行的人民幣存款、貸款利率，按規定報經國務院批准後組織執行；

（二）按照國務院批准的計劃，印製和發行人民幣，調節市場貨幣流通；

（三）綜合平衡信貸計劃並組織執行，統一調度信貸資金；

（四）審核金融機構的設置和撤並，確定各金融機構的業務分工，協調和稽核各金融機構的業務工作，管理金融市場，審查批准外國金融機構在中國內設立或撤銷機構，並依照法律對其進行管理和監督；

（五）統一管理外匯、金銀，管理國家外匯儲備和黃金儲備，制定人民幣對外國貨幣的匯率，代表中國政府從事有關的國際金融活動。

第二章　脫離計劃經濟制度過程中的貨幣政策與銀行監管（1977—1983）

二、人民銀行與各專業銀行之間的關係

中國農業銀行、中國銀行和中國人民建設銀行，都是總局級經濟單位。各專業銀行總行在上述五個方面受人民銀行總行的領導。建設銀行在管理基建撥款包括撥款改貸款和基本建設、地質勘探、施工企業的預決算等財政業務方面，受財政部領導。省及省以下各級人民銀行與各級專業銀行之間的關係，待今後地方機構改革時再行確定。各專業銀行在國家規定的業務活動範圍內，進行獨立經營和獨立核算，充分發揮各自的作用。各專業銀行之間的業務分工和人民銀行對專業銀行的管理辦法，另行規定。

三、中國人民銀行繼續擔負辦理工商信貸業務和城鎮儲蓄業務的任務。

以上報告，如屬可行，請批轉國務院各部門。

1982年7月14日，國務院批轉了中國人民銀行關於人民銀行的中央銀行職能及其與專業銀行的關係問題的請示（國發〔1982〕99號），國務院表示同意中國人民銀行《關於人民銀行的中央銀行職能及其與專業銀行的關係問題的請示》，轉發給了各部、委、局、各省（直轄市、自治區）、各銀行總行，請它們貫徹執行。在中華人民共和國的公文系統中，批轉的文件不具備強烈的必須執行的性質，不認真負責執行不一定遭到國務院懲罰。即使如此，對銀行系統的改革也就提上了國家基本制度改革的議事日程。

二、國務院最終決定建立中央銀行制度

1983年9月17日國務院發布《關於中國人民銀行專門行使中央銀行職能的決定》。這個決定有四個要點：

第一，這份文件首先講述了成立中央銀行的原因與目的。

近幾年來，隨著經濟體制的逐步改革和對外開放、對內搞活經濟政策的貫徹實施，經濟發展了，社會資金多了，銀行的作用日益重要。為了充分發揮銀行的經濟槓桿作用，集中社會資金，支持經濟建設，改變目前資金管理多頭、使用分散的狀況，必須強化中央銀行的職能。為此，國務院決定，中國人民銀行專門行使中央銀行職能，不再兼辦工商信貸和儲蓄業務，以加強

信貸資金的集中管理和綜合平衡，更好地為宏觀經濟決策服務。

第二，確定了人民銀行作為國家中央銀行的地位、任務與決策程序。

中國人民銀行是國務院領導和管理全國金融事業的國家機關。人民銀行要集中力量研究和做好全國金融的宏觀決策，加強信貸資金管理，保持貨幣穩定。其主要職責是：研究和擬訂金融工作的方針、政策、法令、基本制度，經批准後組織執行；掌管貨幣發行，調節市場貨幣流通；統一管理人民幣存貸利率和匯價；編製國家信貸計劃，集中管理信貸資金；管理國家外匯、金銀和國家外匯儲備、黃金儲備；代理國家財政金庫；審批金融機構的設置或撤並；協調和稽核各金融機構的業務工作；管理金融市場；代表中國政府從事有關的國際金融活動。

中國人民銀行成立有權威的理事會，作為決策機構。理事會由下列人員組成：人民銀行行長、副行長和少數顧問、專家，財政部一位副部長，國家計委和國家經委各一位副主任，專業銀行行長，保險公司總經理。理事長由人民銀行行長擔任，副理事長從理事中選任；理事會設秘書長，由理事兼任。理事會在意見不能取得一致時，理事長有權裁決，重大問題請示國務院決定。

第三，賦予了人民銀行對金融業的監管權和處分權。

人民銀行對專業銀行和其他金融機構（包括保險公司），主要採取經濟辦法進行管理。各專業銀行和其他金融機構，對人民銀行或人民銀行理事會做出的決定必須執行，否則人民銀行有權給予行政或經濟的制裁。國際信託投資公司的業務活動，也要接受人民銀行的管理和監督。建設銀行在財政業務方面仍受財政部領導，有關信貸方針、政策、計劃，要服從人民銀行或人民銀行理事會的決定。要盡快制定銀行法，建立健全各項規章制度，以便依法管理。

中國工商銀行、中國農業銀行、中國銀行、中國人民建設銀行、中國人民保險公司，作為國務院直屬局級的經濟實體，在國家規定的業務範圍內，依照國家法律、法令、政策、計劃，獨立行使職權，充分發揮各自的作用。在基建、物資、勞動工資、財務、人事、外事、科技、交電等方面，在有關部門單獨立戶。專業銀行和保險公司分支機構受專業銀行總行、保險公司總公司垂直領導，但在業務上要接受人民銀行分支機構的協調、指導、監督和

第二章 脫離計劃經濟制度過程中的貨幣政策與銀行監管（1977—1983）

檢查。今後建設銀行集中精力辦理基本建設和結合基本建設進行的大型技術改造的撥款和貸款，原人民銀行辦理的基本建設貸款交由建設銀行辦理，建設銀行辦理的一般技術改造貸款交由工商銀行辦理。其他專業銀行的業務分工，待人民銀行理事會成立後再研究調整。

第四，確認了人民銀行作為中央銀行的三大核心權力：貨幣發行權、信貸規模控制權以及外匯市場管理權。

為了加強信貸資金的集中管理，人民銀行必須掌握40%～50%的信貸資金，用於調節平衡國家信貸收支。財政金庫存款和機關、團體等財政性存款，劃為人民銀行的信貸資金。專業銀行吸收的存款，也要按一定比例存入人民銀行，歸人民銀行支配使用。各專業銀行存入的比例，由人民銀行定期核定。在執行中，根據放鬆或收縮銀根的需要，人民銀行有權隨時調整比例。專業銀行的自有資金由人民銀行重新核定。

專業銀行信貸收支，必須全部納入國家信貸計劃，按照人民銀行總行核定的信貸計劃執行。專業銀行計劃內所需的資金，首先用自有資金和吸收的存款（減去按規定存入人民銀行的部分），不足部分，由人民銀行分支機構按核定的計劃貸給。在執行中超過計劃的臨時需要，可向所在地人民銀行分支機構申請貸款，也可向其他專業銀行拆借。

國內各金融機構辦理的外匯貸款和外匯投資，人民銀行也要加以控制。專業銀行和國際信託投資公司，必須編製年度外匯信貸計劃和外匯投資計劃，報經人民銀行統一平衡和批准後執行。

此外，國務院還決定：國家外匯管理局及其分局，在人民銀行的領導下，統一管理國家外匯。中國銀行統一經營國家外匯的職責不變。並決定成立中國工商銀行，承擔原來由人民銀行辦理的工商信貸和儲蓄業務。中國工商銀行的主體就是從人民銀行分家出去的工商信貸部、儲蓄部。

至此，歷時44年，中華人民共和國終於建立了以中國人民銀行為中央銀行，以中國工商銀行、中國人民建設銀行、中國農業銀行、中國銀行四大專業銀行為骨幹的銀行體系，並為今後走向新的社會主義市場經濟提供貨幣推動與金融監管奠定了基本條件。

第七節　國際關係：親西方經濟原則確立，出口導向型經濟開始出現

一、恢復與美、日經濟關係

沿著毛澤東、周恩來開闢的與美國和日本和好的方向，1977 年以後，中國繼續與美國、日本發展友好關係。

日元貸款肇始於 1979 年。此後 20 餘年，日本以低息、長期為優惠條件，累計向中國發放貸款約 32,000 億日元（約合 300 億美元）。1979 年 12 月 5 日，日本首相大平正芳帶著作為禮物的日元貸款協議訪華。中、日雙方正式確定，第一批日元貸款從 1979 年至 1984 年實施，貸款金額 3,309 億日元（約 15 億美元），年利率 3%，頭 10 年只付息不還款，後 20 年還本付息。第一批日元貸款建設項目之一就是秦皇島煤碼頭。2007 年 12 月 1 日，北京人民大會堂，中華人民共和國外交部部長楊潔篪與日本外相高村正彥簽署了本年度日本對華貸款政府換文，這是日本最後一次對華提供低息長期貸款。

1979 年 1 月，中美建交。7 月簽訂的《中華人民共和國和美利堅合眾國貿易關係協定》規定兩國相互給予最惠國待遇。

最惠國待遇概念是由市場經濟國家創造的。在市場經濟國家，對外貿易總額、商品構成、進出口區域流向主要由私營企業根據商業標準或市場供求原則所從事的經營活動來決定，政府只是通過關稅和配額施加一定的影響。如果兩個市場經濟國家同意相互給予對方商品以最惠國待遇，這就直接意味著一方對於來自另一方的進口商品所徵關稅不得高於對其他國家的商品所徵的最低關稅，使其市場競爭地位同其他國家的貿易企業處於平等地位。這樣可以促進商品交換良性發展，保證有限的資源得到最有效的利用和分配。

在計劃經濟國家，經濟生活由中央計劃調節，政府制訂計劃，直接決定外貿總額、商品構成和地區配置。國營貿易企業根據計劃開展進出口業務，關稅的高低並不能影響其決策，計劃內的進出口指標或區域配置即使受到歧

第二章　脫離計劃經濟制度過程中的貨幣政策與銀行監管（1977—1983）

視性的關稅待遇也得完成。因此，作為最惠國待遇基礎的關稅失去了應有的作用，政府通過計劃可以優惠或歧視某些貿易對手，而且因計劃屬於機密，其歧視性安排是隱蔽的，有關的外國公司無從知曉。

《中華人民共和國和美利堅合眾國貿易關係協定》第一條第三款規定了最惠國待遇發揮效能的保證條件，即「商業性交易在兩國商號、公司和貿易組織間的合同的基礎上進行，這些合同在國際貿易慣例以及價格質量、交貨期和支付條件等商業方面的考慮的基礎上簽訂」。中美貿易協定採用商業考慮方式避開了對中國經濟體制的獨特性質的追究。但是，美國政府始終堅持認為中華人民共和國應該取消其對美貿易的政府補貼。到 1983 年，中國從對美貿易中累積外匯淨收入約 100 億美元。

中美貿易自 1979 年以來發展很快，在 20 世紀 80 年代平均每年以 45%的速度增長。整個 20 世紀 80 年代，紡織品是中國輸美的最大宗商品，占對美出口總額的 40%左右，從中累積外匯淨收入約 100 億美元。

二、創建經濟特區以吸引外資，鼓勵沿海地區各種經濟成分的經濟體出口換匯，鼓勵西方國家人民來中國旅遊

從 1977 年下半年制定國民經濟發展綱要開始，中央就著手考慮如何衝破閉關自守或半閉關自守的狀態，逐步進入國際市場，以加速國內經濟的發展。1978 年春夏，中央先後派出三個考察組去境外考察。其中一個是由國家計委和外貿部組成的經濟貿易考察組，在香港地區和澳門地區的工廠、農場、港口、建築工地、農產品市場及一些商店實地考察，探求與內地特別是廣東合作發展的可能性。考察組回到廣州後，向習仲勳等廣東省黨政領導人介紹考察情況，建議廣東把寶安、珠海兩縣改為兩個省轄市，派出得力幹部，加強領導力量，使農業從「以糧食為主」逐步轉到「以經營出口副食品為主」，積極發展建築材料工業和加工工業，開闢遊覽區，辦好商業、服務業和文化

娛樂場所等。考察組介紹的情況和建議，與廣東省領導的想法產生了共鳴。①

1978年12月23日，廣東省革委會向國務院報送《關於寶安、珠海兩縣外貿基地和市政建設規劃設想的報告》，提出：「在三五年內把寶安、珠海兩縣建設成為具有相當水準的工農業結合的出口商品生產基地，成為吸收港澳遊客的旅遊區，成為新型的邊防城市。」1979年2月14日，國務院批復廣東省報告，原則上同意關於寶安、珠海兩縣外貿基地的規劃設想。

1979年1月6日，廣東省革委會和交通部聯合向李先念副總理、國務院上報《關於我駐香港招商局在廣東寶安縣建立工業區的報告》，提出：由駐香港招商局在廣東寶安縣境內鄰近香港地區的地方即蛇口公社設立工業區。

1979年1月13日，廣東省革委會向國務院請示，提出將寶安縣改為深圳市，珠海縣改為珠海市，屬省轄市建制。3月5日，國務院批復廣東省革委會報告，批准寶安、珠海撤縣設市。

1979年3月29日，鄧小平在會見港督麥理浩，談到內地有人偷渡到香港地區的情況時指出：「現在應該採取兩個途徑解決：一方面採取一些措施，減少一些人進入香港，減輕香港的壓力；另一方面，香港要鼓勵私人資金來廣東進行投資，提供更多的就業機會。從長遠來看，隨著我們經濟的發展，這個問題能夠逐步得到解決。」

1979年4月5日—28日，中共中央在北京召開工作會議。習仲勳提出：廣東鄰近港澳，華僑眾多，應充分利用這個有利條件，積極開展對外經濟技術交流。我們省委討論過，這次來開會，希望中央給點權，讓廣東先走一步，放手干。4月17日，鄧小平出席各組召集人匯報會議。習仲勳又提出：廣東要是一個「獨立國」的話，現在會超過香港地區。現在中央權力過於集中，地方感到辦事難，沒有權，很難辦。希望中央下放若干權力，讓廣東在對外經濟活動中有必要的自主權，允許在毗鄰港、澳的深圳市、珠海市和重要僑鄉汕頭市舉辦出口加工區。鄧小平插話說：廣東、福建有這個條件，搞特殊省，利用華僑資金、技術，包括設廠。只要不出大杠杠，不幾年就可以上去。

---

① 賈巨川. 習仲勳傳：下卷 [M]. 北京：中央文獻出版社, 2013.

第二章　脫離計劃經濟制度過程中的貨幣政策與銀行監管（1977—1983）

如果廣東這樣搞，每人收入搞到 1,000~2,000 元，起碼不用向中央要錢嘛。廣東、福建兩省 8,000 萬人，等於一個國家，先富起來沒有什麼壞處。小平還說道：中央沒有錢，可以給些政策，你們自己去搞。殺出一條血路來！會議期間，谷牧向鄧小平匯報說：廣東省委提出要求在改革開放中「先行一步」，劃出深圳、珠海、汕頭等地區，實行特殊的政策措施，以取得改革開放、發展經濟的經驗。但是，這些地方該叫什麼名稱才好？原來有「貿易合作區」「出口工業區」等，都覺得不合適，定不下來。鄧小平說：「就叫特區嘛！陝甘寧就是特區。」根據鄧小平的提議，會議決定在深圳、珠海、汕頭和廈門等劃出一定地區試辦出口特區。深圳、珠海兩地可以先行試辦。

1980 年 8 月 26 日，第五屆全國人大常委會第 15 次會議決定：批准《廣東省經濟特區條例》，宣布在深圳、珠海、汕頭、廈門四市劃出一定區域，設置經濟特區。

同時，政府也鼓勵沿海地區各種經濟成分的經濟體出口換匯。經營外匯的金融機構也由一家為主變為多家經營。配合外貿體制改革，實行了外匯留成和留成額度轉讓辦法，也就是官方控制系統內的雙價格制度。各地區、各部門和企業對創匯興趣大增，官方對小規模外匯黑市交易也基本默許，這些行為對合理使用外匯大都發揮了好作用。顯然，這一時期，外匯與匯率政策規定出現了很大的寬容性：多種匯率與各種各樣的出口補貼都是可以的。

嚴格地講，中華人民共和國從來沒有明文禁止外國遊客來國內旅遊。但在「文革」期間，除了參加每年一次的廣交會的外國商人外，的確也沒有一般意義上的國外遊客來國內。「文革」結束後首先大量來國內訪問的是華僑、香港地區居民以及駐華使節、外國商人、外國專家。當時，人民幣對外高估，而在國內市場上則對外國人實行高價的價格歧視政策，市場商品極端匱乏與單一，使得人民幣在國內消費中對外國遊客而言很不值錢，來國內訪問者抱怨甚多，中國旅遊市場聲譽不佳。

為解決問題，1980 年 4 月 1 日，中國政府指定中國銀行發行外匯兌換券這樣的「旅遊貨幣」，並在各大中城市和旅遊點指定專門供外國人消費的賓

館、商店，供給比較豐富的、從西方國家進口的、不需要憑票購買的商品，但要用外匯兌換券購買，實行特殊供給。離開中國時，他們可以選擇將外匯券換回硬通貨或留著以備下次來中國時使用。表 2.5 是 1978—1983 年來中國旅遊的外國人統計數據。

表 2.5　1978—1983 年來中國旅遊外國人人數　　　　單位：萬人

1978 年	1979 年	1980 年	1981 年	1982 年	1983 年
23	36	53	68	76	87

資料來源：國家統計局. 中國統計年鑒（1984）[M]. 北京：中國統計出版社，1984：415.

　　對西方國家繼續友好地發展經濟關係、建立經濟特區以吸引外資企業、鼓勵外國遊客來中國訪問，表面上與國家貨幣政策沒有關係，實際上正是國家貨幣政策在宏觀佈局上與過往不同的重大變化。當黨中央把決策視野擴大到世界範圍時，可利用的資源就不再僅僅局限於本國資源與技術，而獲得了一個更廣闊的資金來源天際線。國家貨幣政策鼓勵貨幣發行通過銀行信貸投向建立出口特區，鼓勵掌握生產資本、技術和市場的外商投資企業搞加工出口，建立能夠滿足西方遊客餐飲、下榻、出行的基礎設施，都是為了出口創匯、擴大國內就業與稅收的新政。

第二章　脫離計劃經濟制度過程中的貨幣政策與銀行監管（1977—1983）

附：鄧小平在中國共產黨各省、直轄市、自治區委員會第一書記座談會上的講話（1979年10月4日，摘要）

這次座談會，重點談經濟工作。我對當前和今後經濟工作中的若干問題，講幾點意見。

一、經濟工作是當前最大的政治，經濟問題是壓倒一切的政治問題。不只是當前，恐怕今後長期的工作重點都要放在經濟工作上面。

所謂政治，就是四個現代化。我們開了大口，本世紀末實現四個現代化。後來改了個口，叫中國式的現代化，就是把標準放低一點。特別是國民生產總值，按人口平均來說不會很高。據澳大利亞的一個統計材料說，1977年，美國的國民生產總值按人口平均為8,700多美元，佔世界第五位。第一位是科威特，11,000多美元。第二位是瑞士，10,000美元。第三位是瑞典，9,400多美元。第四位是挪威，8,800多美元。我們到本世紀末國民生產總值能不能達到人均上千美元？前一時期我講了一個意見，等到人均達到1,000美元的時候，我們的日子可能就比較好過了，就能花多一點力量來援助第三世界的窮國。現在我們力量不行。現在我們的國民生產總值人均大概不到300美元，要提高兩三倍不容易。我們還是要艱苦奮鬥。就是降低原來的設想，完成低的目標，也得很好地抓緊工作，要全力以赴，抓得很細，很具體，很有效。四個現代化這個目標，講空話是達不到的。這是各級黨委的中心工作。

各級黨委除了抓經濟工作，還有很多其他工作，但很多問題都涉及經濟方面。比如思想路線問題要深入討論，這個工作不能搞運動，要插到經常工作主要是經濟工作裡面去做。真理標準問題，結合實際來討論，恐怕效果好一點，免得搞形式主義。一個生產隊怎樣提高生產力，怎樣利用每一個山頭，每一片水面，每一塊耕地，每一處邊角；一個工廠如何發展生產，增加品種，提高質量，如何改革經營管理方法，打開市場，如何解決職工的困難，如何避免走後門，這樣來討論問題，解放思想，效果會好得多。現在要提倡一種方法，就是要每一個生產隊、每一個工廠、每一個學校，具體地解決自己的

實際問題。我們過去搞的一些運動，比如學理論，學來學去，就是不結合實際，結果大家厭煩了。當然，不是說政治工作不做了。現在有人認為取消政治部就是不做政治工作了。黨是搞什麼的？工會是搞什麼的？共青團是搞什麼的？婦聯是搞什麼的？還不都是做政治工作的？政治工作是要做的，而且是要好好地做。但是，政治工作要落實到經濟上面，政治問題要從經濟的角度來解決。比如落實政策問題、就業問題、上山下鄉知識青年回城問題，這些都是社會問題、政治問題，主要還是要從經濟角度來解決。經濟不發展，這些問題永遠不能解決。所謂政策，也主要是經濟方面的政策。現在北京、天津、上海搞集體所有制，解決就業問題，還不是經濟的辦法？這是用經濟政策來解決政治問題。解決這類問題，要想得寬一點，政策上應該靈活一點。總之，要用經濟辦法解決政治問題、社會問題。要廣開門路，多想辦法，千方百計，解決問題。我們定下了一個雄心壯志，定下了一個奮鬥目標，就要去實現，不能講空話。還是以前的老話，經濟工作要越做越細。

二、我贊成勁可鼓不可洩。但是要強調一點，我們要的是鼓實勁，不是鼓虛勁。就是說，我們的工作要紮實，效果要實實在在。所謂鼓實勁，不鼓虛勁，拿科學的語言來說，就是按客觀規律辦事。經濟工作要按經濟規律辦事，不能弄虛作假，不能空喊口號，要有一套科學的辦法。

按經濟規律辦事，就要培養一批能按經濟規律辦事的人。我們需要一些專家、懂行的人。現在不懂行的人太多了，「萬金油」幹部太多了。我們的幹部有1,800萬，缺少的是專業幹部、技術人員、管理人員和其他各種專業人員。如果能增加100萬司法幹部，增加200萬合格的教員，有500萬科學研究人員，再有200萬會做生意的人，那就比較好了。現在的幹部結構不合理，不對路。改變這個狀況，是一項相當長期的工作。現在就要著手，不然，有好機器、好設備，也發揮不了作用。我們要相信，我們是能夠培養這樣一批人才出來的。方毅同志告訴我，冶金部有些司局長很不錯，年齡在40~50歲之間，都是60年代或50年代畢業的大學生，知識分子。這些人很有幹勁，而且對業務非常熟悉，對外談判也是能手。我相信各部門都會有這樣的人。為什麼這些人不能提起來？什麼東西阻礙我們？要消除阻礙。當然，這樣的

第二章　脫離計劃經濟制度過程中的貨幣政策與銀行監管（1977—1983）

事說起來容易，做起來是要有步驟的。但是不從現在開始，不從部分開始，我們的事業就會拖下去，就沒有希望了。組織路線是個很大的問題。我們不是沒有人才，而是被按住了。與此相關聯的，在人事制度方面，可以考慮把退休制度建立起來。全國各個部門和單位設立專門機構，管理退休的、當顧問的人，負責他們的政治待遇、生活福利方面的事情。把退休人員的問題處理好，便於我們選拔人才。這需要做很多的工作，但是不做不行。

真正鼓實勁，不鼓虛勁，還要求我們的干勁是對頭的。比如完成的指標是沒有水分的指標，產品是合格的對路的產品。不對路的產品，生產那麼多幹什麼？沒有原材料，你搞什麼？材料不合格，你怎麼干？真正鼓干勁，就是要解放思想，實事求是地解決問題。1975年整頓鐵路時，遇到一個解決鐵路工人主要是火車司機洗澡的問題。工人下工一身臟，要洗個澡，那麼大的企業，搞些噴頭有什麼困難？但是沒有人管。這樣的例子，我相信全國可能有不少。事在人為，只要有人做，就會有效果。一攤子事，索性不解決，那也是一種態度，結果是一事無成。

三、講一講調整。八字方針，核心是調整。調整是為了什麼？我覺得，是不是可以這樣說，是為了創造條件，使得在調整過程中，特別是調整以後，能夠有一個比較好的又比較快的發展速度。最近在發展速度上，發生了一個明後兩年工農業總產值是增長8%還是6%的問題。我的意見，增長6%也可以，但一定是不加水分的6%，扎紮實實的6%，不在乎這兩年的速度是高一點還是低一點。「文化大革命」中公布的數字就有虛假，有重複計算的問題，有產品不對路、質量很差的問題。知道這一點對我們今天考慮問題有好處。以後要求的速度，數字是扎紮實實的，沒有水分的，產品要講質量的，真正能體現我們生產的發展。如果做到這一點，其他的作風也都會變，管理水準、技術水準也會提高，實際得到的利益多得多。還要考慮到，如果到1982年、1983年，我們的速度不能夠更快一點，我看交不了帳。這就要提前做一些準備。因此，現在的調整還要包括一些準備工作。現在不著手，到時候就形成不了新的生產能力。一個礦井的建設要五六年，一個電站也要五年左右。有些項目真正用錢不是在開頭，是在兩三年以後。如果現在不著手，那個時候

急也沒有用。類似這樣的事很多，企業的改造革新，新技術的採用，包括技術骨幹的培養，現在不著手，到時來不及。我們要瞻前顧後，看遠一點。我們的經濟工作，只考慮到1982年還不行。從1983年開始，我們要有比較相應的速度，這不是臨時能夠辦到的，從現在起就要考慮，包括具體的項目。這就要求我們搞計劃、考慮問題，面要寬一點，要照顧到三年以後。

　　四、我提議充分研究一下怎樣利用外資的問題。我讚成陳雲同志那個分析，外資是兩種，一種叫自由外匯，一種叫設備貸款。不管哪一種，我們都要利用，因為這個機會太難得了，這個條件不用太可惜了。第二次世界大戰以後，一些被破壞得很厲害的國家，包括歐洲、日本，都是採用貸款的方式搞起來的，不過它們主要是引進技術、專利。我們現在如果條件利用得好，外資數目可能更大一些。問題是怎樣善於使用，怎樣使每個項目都能夠比較快地見效，包括解決好償付能力問題。利用外資是一個很大的政策，我認為應該堅持。至於用的辦法，主要的方式是合營，某些方面採取補償貿易的方式，包括外資設廠的方式，我們都採取。我到新加坡去，瞭解他們利用外資的一些情況。外國人在新加坡設廠，新加坡得到幾個好處，一個是外資企業利潤的35%要用來交稅，這一部分國家得了；一個是勞務收入，工人得了；還有一個是帶動了它的服務行業，這都是收入。我們要下這麼個決心，權衡利弊、算清帳，略微吃點虧也干，總歸是在中國形成了生產能力，還會帶動我們一些企業。我認為，現在研究財經問題，有一個立足點要放在充分利用、善於利用外資上，不利用太可惜了。現在我們有這個條件。外國人為什麼要來？他們判斷，中國確實有償付能力。我們有稀有金屬，有各種礦藏，有油水。如果沒有償付能力，他不會干的。我們引進每一個項目都要做到必須具有償付能力。可以先干兩件事再說。陳雲同志的意見是一個項目一個項目地研究，我讚成這個意見，應該這樣來研究。人家來做生意，就是要賺錢，我們應該使得他們比到別的地方投資得利多，這樣才有競爭力。我們的勞動力比較便宜，有這個優越條件。但是，特別吃虧的我們不干。我們干幾件事，慢慢就懂了。還有，引進項目必須是能夠帶動我們自己的。就是說，引進的項目裡有好多東西我們能自己干的，都用我們自己的，有些則用它的圖紙，

第二章　脫離計劃經濟制度過程中的貨幣政策與銀行監管（1977—1983）

用它的規格，由我們來製造。這樣，引進一個項目，可以帶動一些行業的發展。引進的技術我們掌握了，就能夠用到其他方面。

五、體制問題。究竟我們現在是集中多了，還是分散多了？我看，集中也不夠，分散也不夠。中央現在手上直接掌握的收入只有那麼一點，這算集中？財政體制，總的來說，我們是比較集中的。有些需要下放的，需要給地方上一些，使地方財權多一點，活動餘地大一點，總的方針應該是這樣。但是也有集中不夠的。什麼東西該更加集中，什麼東西必須下放，具體意見我提不出來，請大家敞開議一下。我肯定，擴大企業自主權，這一條無論如何要堅持，這有利於發展生產。過去我們統得太死，很不利於發展經濟。有些肯定是我們的制度卡得過死，特別是外貿。好多制度不利於發展對外貿易，對增加外匯收入不利。比如，武鋼的產品可以出口，但是按照現在的國際價格，每一噸要虧損40元。為什麼國家不可以每噸補貼40元出口呢？它能創匯嘛。好多國家都有出口補貼。這是上層建築裡面的問題，是制度、政策上的問題。我們應該鼓勵能夠出口的東西出口，能搞到外匯就了不起嘛。現在對財政、銀行，有很多反應。有的好項目只花幾十萬元，就能立即見效，但是財政制度或者是銀行制度不允許，一下子就卡死了。這樣的事情恐怕是大量的，不是小量的。卡得死死的，動都動不了，怎麼行呢？當然也有上千萬元的項目，那就必須慎重一點了，但是上千萬元的項目也有很快見效的，財政、銀行應該支持，這樣就活起來了。這不是個簡單的財政集中或分散的問題。必須把銀行真正辦成銀行。現在每個省市都積壓了許多不對路的產品，為什麼？一個原因就是過去我們的制度是採取撥款的形式，而不是銀行貸款的形式。這個制度必須改革。任何單位要取得物資，要從銀行貸款，都要付利息。

有些情況下面可能不大瞭解。我想，地方同志提出的意見絕大多數是好的。但是有一條，中央如果不掌握一定數額的資金，好多應該辦的、地方無力辦的大事情，就辦不了，一些關鍵性的只能由中央投資的項目會受到影響。現在全國的企業，包括一些主要企業，很多都下放了，中央掌握的企業收入很有限。這個問題值得研究。現在一提就是中央集中過多下放太少，沒有考

慮該集中的必須集中的問題。中央必須保證某些集中。

　　總之，大家對經濟問題的看法不一致，這是很自然的。我們這麼大一個國家，我們有了這麼大一個雄心壯志，究竟怎麼搞比較順，比較能夠經得起風險，比較能夠克服困難，克服障礙，求得比較快的發展，這個問題只能靠大家的集體智慧來解決。所以，這次會議大家要充分地把矛盾擺出來。我主張採取辯論的方法，面對面，不要背靠背，好好辯論辯論。真理就是辯出來的。有同志已提出這個意見，希望能夠把中央各部門的設想、各省市同志的設想都擺出來。這次會議不一定完全能夠解決，把這些問題擺出來以後，梳幾個辮子，權衡利弊，該怎麼辦就怎麼辦。切不要以為我們原來腦子裡考慮的就是完全對的。地方同志對中央部門提了不少意見，也有很尖銳的，但畢竟是從一個角度，從那個省、那個市、那件事、那個問題考慮的，就那個問題的本身來說，無可厚非，可能是很對的，但是從全局來說，有可能辦不到。現在我們需要統一的是全局怎麼辦。這次會議放開把問題擺出來，然後由中央特別是財政經濟委員會再來梳辮子，得出比較好的辦法。只能說比較好，要說完全正確，我看辦不到。萬應靈藥我們不可能找到，還要看以後的實踐。還是實踐是檢驗真理的標準，還要過一兩年，修修補補。但是，現在不拿出個統一的東西不行，那樣更難辦，結果就是畫圈圈過日子，等待過日子。你等過去，我等過來，應該快辦的事情辦慢了，應該解決的問題得不到解決。現在我們需要把思想認識統一一下。思想認識統一了，大家就能一致行動。

　　六、抓緊增產節約。抓緊這一條，我們的速度可能不只是6％。文章要經常做在這上面。增產節約不只是今年的事，也不只是明年的事。這兩年來，基本建設增加了生產能力，但更主要的是，要把原有的生產能力用好。要講實在的，真正扎紮實實把品種質量抓上去，特別是抓質量。抓質量，這是調整裡面最大的一個問題。如果把這一點抓住了，我們將來得到的益處大，基礎就更紮實了。

第三章
中央銀行的貨幣政策與金融監管：
在經濟體制巨變中探路（1984—1991）

第一節　第一代貨幣政策與金融監管制度

第二節　新的信貸制度與貨幣投向

第三節　外匯制度與外匯市場

第四節　各金融市場的創立

第五節　兩次貨幣流通量陡增與貨幣政策失準

進入 1984 年，中國人民銀行被確認為國家中央銀行，各種金融機構、市場和交易工具也開始新建。發展生產和穩定物價的雙目標貨幣政策開始具有通過市場對貨幣數量和宏觀經濟發展進行調節的部分作用。人們的社會認知總是受到認知所依的環境與認知者的認知能力限制的。當時中國的貨幣政策與金融監管制度也是這樣。那麼，當時決定貨幣政策的環境條件是哪些？金融監管制度與運作又如何？

先看貨幣與信貸資金占用量最大相關的那部分——工業與城市居民。

在 20 世紀 80 年代前，中國的工業企業還不是今天這樣財務獨立的產、供、銷一體化的獨立法人。企業的生產管理由三大經濟主管部門主持：國家計劃委員會直接下達和修改生產任務、財政部管理企業財務資金需求與上繳利潤指標、國家經濟委員會對各企業與生產相關的各部門、各單位進行協調管理。企業的原材料供給與產出品的處理由兩個部門負責：生產物資供應與銷售由國家物資部負責，供應居民購買的工業品則歸國家商業部。工廠僅僅是加工生產單位。

20 世紀 80 年代開始，國家給企業「鬆綁」，開始恢復 50 年代實行的廠長負責制，對內由總工程師負責執行生產流程處理、總會計師負責財務流程管理；對外，企業組建供銷部門進行生產採購與產品銷售，企業逐漸開始成為產、供、銷一體化的獨立法人。這個漫長的過程，一般被稱為給企業擴權（80 年代）和建立現代企業制度（90 年代）。這樣一來，企業必須盯住市場變化的產、供、銷過程，再也不能通過漫長的向上級領導部門討要計劃來滿足要求，只有與對市場有日常瞭解、分散決策的銀行信貸發生平行作業聯繫。

這樣規範化的改革對於大中型工業企業的確很好，但對於幾十萬個只有幾十個、幾百個幹部職工的小型國營和集體工商企業而言顯然難以實行。它們沒有建立產、供、銷一體化的規模能力與規模需要。從 1956 年以來，所有私人工商企業，即使小到幾平方米的商店、作坊、餐館、雜貨店鋪都被國營化或準國營化（集體經濟）了。到 1973 年，全國各地又普遍建設「五小企業」（小化肥、小機械、小煤礦、小電站、小紡織、小紙廠等小微企業的總稱），建立了十來萬個各種各樣的地方國營與集體企業。這些企業到 20 世紀

第三章　中央銀行的貨幣政策與金融監管：在經濟體制巨變中探路（1984—1991）

80年代都面臨各種各樣的破產威脅，地方財政的幫助也已筋疲力盡。這就是計劃經濟制度的現實遺產。在這樣的背景下，黨和政府推出針對性的改革政策：私人（個人）或集體承包。

那時候的每個人都是窮人，沒有自己的資產去做抵押，而只能以自己的能力、勇氣甚至於個人安危與牢獄之災的可能作為抵押去承包經營。私人創辦企業，大多也掛靠國營企業、行政機關、事業單位。這樣的商業行為俗稱「戴紅帽子」。

同時，城市裡的無業人員開始被允許、被鼓勵自謀生路：做個體工商戶去吧。學者們還在從馬克思主義著作中為他們尋找雇用幾個工人是社會主義與資本主義的邊界線。再後來，到1983年8月，黨的總書記胡耀邦同志認為他們做的是「光彩事業」，政治緊箍咒方才逐漸消失。1990年，全國個體工商戶還「捐資」在北京海澱鎮的街邊上，建了一座「光彩體育館」。

同時，八億農民也被鼓勵創辦鄉鎮企業，就地工業化，就地就業。國營企業閒置和淘汰的機械、化工設備還被鼓勵捐贈給鄉鎮企業，工程技術人員也開始可以合法地到鄉鎮企業指導生產和培訓工人，不再受到懲罰。他們的事業也被黨和國家視為實現社會主義工業化的道路之一。

同時，出口仍然以農產雜貨產品、能源產品、礦產品、輕工與紡織產品為主。外資企業才剛剛開始進入，而且主要是香港地區的輕紡印染和成衣行。

用社會生產技術等級水準的標準來總結上述內容，我們可以肯定：當時的工業技術能力、人們的文化與技術能力，都是很低級與微弱的，所以，國民經濟的數量主體自然只能是個體經濟，包括發包給個人的小微國營企業和集體企業。當然，國民經濟的支柱還是國營大中型企業，這些企業的技術裝備，大都是20世紀70年代及以前購買的和自制的，除了70年代購買的成套化肥與化纖設備，其他技術裝備的水準還是嚴重落後的。

同期，國家的交通與通信系統都處在西方國家二戰時期那個水準上。在廣袤的農村，人力、畜力仍然是主要的動力。

記住這個社會技術天際線，對於理解之前30年、1992年以後、2001年以後不同時期的貨幣政策對經濟發展的推動力的巨大差異，是非常重要的。

這樣一來，對上述三類小微和家庭企業的簡單再生產、技術革新、擴大再生產的資金也只能主要用銀行貸款給予初始推動。

　　日本明治維新初期，也經歷過類似這樣的過程：國家投資工業部門，讓貴族與武士們的子弟去跟著西方工人和經理學習如何生產、如何管理，然後再招募普通農家子女去做工人。農業時代的權貴子弟逐漸成為獨立經營管理的企業家，並用利潤購買國家投資，實現私有化。當然，這個現象並沒有在中國發生。

　　於是，中央銀行系統恢復後的頭等大事就是要保證各專業銀行適應新的信貸計劃的要求，為國民經濟繼續發展提供信貸保障。同時又要面對私人經濟體系興起的信貸需求。這樣，我們自然會看到作為執行黨和國家貨幣擴張政策的銀行信貸在這一時期迅速增長，理解當時發展經濟與比較激烈的兩位數的通貨膨脹的並存，以及貨幣政策在面子上的為難之處。

　　這樣的貨幣政策路線，從中國共產黨第十二屆中央委員會第三次全體會議於1984年10月20日通過的《中共中央關於經濟體制改革的決定》中可以強烈地體會到。為貫徹執行黨的決定，中國人民銀行總行於三中全會後立即在10月23日至25日召開全國信貸工作會議，對銀行信貸計劃改革做出部署。

第三章　中央銀行的貨幣政策與金融監管：在經濟體制巨變中探路（1984—1991）

第一節　第一代貨幣政策與金融監管制度

一、貨幣政策

1984年10月，中國人民銀行頒布並實施新的《信貸資金管理試行辦法》，確定了信貸資金管理實行「統一計劃、劃分資金、實貸實存、相互融通」的原則：

統一計劃，就是各專業銀行的人民幣信貸資金，必須全部納入國家綜合信貸計劃，由人民銀行總行綜合平衡，並核定各專業銀行信貸資金計劃和向人民銀行的借款計劃。

劃分資金，就是各專業銀行的自有資金和其他各種信貸資金，經人民銀行總行核定給專業銀行總行後，作為各行的營運資金，自主經營，獨立核算。

實貸實存，就是人民銀行對專業銀行的資金往來，改變計劃指標層層下批的管理辦法，實行上貸下存的實貸實存辦法。

相互融通，就是允許資金橫向調劑，搞活資金。一個地區的資金融通，主要依靠該地區各銀行之間的相互拆借。地區概念很快也被取消了，全國資金市場開始出現。全國資金市場的出現與發展，使得中央銀行對全國貨幣流通總量有了可以調控的市場基礎。不過，人民銀行還是小心翼翼地把跨行拆借限制在十天這個臨時借貸期限內，但是，對交易頻率沒有做規定。

二、貨幣政策工具

實行財政性存款的繳存款制度，財政性存款全部歸入人民銀行。

實行繳存款準備金制度。企業與居民存款按照人民銀行總行規定的比例繳存人民銀行之後，各銀行得以自行使用。1985年暫定為10%。人民銀行總行可以隨時調整繳存比例。這是人民銀行調整貨幣供給量的第一個市場化工

具。當時的說法是：在執行中，人民銀行總行根據放鬆或收緊銀根的需要，可以調高或調低專業銀行繳存存款的比例。「銀根」是中國金融市場的傳統用語，就是現在所說的「基礎貨幣」的概念。

實行再貸款制度。就是各專業銀行直接向人民銀行借款。各專業銀行在頭寸（即時支付準備金）不足時，均可以向人民銀行申請貸款。再貸款是人民銀行的另一個重要貨幣政策工具，但是再貸款的數量、投向、利率等並非人民銀行可以完全自主決定的，中央政府各部委也有一定發言權。從貼息貸款中，我們可以看到部分信貸依然是行政安排的結果。當然，更大數量的信貸安排發生在對國營企業的貸款中，對「三資」企業貸款也大量存在行政干涉。

同時，對於利率工具也進一步有了新規範。專業銀行的存款和貸款實行不同的利率。人民銀行總行根據調節資金的需要，可以調整上述利率。銀行之間拆借資金的利率，可參照人民銀行規定的臨時借款利率商定。對貼息貸款的利差，實行「誰安排誰貼補」的原則。由中央銀行根據金融市場供求關係決定的基準利率也在形成中。

為了促進經濟特區建設和成長，中央銀行新政策對深圳和沿海 14 個開放城市也做了有等級差別的貨幣政策支持。根據國務院的有關規定，對經濟特區現有的信貸資金和吸收的存款，在一定時期內全部留給經濟特區使用。根據經濟特區的經濟發展的需要，由人民銀行總行適當給經濟特區人民銀行分行增加一些資金。經濟特區銀行可以向區內外和國外銀行拆借資金。人民幣存款和貸款利率，可實行與內地不同的利率。經濟特區的信貸資金管理辦法和利率政策由特區人民銀行分行制定，並報中央銀行總行備案。此時的深圳特區銀行表面上幾乎就是另一個獨立銀行體系，但實際上還是中國人民銀行的派出機構，重大問題還是要隨時請示（報告）總行，只不過有其他非特區省（區、市）派出機構沒有的上述特權。

當時還有要不要發行深圳特區貨幣的議論，但很快就銷聲匿跡了。

對 14 個對外開放的沿海港口城市，根據國務院批准的開發規劃，由人民銀行總行安排適量的開發性低息貸款，通過人民銀行分行委託給當地有關的

第三章　中央銀行的貨幣政策與金融監管：在經濟體制巨變中探路（1984—1991）

專業銀行發放，並抄送專業銀行總行。這種政策地理上的階梯性貨幣信貸政策到 20 世紀末才逐漸取消了。

三、金融監管制度

中央銀行及其各分支行分層級分區域的金融監管制度也在這個文件即《信貸資金管理試行辦法》中有了明確規定：

（1）統一分級統計報告制度化。各級專業銀行必須按月、按季、按年檢查總結信貸資金來源和運用情況，以及現金收支和貨幣流通情況，報送同級人民銀行。全國綜合性金融統計制度及報表，由人民銀行總行制定，各專業銀行要按規定執行。專業銀行總行可以制定若干專業統計報表，並報人民銀行總行備案。各級專業銀行的各項業務統計報表，在報送上級的同時，要報送同級人民銀行。

（2）中央銀行與專業銀行對貨幣政策執行情況的會商制度。各級人民銀行要定期召開信貸資金計劃執行情況分析會議，同專業銀行一起結合國民經濟的變化情況，分析研究信貸和貨幣流通情況，掌握變化趨勢，分析經濟情況和問題，提出建議和措施，及時向領導和有關部門進行綜合反應。

（3）中央銀行與專業銀行共同調查制度化。各級人民銀行和各級專業銀行要加強經濟調查工作，建立重點聯繫行等制度，經常研究國民經濟變化的新情況、新問題，定期或不定期地提出報告，為本地區和全國的宏觀金融決策服務。

從 1984 年開始，中國人民銀行金融監管的日常工作由金融管理司和稽核司負責，金融管理司負責對金融機構市場准入的審批，稽核司負責對金融機構運行的日常監管。1994 年以後，為了加強分業管理，中國人民銀行按照各類金融機構，分設了銀行司、非銀行金融機構管理司、外資金融機構司、保險司和稽核監督局。監管司主要負責金融機構的市場准入審批和非現場監管，稽核監督局主要負責金融機構的現場檢查。新的監管體制與原體制相比，提高了對金融機構監管的專業化水準，但也存在一些缺陷，主要是不利於對法

人的全過程監管，以及監管司和稽核監督局的監管職責分工不明確，造成監管重複和遺漏。中國人民銀行按行政區劃層層設置分支機構，造成監管力量不足和監管工作受到地方政府的干預，監管力度明顯受到影響。

在中央銀行建立初期，中國人民銀行自身的行政地位與權力只比專業銀行高半個行政級別，按國務院文件都要對國務院負責。正在從行政體系中分離的銀行系統沒有必要建立法律授權制度。即使在今天，各大銀行的主要經營目標依然不能離開中央政府的安排。

1988年9月以來，聯行清算制度突然陷入前所未有的危機之中，出現了極其嚴重的支付危機和占用匯差現象，其爆發之突然，來勢之迅猛，波及範圍之廣大，以及後果之嚴重，均堪稱空前。1989年1月召開的人民銀行全國分行長會議也提出了《關於改革聯行制度建立人民銀行清算中心的方案》。銀行間資金往來與清算制度，不是貨幣政策所議事務，而是金融業的支付系統事務，但直接關聯著貨幣穩定。經此危機，人民銀行的金融監管開始從信貸監控擴大到金融安全管理。但是，到本章敘述期結束時，支付危機仍然在部分農村地區殘存，對農民出售農產品和匯款「打白條」的現象仍在克服中。

在這個時期，在大學和金融行業工作的學者們對國家貨幣政策和金融監管具體事務也有很多理論與知識上的貢獻，但整體上仍然用馬克思主義規範金融理論勉強解釋當時的中國金融現象。不過，從20世紀90年代初期開始，對西方貨幣銀行理論與市場交易技術的教學也開始進入專業視野。其中，對國際清算銀行的金融監管制度的介紹與討論會議，則開啓了中華人民共和國金融監管承認和接納全球性標準的走向。

第三章　中央銀行的貨幣政策與金融監管：在經濟體制巨變中探路（1984—1991）

第二節　新的信貸制度與貨幣投向

一、投資與價格雙軌制

投資與價格雙軌制是1979—1992年中國所發生的漸進式改革的一個重要特徵。雙軌制的特點是同時存在計劃內和追逐市場兩種投資與兩種價格體制。隨著計劃投資與計劃價格的逐漸縮小，追逐市場的投資與價格活動逐步擴大，計劃投資與計劃價格也更大程度上靠近市場。

國務院於1981年批准對超過基數生產的原油，允許按國際市場價格出口；1983年批准對石油、煤炭超產部分實行加價出售；1984年批准工業生產資料的超產部分可在加價20%以內出售；1985年取消了原不高於20%的規定，超產部分允許按市場價格出售；1988年對主要工業生產資料規定了最高限價；1989年對橡膠、炭黑等工業生產資料的雙軌價格「並軌」，即把兩種價格並為一種價格，有的商品並入國家定價，有的商品並入市場調節價。

在計劃經濟體制下，物資分配體制以行政區劃和部門為界限，依行政指令運行，通過層層申請、批准、分配，並在此基礎上有組織有限制地訂貨，價格完全由國家有關部門控制，結果是企業被管死，產品老化但無更新換代計劃，物資和資金週轉緩慢，各種浪費嚴重。從1981年開始，國家允許在完成計劃的前提下企業自銷部分產品，其價格由市場決定。這樣就產生了國家指令性計劃的產品按國家規定價格統一調撥，企業自行銷售的產品的價格由市場決定的雙軌制。價格雙軌制具有兩重性，既有積極的作用，又有消極的作用。一方面，它是實現中國價格模式轉換的一種很好的過渡形式。它開闢了在緊張經濟環境裡進行生產資料價格改革的道路，推動了價格形成機制的轉換，把市場機制逐步引入國營大中型企業的生產與交換中，促進了主要工業生產資料生產的迅速發展。另一方面，在經濟過熱，供求矛盾尖銳、計劃價格與市場價格懸殊的時候，某些不法之徒，大搞權錢交易，鑽雙軌制價格

的空子，時而將平價的商品轉為市場出售，時而又將市場的商品變為平價商品，通過這種「平轉議」或「議轉平」，從中漁利，大發其財，成為暴發戶。

和市場調節價並存的價格管理制度，因同時實行計劃調節和市場調節兩種運行機制而形成，主要涉及糧食價格及生產資料價格。糧食收購制度改為合同訂購後，合同訂購由國家定價；合同訂購以外的糧食，由農民和糧食部門協商制定價格，屬於市場調節價。價格雙軌制主要是指生產資料價格雙軌制，即同一城市、同種工業生產資料同時存在計劃內、計劃外兩種價格的狀態，國家計劃任務內的生產資料實行國家牌價，超計劃生產部分和按國家規定的比例允許企業自銷部分實行市場價格。這是經濟體制轉換時期新舊體制並存的反應。

價格雙軌制的產生，並非主觀決策的失誤，而是走向市場化改革過程中必須接受的現實，是無法迴避的選擇。這主要是因為：

第一，中國是一個資源約束型的國家，不僅總量短缺，而且結構性短缺更為嚴重，一次性全面放開價格是不可能的。同時，也不可能寄希望於實行某些政策，就能在短期內解決長期累積起來的總量和結構矛盾，創造出一個全面放開價格的條件。而在價格扭曲的條件下，市場配置資源不可能是最佳的，甚至可能產生壟斷自肥。正是這種放、統兩難的局面，決定了中國只能實行雙軌制價格，寄希望於通過兩種價格撞擊反射，交叉推進，最後達到理順價格關係的目標。

第二，雙軌制價格的產生還同經濟體制改革的戰略選擇有關。中國從擴大企業自主權開始，繼之實行「利改稅」以及財政「分竈吃飯」，從而形成了既定的利益格局，這在客觀上強化了價格機制的功能，扭曲的價格信號造成錯誤的資源配置導向。但是，要大面積地調整生產資料價格，又受到強化利益刺激所形成的既定利益關係的牽制，因而實行雙軌制是比較切合實際的選擇。

價格雙軌制在東歐社會主義國家也曾廣泛出現，也曾引發幾乎相同的經濟發展變化、銀行信貸改革和通貨膨脹以及社會衝突。

第三章 中央銀行的貨幣政策與金融監管：在經濟體制巨變中探路（1984—1991）

二、工資調整、收入變化與新的信貸政策

人民的勞動報酬在 20 世紀 80 年代初期大致只有兩種形式：城市工人、幹部的工資待遇與農民的工分。1978 年全國城市工人、幹部的工資進行普調，以後每年都有所調整。其後，農產品收購價格的調整也使農民的工分中的貨幣含量有所提高，從集市貿易中獲得的現金數量從微不足道增加到具有再投資意義特別是私人投資意義。

在 20 世紀 80 年代初期出現的個體工商戶、承包經營者的收入此時開始具有社會與經濟發展意義。同時，價格雙軌制中的交易者即個人和單位的賺錢效應，也使個人收入和單位集體分配的獎金有所增加。這些變化都使人民的收入水準發生了重要變化，社會資金循環中加入了更多私人投資和儲蓄。這是自 1956 年後重新出現的來自經營和私人投資的收入。在這個過程中，銀行和私人信貸都起到了積極的推動作用。表 3.1 和表 3.2 反應了這些情況。

表 3.1 全國城鎮受薪者工資總額及指數、城鄉居民儲蓄額

單位：億元

年份	總額	指數（環比）	城鎮儲蓄額	鄉村儲蓄額
1980	772.4	119.4	282.5	117
1981	820	106.2	354.1	169.6
1982	882	107.6	447.3	228.1
1983	934.6	106	572.6	319.9
1984	1,133.4	121.3	776.6	438.1
1985	1,383	122	1,057.8	564.8
1986	1,659.7	120	1,471.5	776.1
1987	1,881.1	113.3	2,067.6	1,005.7
1988	2,316.2	123.1	2,659.2	1,142.3
1989	2,618.5	113.1	3,734.8	1,412.1
1990	2,951.1	112.7	5,192.6	1,841.6
1991	3,323.9	112.6	6,790.3	2,316.7
1992	3,939.2	118.5	8,678.1	2,867.3

資料來源：中國人民銀行. 中國金融年鑒 [M]. 北京：中國金融出版社，1993.

表 3.2　銀行對城鎮集體企業及個體工商戶貸款

單位：億元

年份	金額
1980 年	78.29
1981	121.25
1982	133.06
1983 年	159.28
1984	295.17
1985	321.28

資料來源：中國人民銀行. 中國金融年鑒 [M]. 北京：中國金融出版社，1986.

在 1980 年以前，全社會固定資產投資總額中，沒有必要對集體所有制和城鄉居民的固定資本投資額進行統計，因為這兩種經濟的投資被認為政治上不正確。1980 年開始統計這兩類投資，當年這兩類投資只占全民所有制單位投資額的 44%，到 1992 年就上升到占 49%。當時中國城鄉大地上鼓勵投資的口號是：（城鄉）「兩個輪子一起轉」、（國家、集體、個人）「三匹馬兒一齊跑」。

當時兩大專業銀行都對私人企業和個體工商戶推出了信貸業務。相關政策有：

（1）1984 年 5 月 5 日《中國農業銀行關於農民個人或聯戶購置機動車船和大中型拖拉機貸款的通知》。

（2）1984 年 9 月 1 日《中國工商銀行城鎮個體經濟貸款辦法》。

（3）1984 年 11 月 30 日《中國工商銀行商業、服務業貸款試行辦法》。

（4）1984 年 12 月 29 日《中國農業銀行農村個體工商業貸款試行辦法》。

銀行和私人都樂意借貸的原因當然是黨的政策好了，但也有各自的經濟盤算。1983 年開設鄉鎮個體工商運輸服務貸款利率 7.2%，比國營商業貸款利率 6% 高 20%。能從銀行借到錢是件不太容易的事，因為利率比私人借貸低。農民和個體工商戶的投資主要靠自我剝削的累積，外源資金主要來自親友、

第三章　中央銀行的貨幣政策與金融監管：在經濟體制巨變中探路（1984—1991）

私人借貸和交易賒帳。所以，當時對社會自發的私人信貸活動，只要不帶來社會問題，各級政府還是容忍的，當然，這更在金融監管之外。

私人企業的興起，在當時的中國大地上引起了巨大轟動。撇開社會變動效應不談，在經濟上，個體工商戶和集體經濟名下的農村社隊企業的活躍，首先給人民日常生活帶來了方便，街上的豆腐隨便買，各地主管食品供給的副市長也不再為豆腐供給不足而勞累奔波。個體運輸戶駕駛著國產的單缸柴油車，給廣袤的鄉村運輸帶來了巨大的革命，人們不再驅牛趕馬肩挑背扛。城市運輸專業戶更把低效率、高成本、冷面孔的國營運輸公司擠垮了。個體運輸業的興起帶動了各地國營簡易機動車工業的發展。

但是，對鄉鎮企業的信貸扶持並非沒有宏觀調節的。在 1985 年 4 月以後，中國農業銀行採取了緊急措施，壓縮鄉鎮企業的信貸規模，收回到期貸款，清理超計劃發放的貸款，制止了鄉鎮企業的盲目發展；對經濟效益確實較好的項目，合理地支持其發展。到年末，鄉鎮企業貸款規模被壓縮在年度計劃以內，貸款結構得到了調整。此後，這樣的調整幾乎年年發生。

三、新的信貸資金依然以國營企業為重點投向

新的貨幣政策與信貸制度也加大了對國營工業部門與國營流通部門的信貸支持，而且是信貸資金投向的重點。

1992 年第 4 季度末，國家銀行對工商業的總貸款 21,615.53 億元中，國營工業生產企業貸款、物資供銷企業貸款、商業企業貸款、建築企業貸款合計占比 66.43%。這樣的比例，在今天，大致也是如此的。

對國營企業的貸款，總的來說，保證了中國經濟的運轉，但其代價，就是出現了各種形式的壞帳，成為金融安全的重大問題。

1992 年第 1 期《金融研究》載文《對當前工業產品資金占用情況的分析》就講道：工業產成品資金占用狀況及其對經濟的影響中，產成品資金占用過多，是中國工業生產中長期沒有解決的一個老問題。最近幾年，這個問題越來越嚴重。1988 年全國縣和縣以上工業企業產成品資金占用額為 920 億

元，1988年猛增到1,530億元，1990年又增到1,911億元，1991年5月已達到2,094億元。短短兩年多的時間，產成品資金占用額就翻了一番，這不能不令人感到憂慮。縣和縣以上工業企業的產值只占全部工業企業產值的60%左右，照此比例推算，目前全國工業企業產成品資金占用額至少有3,000億元，相當於1990年全部工業產值的1/8多。作者林兆木等人來自國家計委經濟研究中心。

《國營預算內企業自有流動資金》（1993年《中國金融年鑒》）記錄，1978—1988年，國營預算內企業自有流動資金都在1,200億元上下波動。而同期，國民經濟已經有了數倍的增長。增長中所需流動資金主要靠銀行貸款，各級財政都盡量推脫資方責任，把財政資源更多地用於新增投資和行政開支，減少赤字。

在國營商業、物資、外貿及運輸業系統以及農村供銷合作社，銀行信貸資金也遭到重大損失。

銀行信貸資金遭到大量損失，與國營企業改革中的定額流動資金的核定有重要關係。依舊制，企業流動資金全部由財政撥給。改革中，企業的非現金部分中的問題資金，比如說歷史形成的欠人與人欠、存貨，未做估價就全部視為企業流動資金，應該衝銷部分仍然視為存在。企業流動資金不足就靠銀行貸款。在國營預算內工業企業，定額流動資金占用額從1984年的1,561.4億元，上升到1991年的4,635.5億元，7年翻了1.5倍。

中國人民銀行金融研究所趙海寬報告：全國幾乎90%的企業被拉進了這個不合理貨款拖欠的鏈條之中，拖欠總額在1,000億元以上。為了擺脫這一狀況，1989年各地企業和銀行都做了大量工作，許多企業派人四處討債，有的地方還出現了「討債公司」，銀行也曾多次發放清欠貸款，組織召開清欠會議。這些都取得了一定的成效，但清理了舊的，又發生了新的，不合理貨款拖欠的總數並沒有減少。現在看來，不在全國範圍內進一步採取堅決措施，不合理的貨款拖欠是很難徹底清理的。[①]

---

① 趙海寬. 採取堅決措施，清理不合理的貨款拖欠[J]. 金融研究，1990(4).

第三章　中央銀行的貨幣政策與金融監管：在經濟體制巨變中探路（1984—1991）

1992 年，在朱鎔基常務副總理主持下，各地政府、財政和銀行一致認可在國營企業投資形成的龐大債務中的三角債有 169.79 億元，由銀行貸款 158.95 億元，使企業間往來的總債務縮小至 530.55 億元。但是，龐大的總債務依然存在。這並非第一次和最後一次以新貸掩蓋舊貸。

四、利率的失靈與有效

1980—1985 年人民銀行同金融機構間的存款、貸款利率表顯示，專業銀行向人民銀行借用貸款在 1985 年開始實行價格雙軌制，計劃內月息：3.9‰，計劃外月息：4.4‰，貼現月息：3.75‰。《法定貸款利率表》（1993 年《中國金融年鑒》）顯示出對計劃內貸款的低價，對個體工商戶的高價，等等。即使這樣，國家投資與國營企業仍然認為銀行貸款利率高不可攀，而私人企業認為利率再高也難借到銀行的錢。

1980 年時銀行想把利率提高，可是辦不到。什麼原因呢？因為借款的單位不答應。當時商業部是最大的借款單位，它說銀行的利率只要提高 1%，它就要多付出幾億元利息，受不了。[①]

中國的利率對主要經濟部門總的來說是失靈的。究其原因，在各個時期都存在中央銀行與各部委直接與間接地（通過上級）進行總體上的討價還價，各保其部門利益。不僅正規部門如此，私人部門對銀行利率也從來沒有抱怨，借得到錢就是盈利，因為資本太匱乏了。20 世紀 80 年代中期，學者們對利率的作用進行過廣泛討論，基本上確認貸款利率不是調節信貸需求的主要工具，而存款利率倒是調節儲蓄存款、控制現金貨幣流向最靈敏的工具。所以，中國人民銀行的貨幣政策選擇了對貸款，重總量，控結構；對儲蓄存款，重利率的辦法。表 3.3 是 1979—1992 年一年期整存整取儲蓄存款利率調整情況表（年息）。

[①] 丁鵠. 向慢性通貨膨脹論者進一言 [J]. 金融研究，1987（7）.

表 3.3 1979—1992 年一年期整存整取儲蓄存款利率調整情況表（年息）

時間	利率
1979.4.1—1980.3.31	3.96%
1980.4.1—1982.3.31	5.4%
1982.4.1—1985.3.31	5.76%
1985.4.1—1985.7.31	6.84%
1985.8.1—1988.8	7.2%
1988.9	8.64%
1989.2.1	11.34%
1990.4.15	10.08%
1990.8.21	8.64%
1991.4.21—1992.12.31	7.56%

五、通貨膨脹成為常態

1984 年第 4 季度起，經濟發展速度過快，信貸發放過猛。中央曾試圖以行政手段控制信貸擴張，但各省利用信託等工具抗爭，未能奏效。1985 年，時任國務院總理趙紫陽提出了「軟著陸」，即不是通過一年，而是通過數年，緩解經濟過熱，不再像 1981 年一樣通過大砍基建項目從而在短時間內緊急調整經濟。經過 1986 年、1987 年兩年，經濟環境從緊張逐步放鬆，經濟既獲得降溫，又沒有出現衰退。1987 年，國民生產總值增長 10%以上，國民收入增長 10%以上，工業總產值增長 17%以上，農業增長近 6%，商品零售價格指數上漲 7.3%。

從原來的計劃經濟體制向一定程度的市場經濟體制過渡，商品價格實行價格雙軌制，即一部分商品價格由國家計劃控制，另一部分商品價格由市場決定。由國家控制商品價格帶來的問題是：一方面國家需要投入大量財政資金用於城市農副產品等的價格補貼，企業生產又沒有積極性，依賴財政補貼與銀行貸款。另一方面，權力機關、集體與個人都利用價格雙軌制進行投機，以各種手段獲得國家計劃內的產品，再以高價在市場出售，牟取利益團體灰

第三章 中央銀行的貨幣政策與金融監管：在經濟體制巨變中探路（1984—1991）

色收入，包括個人黑色收入，既不刺激企業產出增加，又造成市場價格嚴重分歧。這導致國家、企業和人民三方面都不滿意。表 3.4 是 1979—1992 年物價總指數（環比）情況表。

表 3.4 包括國家牌價、議價和市價的各種物價總指數（環比）

單位:%

1979 年	102.0
1980 年	106.0
1981 年	102.4
1982 年	101.9
1983 年	101.5
1984 年	102.8
1985 年	108.8
1986 年	106.0
1987 年	107.3
1988 年	118.5
1989 年	117.8
1990 年	102.1
1991 年	102.9
1992 年	105.4

資料來源：國家統計局. 中國統計年鑑［M］. 北京：中國統計出版社，1993.

這裡要注意的是：「包括國家牌價、議價和市價」的含義非常不透明，而人民生活中面對的市價和議價的日用消費品價格卻不斷上漲。

1988 年市場上物價不斷上漲，而價格扭曲問題並沒有根本緩解，「官倒」等現象引起人民不滿。中共中央於 1988 年 5 月提出進行「價格闖關」，準備以物價上漲一定水準為代價，有計劃地全面調整價格，改變價格嚴重扭曲的現狀。在中共中央政治局擴大會議剛剛通過價格改革方案，具體實施方案尚未制定，改革出台時間尚未確定之時，國內新聞媒體在中宣部領導下便開始大張旗鼓地宣傳。一時間，社會普遍流行「物價漲一半，工資翻一番」的傳

言，人們對通貨膨脹的預期迅速增長，而政府又沒有承諾保值儲蓄。在這種情況下，1988年夏季，各地銀行發生了擠兌風潮，各類商品遭到搶購。一些商店和企業趁機漲價，銀行儲蓄比預計減少了400億元人民幣，中國人民銀行不得不通過大量發行貨幣來緩解困境。由此，已經存在的通貨膨脹進一步嚴重。

1988年初，CPI增長到達拐點。在1986年至1988年的通貨膨脹週期中，月度CPI自1987年1月超過5%，至1989年2月達到最高值28.4%，前後共26個月。恰在此時此刻，社會經濟安定問題被解決政治方向問題壓抑住了。

遵照國務院的決定，中國人民銀行確定從1988年9月10日開始，對城鄉居民個人3年以上定期儲蓄存款實行保值貼補。保值儲蓄的實施，有效地緩解了因通貨膨脹預期增長帶來的通貨膨脹。

1988年9月，中央決定實行治理整頓。治理整頓實施後，國家經濟局面發生了新的變化。國務院採用行政手段控制價格和基本建設，並取消了一些已經實施的放開搞活企業的改革措施，收回了中央下放到地方和企業的一些權力。最終，通貨膨脹受到遏制，但是也隨之出現了「經濟滑坡、市場疲軟、生產停滯」的局面。

第三章　中央銀行的貨幣政策與金融監管：在經濟體制巨變中探路（1984—1991）

第三節　外匯制度與外匯市場

在貨幣制度與貨幣政策中，外匯制度與外匯政策的重要性在於它們都是本幣政策的延伸，也是在保持貨幣主權條件下，自主決定與外部經濟進行相互貿易、相互投資的重要控制器。

一、中華人民共和國外匯制度的土生性與高估史

20世紀40年代後期，中國共產黨在各解放區都實行「統制對外貿易」的基本政策。在這套政策組合中，對非我貨幣即敵方貨幣的政策一般都是：第一，以行政辦法禁止非我貨幣流通，並將其驅逐出解放區。第二，在對外貿易中根據自己的需要來規定我幣與敵幣之間的匯率，並實行對外匯、敵幣的市場交易管制。

為應對全國範圍內迅速接管政權的需要，作為新法定貨幣的人民幣，在數量上和流通地域上同步劇烈擴張。1949年3月至1950年3月，人民幣匯率從嚴重高估價的600元舊人民幣/美元，貶低至42,000元舊人民幣/美元，即新人民幣的4.2元換1美元，其間調整52次。

人民幣匯率的制定與調整，在本章所述階段結束以前，基本都遵循這樣的原則：在國家嚴厲的外匯管制下，高估人民幣的價值，以低成本價格獲取僑匯和非貿易外匯。僑匯與非貿易外匯是1950年以後到20世紀80年代為止的重要外匯來源。1965年僑匯收入大約6,000萬美元。對貿易外匯收入，則採用貿易匯率，貿易匯率中，人民幣的估值比公開掛牌價低一半，但仍然嚴重高估。人民幣高估價的直接後果就是外貿出口企業嚴重虧損和政府一次又一次地進行財政補貼。嚴厲的官營制度與扭曲的匯率，使進出口貿易長期衰退。1950—1971年，出口額一直在30億美元以下（1959年達到過31億美元）。國家外匯儲備包括中國銀行營運準備金，在1950—1965年，一直都在

1億~2億美元間。而1928年，中國的貨物出口、僑匯與無形出口額大致為6億美元。①

1958年4月，國家對外貿易部盧緒章副部長在上海外貿幹部大會上的報告中講：「目前，對資本主義國家出口一般賠錢20%~70%，主要原因是：①現行人民幣對資本主義國家外匯牌價不夠合理，1美元只折2.617元，但實際出口4.2元的東西才能換到1美元；②國內供貨層層取利，稅收也較重。因此出口越多，賠錢越多，影響外貿各專業公司的出口積極性。而進口雖可賺錢，但利潤主要歸用貨部門，實際上是國家財政上貼補了使用從資本主義國家進口貨的部門，使他們不費氣力就能降低成本。這也是不合理的。因此，建議：①在對資本主義國家外匯牌價不變的情況下，把內部結算由1美元折2.617元提高為4.2元；②出口工業品應當按工廠生產成本加上繳利潤作價撥交外貿部門，並且適當減輕出口貨的貨物稅。」② 後來據此進行了匯率制度改革。

其後，這樣的匯率制度一直延續到1993年年底。表3.5是中國1984—1992年匯率變動情況。

表3.5　1984—1992年國家規定的匯率

年份	國家外匯儲備規模（單位：億美元）	外債餘額（單位：億美元）	美元兌人民幣年均官價（100美元兌人民幣）
1984	82.20	232.70	
1985	26.44	158.3	293.66
1986	20.72	214.8	345.28
1987	29.23	302.0	372.21
1988	33.72	400.0	372.21
1989	55.50	413.0	376.51

① 張公權. 中國通貨膨脹史（1937—1949年）[M]. 楊志信, 譯. 北京：文史資料出版社, 1986：209.
② 中國社會科學院, 中央檔案館. 1958—1965中華人民共和國經濟檔案資料選編：金融卷、財貿卷及對外貿易卷 [M]. 北京：中國財政經濟出版社, 2011：5.

第三章　中央銀行的貨幣政策與金融監管：在經濟體制巨變中探路（1984—1991）

表3.5（續）

年份	國家外匯儲備規模 （單位：億美元）	外債餘額 （單位：億美元）	美元兌人民幣年均官價 （100美元兌人民幣）
1990	110.93	525.5	478.32
1991	217.12	605.6	532.33
1992	194.43	693.2	551.46

二、外匯制度租賃化和匯率準市場化

中華人民共和國改變幾十年如一日的外匯制度和匯率準市場化也經歷了一個漫長過程。

1980年4月國務院授權中國銀行發行「外匯兌換券」，印發《外匯兌換券暫行管理辦法》，規定短期來中國境內的外國人、華僑、港澳同胞、駐華外交使節、民間機構及其常駐人員可用自由兌換外匯向中國銀行兌換外匯券，他們在中國境內指定商店、火車站、輪船公司、民航公司、旅館等購買物品或支付費用，須付外匯券，未用完的外匯券在離境時可以兌換外匯帶出。

實際生活中，外國護照持有人在華消費同一商品和服務的價格比中國人高。高出部分大體等於外匯券在國內黑市市場上的價格減去面值。

從1979年起，在外匯分配方面，實行了外匯留成制度，允許創匯的地方、部門、企業按照售給國家的外匯數額，按照國家規定的比例留成相應的外匯額度。外匯留成制度在1960年就出現過，當時為了鼓勵各省（市、區）出口創匯，為了解決各省（市、區）自己安排的進口用匯不足，允許創匯的地方按比例留一部分自己支配使用。

1980年7月國務院批轉國家進出口委員會、外貿部、國家計委、國家外匯管理總局、財政部、國家物價總局《關於貿易外匯內部結算價格試行辦法的報告》，規定對貿易與非貿易實行兩種不同的匯價。新訂貿易外匯內部結算價用於貿易外匯的結算，保留原有的對外公布匯價，用於非貿易外匯結算。自1981年1月1日起實行。1981年3月27日印發實施細則和結算辦法。

1980年10月經國務院批准，國家外匯管理局、中國銀行印發《中國銀行調劑外匯辦法》，有留成外匯的國營單位可將多餘外匯通過中國銀行賣給需要外匯的單位，買賣雙方按交易外匯內部結算價上下5%~10%幅度內議定交易價格。在實際生活中，外匯調劑額度的成交價不包含買賣雙方在櫃臺外的對價。這一切，大家都是你知我知。根據國務院的決定，從1985年10月開始，在各級政府的領導下，金融部門全面開展了信貸大檢查，處理了一批倒賣外匯的重大案件。

1984年10月中國人民銀行決定國家專業銀行業務可以交叉經營，國家外匯管理局批准中國工商銀行深圳分行開辦外匯業務，外匯業務在全國專業銀行範圍內逐步鋪開。

1985年1月停止試行貿易外匯內部結算價，重新實行單一匯率，定為1美元折合2.8元人民幣。

1985年9月中國第一次公布國際收支情況，國家外匯管理局公布了1982—1984年國際收支概覽表。

1985年11月深圳建立首家外匯調劑中心，隨後，其他經濟特區和沿海城市也相繼設立外匯調劑中心。

1988年3月13日，根據國務院《關於加快和深化對外貿易體制改革若干問題的規定》，國家外匯管理局發布《關於外匯調劑的規定》，在北京設立全國外匯調劑中心；在國家外匯管理局統一領導和管理下，各省、自治區、直轄市、經濟特區、計劃單列市逐步設立外匯調劑中心，開辦國營企業和外商投資企業的外匯調劑業務，放開調劑價格，根據外匯供求狀況浮動。隨著外匯調劑量的逐步增加，形成了官方匯率和調劑市場匯率並存的匯率制度。1988年9月27日，上海首先開辦外匯調劑公開市場，實行會員制，公開競價交易，集中清算。1992年8月8日，北京成立全國外匯調劑中心公開市場，採用競價成交方式，提高了調劑外匯透明度，使調劑外匯價格日趨合理。但是，各地各行的櫃臺交易依然存在。同時，外匯黑市交易依然存在，黑市美元價格在1993年年初達到人民幣10元兌1美元，甚至更高。

三、對國際收支與外匯市場的監管

1986年4月第六屆全國人民代表大會第四次會議通過《中華人民共和國外資企業法》。這部法律是中華人民共和國外匯管理的重要的上位法。

同年8月國務院責成中國人民銀行領導下的國家外匯管理局統一管理全國外債，全面掌握全國外匯、外債的信息和數額，建立全國外債統計監測系統，監督對外借款和在境外發行債券。

1987年6月經國務院批准後，國家外匯管理局發布實行《外債統計監測暫行規定》，規定國家對外債實行統計監測制度，國家外匯管理局對外債實行統計監測，對外發布外債數字。同年12月13日經國務院批准後，國家外匯管理局發布《金融機構代客戶辦理即期和遠期外匯買賣管理規定》，允許境內金融機構代理境內機構辦理可兌換外匯之間的即期和遠期買賣。

四、對境外投資的監管

中華人民共和國的境外投資在計劃經濟時期就已經開始，主要是外貿相關的小額投資如對外貿易公司的不動產和運輸工具的投資比如說與波蘭合資的鐵路聯營公司。

進入20世紀80年代，國際貿易規模不斷擴大，沿上述路徑的投資更加擴大。經國務院批准，1989年3月6日，國家外匯管理局發布《境外投資外匯管理辦法》，管控的重點是赴港開展外貿的國營企業和對外工程經營等對外投資。

境外投資外匯管理辦法

（1989年2月5日國務院批准，1989年3月6日國家外匯管理局發布）

第一條　為了促進對外經濟技術合作，加強境外投資外匯管理，有利於國際收支平衡，制定本辦法。

第二條　本辦法所稱境外投資是指在中國境內登記註冊的公司、企業或

者其他經濟組織（不包括外商投資企業）在境外設立各類企業或者購股、參股（以下統稱境外投資企業），從事生產、經營的活動。

境外投資有關外匯事宜，依照本辦法的規定執行。

第三條 擬在境外投資的公司、企業或者其他經濟組織，在向國家主管部門辦理境外投資審批事項前，應當向外匯管理部門提供境外投資所在國（地區）對國外投資的外匯管理情況和資料，提交投資外匯資金來源證明，由外匯管理部門負責投資外匯風險審查和外匯資金來源審查，並於三十天內做出書面審查結論。

第四條 經批准在境外投資的公司、企業或者其他經濟組織（以下簡稱境內投資者），應當持下列材料向外匯管理部門辦理登記和投資外匯資金匯出手續：

（一）國家主管部門的批准文件。

（二）外匯管理部門關於投資外匯風險審查和外匯資金來源審查的書面結論。

（三）投資項目的合同或者其他可證明境內投資者應當匯出外匯資金數額的文件。辦理前款登記和投資外匯資金匯出手續時，外匯管理部門應當對境內投資者的投資外匯資金來源進行復核。

第五條 境內投資者在辦理登記時，應當按匯出外匯資金數額的5%繳存匯回利潤保證金（以下簡稱保證金）。保證金應當存入外匯管理部門指定銀行的專用帳戶。匯回利潤累計達到匯出外匯資金數額時，退還保證金。保證金存款的利息按照國家規定標準支付給境內投資者。

境內投資者繳存保證金確有實際困難的，可向外匯管理部門做出書面承諾，保證境外投資企業按期匯回利潤或者其他外匯收益。

第六條 境內投資者來源於境外投資的利潤或者其他外匯收益，必須在當地會計年度終了後六個月內調回境內，按照國家規定辦理結匯或者留存現匯。未經外匯管理部門批准，不得擅自挪作他用或者存放境外。

第七條 境內投資者從境外投資企業分得的利潤或者其他外匯收益，自該境外投資企業設立之日起五年內全額留成，五年後依照國家有關規定計算

留成。

第八條 境外投資企業可以根據經營需要,自行籌措資金,但未經國家外匯管理局批准,其境內投資者不得以任何方式為其提供擔保。

第九條 境外投資企業的年度會計報表,包括資產負債表、損益計算書,在當地會計年度終了後六個月內,由其境內投資者向外匯管理部門報送。

第十條 境外投資企業變更資本,其境內投資者應當事先報經原審批部門批准並報送外匯管理部門備案。

第十一條 境內投資者轉讓境外投資企業股份,應當向外匯管理部門提交股份轉讓報告書,並在轉讓結束後三十天內將所得外匯收益調回境內。

第十二條 境外投資企業依照所在國(地區)法律停業或者解散後,其境內投資者應當將其應得的外匯資產調回境內,不得擅自挪作他用或者存放境外。

第十三條 境外投資企業未按利潤計劃匯回利潤或者其他外匯收益的,其境內投資者應當向外匯管理部門提交不能按時完成利潤計劃或者經營虧損的報告書。如無正當理由,外匯管理部門可從保證金中將相應比例的外匯數額結售給國家未開立保證金帳戶的,從其境內投資者的留成外匯中扣除相應數額上繳國家,但累計扣除數額不超過匯出外匯資金數額的20%。

第十四條 違反本辦法第六條、第十一條、第十二條規定者,外匯管理部門應當責令境內投資者限期調回外匯資產,並可按應調回資金數額的10%~20%處以外匯罰款。

違反本辦法第九條、第十條規定,情節嚴重者,外匯管理部門對境內投資者可處以人民幣十萬元以下的罰款。違反本辦法其他條款規定者,依照《違反外匯管理處罰施行細則》的規定處理。

第十五條 本辦法施行前已設立的境外投資企業,其境內投資者應當自本辦法施行之日起六十天內,依照本辦法的有關規定,向外匯管理部門補報有關材料,辦理登記手續,並依照規定將外匯收益調回境內。

第十六條 本辦法由國家外匯管理局負責解釋。

第十七條 本辦法自發布之日起施行。

第四節　各金融市場的創立

一、貨幣市場

當時，貨幣市場有兩個主要部分開始發育：企業票據市場和銀行間拆借市場。中國人民銀行根據黨的改革開放政策，對這兩個市場耐心地進行了引導、培育和規範。

（一）企業票據市場

在計劃經濟時期，企業之間是不可以發生資金借貸關係的。因為企業之間的信用往來會破壞信貸計劃的有效性，會滋生更多的貨幣。但是，實際上一直存在企業利用預購、延期支付等方法解決自己的資金短缺困難，特別是在向銀行申請臨時週轉貸款困難時。供應方也可能趁機完成任務，也可能因為收款困難重重而被財經紀律處分。

1979 年起，在國內貿易中，各地企業開始利用賣方托收承付票據、買方有銀行或無銀行承兌的匯票，向銀行或其他人申請交易為本的結算融資，以加快資金週轉。在出票人、議付人、擔保人、貨物運單、倉儲單據、保單、交易程序均未嚴格規範化時，基於改革開放的大局和各地發展經濟的要求以及銀行的利益，以票據為根的結算貸款得以發展。但是，市場信用初開，法律未立，奸詐群起，誠實者和銀行損失巨大。

對此風險，人民銀行於 1983 年年底發文，修改《異地托收承付結算辦法》，規定從次年 3 月 1 日起，只準國營企業、供銷社和經批准的集體工業企業使用異地托收承付結算工具，以控制有害信用的發生。

1984 年年底，中國人民銀行發布《商業匯票承兌、貼現暫行辦法》，始做初步規範。其第四條規定：「匯票除向銀行貼現外，不準流通轉讓。」這就從法規上取消了銀行櫃臺以外的交易。

但是，合規合法的貼現不一定保證發票企業按時贖回，各專業銀行自己

第三章　中央銀行的貨幣政策與金融監管：在經濟體制巨變中探路（1984—1991）

的頭寸短缺現象由此加重。銀行間拆借也許可以暫時緩解基層銀行支付困難，但終究不是長久之計。各方要求人民銀行開展再貼現的壓力逐漸加大。

1986年，針對當時經濟運行中企業之間嚴重的貨款拖欠問題，中國人民銀行下發了《中國人民銀行再貼現試行辦法》，決定在北京、上海等十個城市對專業銀行試辦再貼現業務。這是自中國人民銀行獨立行使中央銀行職能以來，首次進行的再貼現實踐。從此以後，再貼現貸款成為中國人民銀行調節貨幣流通量的重要工具之一。

（二）銀行間拆借市場

1984年，新的信貸資金管理制度出台後，各銀行分支行間就出現了行內與跨行間的拆借活動。

各專業銀行的「條條」優先，行政區域的「塊塊」次之，都從本系統、本地區的利益出發，在資金市場上拆借資金，必須先行內後行外，先區內後區外。

由於市場拆借利率一般高於同期人民銀行的再貸款和再貼現利率，一些金融機構往往越過自己信貸需要，把向人民銀行借來的錢拆借給他人，賺取利差。拆入方不盡是因本行營運頭寸臨時不足而拆入，而是大多受地方政府或企業要求拆入來發放貸款。同期，私人也借用企業之名，進入拆借市場。這樣一來，同業市場出現變態，中央銀行的再貼現再貸款資金被濫用，貨幣發行計劃受到侵蝕。全國聯行往來的資金經常被故意拖欠，支付堵塞、延遲押後可謂司空見慣。因此，人民銀行在兩個方面對同業拆借進行規範和建設：一是改進銀行清算系統，堵塞利用聯行往來侵占他行資金和中央銀行資金，脅迫中央銀行註資的漏洞。二是建立以中心城市為主的拆借市場，希望建立全國統一市場，進行更規範化的管理。

於是，中央銀行在1989年12月6日發布了《關於改革聯行清算制度的通知》。1990年4月，人民銀行發表整頓開戶和加強結算紀律的意見，針對當前在開戶和結算上存在的企業單位在銀行和其他金融機構多頭開戶；一些銀行違反結算規定，有章不循，壓票、退票、截留、挪用結算資金；有些銀行擅立規章，自作規定，相互設卡，阻塞匯路等問題，為建立良好的開戶和結

算秩序，促進社會主義有計劃商品經濟的健康發展，提出加強開戶和結算管理的詳細意見。

1990 年 3 月，人民銀行頒發《同業拆借管理試行辦法》，規範各會員單位每月日均拆借限額。更規範拆入資金的用途：拆入資金只能用於彌補票據清算、聯行匯差頭寸的不足和解決臨時性週轉資金的需要，嚴禁用拆借資金發放固定資產貸款。拆借資金的期限和利率高限由中國人民銀行總行根據資金供求情況確定和調整。

在這個文件裡，人民銀行開始從同業拆借引入金融市場概念，下令各地在原有資金市場的基礎上、在人民銀行主持下，重新組建金融市場，為包括外匯市場支付結算的更廣泛的各子市場交易和發展準備統一平臺。

同時，人民銀行也加快電子聯網建設。1990 年，中國人民銀行清算中心建成，專門為金融機構提供支付清算服務。這個清算中心包括 NPC（National-Process Center，國家金融清算總中心）和 CCPC（City Clearing Processing Center，城市處理中心）。1991 年 4 月 1 日，基於衛星通信網的應用系統——全國電子聯行系統（EIS）開始試運行。EIS 是人民銀行專門用於處理異地（包括跨行和行內）資金清算和資金劃撥的系統。它連接了商業銀行、中央銀行、NPC 和 CCPC。從此，銀行之間的跨行匯款直接通過電子化操作來完成，資金在途時間縮短到了一兩天，系統內的人為堵截不再可能。這是中國金融發展史上的重大里程碑。

1991 年 10 月，中國開始著手建設中國國家金融通信網（CNFN）和中國現代化支付系統即 CNAPS（China National Automatic Payment System）。這一項目由世界銀行提供貸款，由英國 PA 諮詢公司承擔設計諮詢工作。從此，全國電子聯行（EIS）系統逐步向 CNAPS 過渡。

在同一時期，蘇聯的金融系統沒有多少進步，支付紀律敗壞，被世人譏笑為「無支付經濟」，最終為蘇聯的解體「貢獻」了自己的力量。兩相比較，中國人民銀行是認真負責和優秀的。

（三）企業債

從 1982 年開始，少量企業開始自發地向社會或企業內部集資，這一階段

第三章　中央銀行的貨幣政策與金融監管：在經濟體制巨變中探路（1984—1991）

的集資行為既沒有政府審批，也沒有相應的法律法規制約，缺乏管理。到1986年年底，這種相當於發行債券的融資籌集了100多億元的資金。

針對企業自發的集資行為，政府開始研究對企業債券的管理。1987年3月，《企業債券管理暫行條例》由國務院頒布實施。根據條例的規定，中國人民銀行是企業債券的主管機關，發行債券必須經中國人民銀行批准。同時中國人民銀行會同國家計委、財政部制定全國企業債券發行的年度控制額度，下達各省、自治區、直轄市和計劃單列市執行，中國人民銀行對企業發行債券實行集中管理分級審批制度。國家計委也首次編製了全國企業債券發行計劃，當年批准發行債券30億元。

1990年，債券發行被納入國民經濟和社會發展計劃，將債券融資作為固定資產投資來源渠道，並與人民銀行聯合制定了額度申報制度及管理辦法。隨後，債券的發行開始驟增。

1992年發行總量近700億元，創歷史最高水準，其中發行地方企業債券258.77億元，發行短期融資券228.53億元，發行內部債券111.51億元，還同時發行了住宅建設債券、地方投資公司債券等。同年，國務院68號文件規定企業債券由地方政府審批。各省（市、區）隨後發布文告，粗枝大葉地進行了相關行為「規範」。

過熱的經濟產生了債券融資的強烈要求，這期間發行債券出現了一些失控現象，部分省越權審批，一些規模小、資信差的企業也趁機進入發行行列，甚至有的瀕於破產的企業也通過發債籌集工資，更有不法之徒借機對民眾招搖撞騙，使剛剛步入相對規範的債券管理制度受到衝擊和影響。

二、金融信託

1979年10月，中國（內地）第一家信託機構——中國國際信託投資公司宣告成立。此後，從中央銀行到各專業銀行及行業主管部門和地方政府紛紛辦起各種形式的信託投資公司，到1988年達到最高峰時共有1,000多家。到1989年末，全國共有各類金融信託機構約800家，金融資產已達895億元。

當時的信託投資公司大體可分為四類：一是全國性的，二是省（市）一級政府的，三是一些部門所有的，四是附屬於各級專業銀行的。全國性的投資公司為數很小且又在國家政策的直接指導下，其行為有更多的行政色彩。附屬於銀行的投資公司由於與銀行有著天然的血緣聯繫，各個方面都受到銀行的鉗制和染指，很少獨立性。

中央政府最初對於信託公司的經營活動所可能產生的風險並沒有清楚的認識，而求發展之心又是那麼急切。在中央和地方關係中，發揮地方行政系統的力量搞建設的慾望，在此時尤其強烈。因此，相關法規並不健全，必要的日常監管制度和監管手段也十分缺乏。此時的信託公司幾乎可以利用一切手段募集資金，投資領域則包括貸款、證券、房地產和興辦工商企業，等等。歷史上幾次比較著名的炒作國債期貨、股票和房地產的事件，都有大批信託公司參與其中。為此，國家先後在1982年、1985年和1988年進行了清理整頓，一次又一次地把信託公司從變相的綜合銀行規範回金融信託範圍。

三、資本市場

資本市場是以股市為中心的組合市場。在西方國家，資本市場的產生和發展，本與中央銀行毫不相干，只是自由的商業行為，與一系列民商法律和刑法有重大關係。資本市場發展到二戰之後，因其與實體經濟有重大關聯，也對貨幣流通有重要影響，才被納入歐美中央銀行貨幣數量調控的視野，但其日常監督管理工作則由證券監督管理機構負責。

中華人民共和國的資本市場從最原始的開端就受到行政鼓勵，鼓勵國營和準國營企業向略有餘錢的民眾個人直接籌集生產經營資金，以減輕銀行貸款的壓力，減少貨幣發行數量。中國在20世紀80年代中期有了股票的私下交易，並在1987年以後出現股票的櫃臺交易，股票市場的形成也處於自發狀態，推進資本市場發展的相關政策還在猶疑之中。在上海股票交易所第一批上市的八家公司，在上市之前，每年都分紅，股息率都不低於一年定期儲蓄存款的利息率。1989年，豫園商場和鳳凰化工發放的股息率為22%。但其在

第三章　中央銀行的貨幣政策與金融監管：在經濟體制巨變中探路（1984—1991）

1990年上市之後高股息率不再。這樣的情形，在全國各地也大致相同，而且內部人優先購買企業股票成為社會風尚。這樣的起源，把股東分割成不準交易的法人股與可流通的個人股，直到2004年全流通改革，但國營企業和財政系統持有的股份依然基本沒有交易。這是確保中國股市的社會主義性質的基石。

1990年，深圳股份制改革試點中出現了股票熱，緊接著上海也熱起來，北京也不甘落後。1990年4月，國家體改委在考察美國紐約證券交易所、NASDAQ交易所後，擬籌備成立仿NASDAQ系統的中國STAQ。同年12月5日，在人民大會堂舉行了隆重的STAQ網交易市場開通典禮，作為法人股流通市場而試運行。三個股票市場的成立在社會上引起了很大的反響，一些人主張把股票試點停下來，股票市場面臨被關閉的可能。

據中國人民銀行副行長劉鴻儒回憶：在這種情況下，江澤民同志在參加深圳和珠海特區十週年大慶（1990年）後，在飛回北京的飛機上找我談話，詳細瞭解了股票試點的情況。他最後明確表示，可以把上海和深圳兩個試點保留下來，股票市場的實驗也才得以繼續。

1992年8月10日，深圳爆發股票認購證第四次搖號導致騷亂的「8/10事件」，險些釀成政治風險，使高層領導意識到了加強股票市場監管的重要性。在其後兩天召開的股票市場試點工作座談會上，朱镕基副總理宣布，將成立中國證監會。

首任證監會主席劉鴻儒這樣回憶這段經歷：

證監會正式成立前，我迅速做了兩件事。第一件事是邀請臺灣地區資本市場領域的資深人士到北京來開座談會，請他們介紹他們的經驗和教訓。在中國以市場經濟為目標的經濟體制改革中，相關高層非常重視吸收其他國家和地區的先行經驗，尤其是臺灣的經驗。

第二件事是，我請香港地區和海外的一些朋友幫助收集整理了1929—1933年經濟大危機以來世界歷次股災的資料，包括歷次大股災為何發生、危機國家如何應對、新興市場應該吸取的經驗和教訓等。在此基礎上，我結合中國股份制改革以來的問題和教訓，寫成了近兩萬字的報告——《股票市場的風

險與管理》，作為我執政證監會的施政綱領，意在表達這樣的觀點：

全世界在不同國家和地區、不同歷史發展階段，股災和重大風險事件會不斷發生，無可避免。既然風險不可避免，監管機構的任務便是使它少發生，發生後也盡量少損失，把維護廣大投資者的利益、維護資本市場穩定發展作為監管的永恆使命。

第一是依法治市。在系統研究了 1929 年世界經濟危機後的國際資本市場後我們看到，資本市場的發展史就是從盲目無序走向公平、公開、公正和規範化、法制化的歷史，所以證監會成立伊始，我們就著手為資本市場統一立法。最先出台的是《股票發行與交易管理暫行條例》，對當時資本市場最為重要、最為緊迫的監管體制問題，股票的發行、交易、保管、過戶、清算問題，保障國有股權利問題，證監會的調查和處罰職權問題等，做出了明確的規定。

第二是建立高度透明的股票發行和上市制度。在借鑑臺灣地區、香港地區經驗和其他專家建議的基礎上，最終確定了無限量發行認購表的方案，這個方案的關鍵就是「無限量」，目的是增強透明度。

第三是建立市場化的股票交易制度。股票交易要充分市場化，要尊重市場規律，這是我從對世界歷次股災的研究以及與臺灣地區專家的座談中得出的結論，也是證監會成立伊始，就已確定的發展目標。[①]

四、保險市場

保險市場是個人與企業財務風險的交易市場，保險公司聚集的巨大資金是各金融機構的重要資金來源。這一時期中國的保險業與保險市場都在恢復之中，銷售量很小，與金融界的關係並不緊密。

1983 年 9 月，新中國第一部財產保險合同方面的法規《中華人民共和國財產保險合同條例》出台。同時，中國人民保險公司升格為國務院直屬局級

---

① 證券時報. 首任證監會主席劉鴻儒回首股市十年發展歷程 [N/OL]. 2000-12-08. 全景網路. http://finance.sina.com.cn/y/27063.html.

第三章　中央銀行的貨幣政策與金融監管：在經濟體制巨變中探路（1984—1991）

經濟實體。1984年，中國人民保險公司從人民銀行分離出來，接受中國人民銀行的領導管理、監督和稽核。

基於保費收入需要可靠投資的要求，1984年年底，經中國人民銀行批復同意，中國人民保險公司可用一部分保險準備金進行投資，並成立投資公司。

1985年3月，國務院頒布實施《保險企業管理暫行條例》，是新中國成立之後第一部關於保險企業管理的法律文件，為開辦新的保險公司確立了初步的法律依據。但是，保險法的起草則到1991年才開始進行。

1986年10月，中國第一家股份制綜合性銀行——交通銀行組建保險業務部，經營保險業務，打破了保險業務由中國人民保險公司獨家壟斷經營的局面。1991年4月，交通銀行的保險業務按分業管理的要求，單獨組建為中國太平洋保險公司。

1988年3月21日，由招商局蛇口工業區職工保險基金會和深圳工商銀行合資成立平安保險公司，資本金為4,500萬元。這是中國第一家股份制的地方性的保險企業。1992年9月29日，更名為「中國平安保險公司」。

1992年9月，中國人民銀行批准美國國際集團所屬美國友邦保險公司在上海設立分公司，這是中國保險市場對外開放以來，第一家經批准進入中國保險市場的外國保險公司。不久之後，友邦保險培訓的第一代壽險代理人上街展業。這一代理人制度，引發了行銷理念的劇烈變革，壽險代理人制度迅速為國內壽險業所採用。

總的來說，這一時期的保險業在初步恢復中，聚集的保險資金數量微小，而且在國家嚴格的管制下，只能存於中國人民銀行和購買國債，對金融市場還沒有產生重大意義。

第五節　兩次貨幣流通量陡增與貨幣政策失準

本期發生了兩次貨幣流通量陡增與貨幣政策失準。

第一次是 1984 年。表 3.6 是 1984 年貨幣月報表。

表 3.6　1984 年貨幣月報表

單位：億元

年/月	M0（現金）	M1（企業存款）
1984/01	618.47	2,169.61
1984/02	530.96	2,072.29
1984/03	511.12	2,065.67
1984/04	502.06	2,073.60
1984/05	481.59	2,080.79
1984/06	490.84	2,103.01
1984/07	519.27	2,174.91
1984/08	541.57	2,247.44
1984/09	587.28	2,324.55
1984/10	643.59	2,441.33
1984/11	700.71	2,592.64
1984/12	792.11	2,845.24

註：M1 來自其中的城鎮儲蓄存款+流通中貨幣。

資料來源：中國人民銀行. 中國金融年鑒［M］. 北京：中國金融出版社，1988.

這一年的 10 月，跟往年一樣，中國人民銀行要準備計劃下一年的信貸計劃，但對外對下級行都不公開確定下一年度的信貸計劃，因為中國人民銀行總行自己也不能確定下一年度的信貸計劃，還要與各部委協調，更要國務院批准。按習慣，這幾個月限制放款的「繮繩」都要勒緊。在計劃經濟制度下，

第三章　中央銀行的貨幣政策與金融監管：在經濟體制巨變中探路（1984—1991）

企業每年在3月份以後才能得到新的生產計劃，到年底，各單位都要突擊完成生產任務，銀行當然也就突擊放貸。所以，年底的貨幣發行量一般都比前幾個月有較大的增加，但銀行也要勒緊放貸，不準突破本年計劃。1984年，略有不同的是，中國人民銀行提前宣布了下一年度的信貸計劃指標以本年年末的貸款數為基數來制訂。於是，各行各地在最後兩個月掀起了放貸高潮。很久以後，時任行長呂培儉對於當時金融狀況有自己的解釋，在此不贅述。

第二次是1992年。表3.7是1992年貨幣月報表。

表 3.7　1992年貨幣月報表

單位：億元

年/月	M0	同比增長（%）	M1	同比增長（%）
1992/03	3,117.18	20.56	8,872.65	25.51
1992/04	3,121.20	23.52	9,194.51	28.33
1992/05	3,111.18	25.11	9,459.65	29.92
1992/06	3,155.92	25.37	9,666.65	32.77
1992/07	3,278.63	27.02	10,157.21	36.11
1992/08	3,387.53	28.70	10,520.73	37.17
1992/09	3,559.38	30.38	10,556.36	32.42
1992/10	3,732.59	29.63	11,034.05	33.85
1992/11	3,989.10	32.86	11,452.78	33.97
1992/12	4,336.00	36.40	11,731.50	35.9

註：M1來自其中的城鎮儲蓄存款+流通中貨幣。

資料來源：中國人民銀行. 中國金融年鑒［M］. 北京：中國金融出版社，1993.

1992年年初，鄧小平視察深圳、珠海等地，跟各地黨政官員談話，再提改革開放，結束了1989年後的徘徊猶豫狀況。

是年春節之後，各地掀起投資浪潮，其中最熱的熱點就是海南經濟特區的房地產投資。海南於1988年建省，海口市原來是廣東省的一個戰備前線地級市，一直沒有進行較好的城市建設，躍升為省會城市之後，的確應該大力發展。於是，全國各省（市、區）、中央各部委大量資金急促地湧入海口房地

產市場。這樣，在「多存多貸」的貨幣政策下，各地貸款與存款急增，M1在當年7月首次達到10,000億元。「多存多貸」的貨幣政策在社會融資投資高度活躍的時間段，不再具有適宜性，宏觀貨幣管理要求抑止過度需求。在這個過程中，中國人民銀行實際上無力勒住脫韁的野馬，直到次年春天朱鎔基副總理出面強力干涉。

第四章
走向社會主義市場經濟的貨幣政策與金融監管（1992—2002）

第一節　世界政治、經濟格局大變動與中國經濟發展的重大機遇

第二節　社會主義市場經濟道路的確定與《關於金融體制改革的決定》

第三節　整頓金融秩序與大力發展並舉

第四節　擴張性貨幣政策推動經濟發展、市場擴容、貨幣發行量擴張

第五節　金融業改造完成，現代金融監管體系建立

第六節　新的穩健性貨幣政策的實施

附錄：國務院《關於金融體制改革的決定》（國發〔1993〕91號）

依照 2002 年 11 月黨的十六大決定的完善社會主義市場經濟制度的任務，按照朱鎔基總理在 2002 年 2 月第二次全國金融工作會議上對下一階段金融工作的全面部署，從本期起，中國政府對金融行業進行了大量的管理體制、企業制度、市場制度、產品研發與交易規則的改革與建設。加強金融監管與國有銀行改革的設計得到實施。同時，人民銀行作為中央銀行集中力量從事與貨幣政策有關的調查研究、政策建議，並對國務院下達的政策加以執行，具體處理貨幣市場管理與日常調控以及日益重要紛繁的外匯管理等事務。

本期在經濟發展的基礎層面，中國經濟有三個與前期不同的基本推動力，一是比前十年更宏大的基礎設施投資和房地產開發投資。二是中國更廣泛地承接西方國家的工業生產轉移和本國工業的升級。三是加入世界貿易組織後獲得更廣闊的國際貿易領域。同時，中國對外投資日漸發展，開始成為貨幣政策和金融監管的比較支持和關注的對象。

本章敘述以上四個進程中的投資、銀行及其信貸、貨幣市場、資本市場、本幣與外匯管理中的貨幣政策和金融監管。

第四章　走向社會主義市場經濟的貨幣政策與金融監管（1992—2002）

第一節　世界政治、經濟格局大變動與中國經濟發展的重大機遇

一、「冷戰」結束、全球經濟重整，中國經濟走向廣闊的歐美市場

二戰後全球分裂為巨大的兩個陣營：以海洋為紐帶的歐美資本主義國家陣營和以歐亞大陸北部為主體的蘇聯社會主義陣營。兩個陣營均擁有給對方造成核毀滅的能力，當然，也就是毀滅整個人類的能力。在恐懼與競爭中，和平得以延續。1990年年初，蘇聯開始和平地解體，並迅速地在1991年年底結束，蘇東陣營成為歷史。蘇聯東歐陣營最終以經濟與社會總體組合能力由盛轉衰而解散，俄羅斯人退回俄羅斯，東歐國家紛紛獨立。歐美對上述各國包括俄羅斯的穩定與重建給予了直接的經濟與技術援助，當然也進行商業投資，並開放自己的市場，這些國家逐漸成為融入全球化經濟體系的工業化國家，也進入了美元體系。

在蘇東劇變中，中國共產黨和中國政府在外交上採取了不干涉他國內政政策，尊重東歐國家人民的選擇，對外韜光養晦，使中華人民共和國迅速走出了西方國家的經濟制裁陰影，開始了新一輪的經濟發展。

在國內經濟政策上，中國政府迅速重整國內經濟體系，嚴格劃分中央與地方的事權與財權，再次規範中央和地方在財政、金融事務上的權力與責任，以迅速發展中央責任下的全國性基礎設施和地方責任下的城市經濟為中心的基礎設施以及房地產投資；放開以農民工為主體的人力資源跨地區流動，以滿足外商投資為主導的工業化進程，以及以本國資本為主體的城市各項建設和廣泛的基礎設施工程建設的勞工需求。

在國際經濟事務中，中國更注重加強與西方國家特別是美、日、德的聯繫。同時，通過在新加坡達成的「九二共識」，開啓海峽兩岸關係新局面，更加強了對臺灣地區資本的吸引力，以承接外部經濟中飽和技術、設備和產品生產部門的移入。在沿海地區以低勞工成本、低環保標準和稅收天堂吸引外

資，成功建立起了以珠江三角洲、長江三角洲為中心的電子產品為核心的出口加工區。同時，加入關貿總協定和今天的世界貿易組織的長遠戰略部署也在積極地繼續推行。

二、蘇式技術裝備徹底退出中國經濟，中國工業裝備與技術全面更新

從20世紀50年代全面引進蘇式技術與裝備起，雖然60年代後也在慢慢引進歐美、日本裝備，但整個國民經濟骨幹企業依然未變，包括用仿製設備建立的中小企業。到90年代，整個國民經濟的骨幹企業和大多數中小企業的設備與技術都已經徹底老化和落後，都到了報廢期。完成這個巨大任務，以1992年年底的M2推算，需要數萬億元人民幣的信貸資金。這樣一來，銀行制度、資本市場都必須升級，都必須更大規模地開放，以便引進更多外資與西方技術和設備。

北京電子管廠在80年代中期全面廢棄蘇聯技術與設備後，下放為北京市屬企業。在經歷了漫長的虧損期後，終於在1993年進行股份制改革（京東方），以企業經營性資產出資，加上職工募集資金和銀行債轉股，成立了北京東方電子集團公司，從日本引進了彩色顯像管所需的玻璃支桿技術，為當時產銷興旺的北京-松下彩管公司配套，為企業贏得了喘息之機。此時，包括液晶、等離子等新興顯示技術已露端倪，東方電子公司積極準備迎接下一波電子技術革命，並最終選擇TFT-LCD（薄膜晶體管液晶顯示屏）作為主攻方向。以後的京東方一直沿著研究開發新一代顯示產品的道路走到今天。

京東方的企業技術裝備廢棄與更新換代的演變，也是中華人民共和國國營工業企業技術裝備演變的濃縮。

第二節　社會主義市場經濟道路的確定與《關於金融體制改革的決定》

1992年2月，鄧小平視察廣東等地，期間發表了一系列關於中國經濟改革開放的講話即「南方講話」。鄧小平的「南方講話」明確了經濟改革的發展方向，中國掀起了新一輪改革開放的高潮。

黨的十四大報告指出，中國經濟體制改革確定什麼樣的目標模式，是關係整個社會主義現代化建設全局的一個重大問題，其核心是正確認識和處理計劃與市場的關係。

黨的十四大報告明確提出，中國經濟體制改革的目標是建立社會主義市場經濟體制。我們要建立的社會主義市場經濟體制，就是要使市場在社會主義國家宏觀調控下對資源配置起基礎性作用，使經濟活動遵循價值規律的要求，適應供求關係的變化；要通過價格槓桿和競爭機制的功能，把資源配置到效益較好的環節中去，並給企業以壓力和動力，實現優勝劣汰；要運用市場對各種經濟信號反應比較靈敏的優點，促進生產和需求的及時調節。同時也要看到市場有其自身的弱點和消極方面，必須加強和改善國家對經濟的宏觀調控。

黨的十四大報告指出，社會主義市場經濟體制是同社會主義基本制度結合在一起的。在所有制結構上，以公有制包括全民所有制和集體所有制經濟為主體，個體經濟、私營經濟、外資經濟為補充，多種經濟成分長期共同發展，不同經濟成分還可以自願實行多種形式的聯合經營。國有企業、集體企業和其他企業都進入市場，通過平等競爭發揮國有企業的主導作用。

在前面，我們講到了劉少奇設想的大公司制度及社會主義國營企業的成因，我們講到了資本市場中的股票市場。從中我們體會到，建立和發展全國性的大公司制度是中國共產黨人的早期願望，把這些大公司加以股份化則是改革開放時期中國共產黨人的新探索。20世紀80年代探索的結果證明，在小

型企業層面，股份制和招募私股所得利益比較令人滿意。1992年深圳的購買股票狂熱證明，經過十多年的改革發展，人民大眾已經有了可觀的儲蓄，可以直接轉換為國家控股和控制的企業的資本。1992年，3.24億城鎮居民擁有儲蓄8,678.1億元，人均2,678元。很多人願意為了尋求更多財富而承擔風險。那麼，建立正規化的股票市場，把更多國有企業推向股市以募集更多資金也就水到渠成了。

國務院於1992年10月設立國務院證券管理委員會和中國證監會，12月，國務院發布《關於進一步加強證券市場宏觀管理的通知》，明確了中央政府對證券市場的統一管理體制。1992年10月，中國證監會成立，標誌著中國證券市場開始逐步被納入全國統一監管框架，全國性市場由此開始發展。中國證券市場在監管部門的推動下，建立了一系列的規章制度，初步形成了證券市場的法規體系。

1993年，股票發行試點正式在全國推廣。深圳市場發行A股新股140多家，B股19家，共募集社會資本金25.5億元人民幣。上海市場個人股發行有其特殊性，難以統計，其數量也遠小於深圳市場。中證交NETS法人股7家，但在資本市場上的影響比較微小。

1993年6月24日，中共中央、國務院決定任命朱镕基副總理擔任中國人民銀行行長。7月，第八屆全國人民代表大會第二次會議正式確認免去李貴鮮兼任的中國人民銀行行長職務，正式任命國務院副總理朱镕基兼任中國人民銀行行長。

1993年11月，黨的十四屆三中全會召開，大會通過了《中共中央關於建立社會主義市場經濟體制若干問題的決定》，規定了中華人民共和國的社會主義市場經濟體制是同社會主義基本制度結合在一起的。建立社會主義市場經濟體制，就是要使市場在國家宏觀調控下對資源配置起基礎性作用。為實現這個目標，必須堅持以公有制為主體、多種經濟成分共同發展的方針，進一步轉換國有企業經營機制，建立適應市場經濟要求、產權清晰、權責明確、政企分開、管理科學的現代企業制度；建立全國統一的開放的市場體系，實

第四章　走向社會主義市場經濟的貨幣政策與金融監管（1992—2002）

現城鄉市場緊密結合，國內市場與國際市場相互銜接，促進資源的優化配置；轉變政府管理經濟的職能，建立以間接手段為主的完善的宏觀調控體系，保證國民經濟的健康運行。會議認為當前培育市場體系的重點是發展金融市場、勞動力市場、房地產市場、技術市場和信息市場等。

在這個大政方針下，國務院於 1993 年 12 月 25 日發布《關於金融體制改革的決定》，以期達成新的宏大目標：建立在國務院領導下，獨立執行貨幣政策的中央銀行宏觀調控體系；建立政策性金融與商業性金融分離，以國有商業銀行為主體、多種金融機構並存的金融組織體系；建立統一開放、有序競爭、嚴格管理、與國際接軌的現代金融市場體系。中華人民共和國的現代金融體系和宏觀貨幣政策及現代金融監管體系，均由這個文件確定和規範。

第三節　整頓金融秩序與大力發展並舉

一、整頓金融秩序

從 1984 年中國人民銀行正式行使中央銀行職能起到 1992 年年底，中華人民共和國的經濟經歷了總體上的高速發展。同時，貨幣數量也有數倍的增加。

1983 年年底 M0, 530 億元，M1, 2, 165.04 億元，1992 年年底 M0, 4, 336 億元，M1, 11, 732 億元，分別增加了 8.18 倍和 2.7 倍。比較國民經濟增長率各主要指標：1992 年年底：人口 117, 171 萬；國民生產總值 24, 036 億元；國民收入 19, 845 億元。分別較 1983 年年底：人口 102, 495 萬；工農業總產值 10, 832 億元；國民總收入 5, 630 億元，增長 14.32%、122%、253%。人們由此可以得出結論：貨幣增長嚴重快於人口增長與財富增長。

由於當時中國仍然處在貨幣化時期，也處在計劃經濟轉向市場經濟初期，貨幣發行增長幅度自然大為超越經濟增長幅度。當然，其中也有制度缺陷、人為因素和技術落後造成的巨大損失。對於這樣的損失，新一屆政府開始了又一輪「治理整頓經濟秩序」行動，其重點是金融領域的交易不當、信貸失控和交易混亂。同時，中央政府發布《關於金融體制改革的決定》，改革人民銀行自身體系，分離政策性業務與商業性業務及其機構，統一外匯市場和匯率，整頓非銀行金融企業，加快建立全國高速電子化結算系統。當時的交易混亂，很大程度上是因為技術落後被迫讓各地各城自成體系，中央銀行無法集中化、系統化管制。

20 世紀 90 年代初，全國金融秩序出現嚴重混亂，主要表現在下列幾個方面：

（1）違章拆借。中國人民銀行下屬少數分行將資金違章拆借給非銀行金融機構，四大國有銀行把資金拆借給自己的信託投資公司，主要用於長期投

第四章 走向社會主義市場經濟的貨幣政策與金融監管（1992—2002）

資。1992—1993 年，違規拆出資金總額在 1,000 億元以上。資金的時間錯配，加快了拆借的頻率，使支付保證危機四伏。

（2）違規吸收存款。在各地政府的干預和推進下，各地銀行和其他金融機構甚至於普通企業、黨政機構所辦公司，紛紛高利息攬存，進行各種各樣的所謂高報酬投資。最典型的是恩平市各類金融機構，以多種名目高利（20%～25%）向市場攬存。所得資金按市政府要求，主要用於各鄉鎮建設五小企業，導致當地金融機構損失 100 億元左右，中國銀行恩平支行因擠兌而宣告暫時停業，農村信用社則全部關閉。

（3）金融監管失控，惡性案件不斷發生，最為轟動的是衡水農行 100 億美元備用信用證案。1993 年，美國人梅直方等人以幫助引進外資為名，哄騙對國際金融無知無識的衡水農行行長等人簽下《合作引進外資投資開發協議書》，擅自開出 100 億美元備用信用證。案發後，我司法機關立即採取緊急措施，在美國警方和金融機構的配合下，使開出的票據沒有出現資金支付情況。

（4）帳外經營。一些金融機構為逃避金融監管和貸款規模限制，將部分存貸款列在帳外核算。至 1995 年年底，全國共查處國有專業銀行上千億元帳外資金。

（5）亂設金融機構，違法違規辦理金融業務。全國各地很多地方政府和有關部門設立了各種基金會、互助會、儲金會、股金服務部、結算中心、投資公司等機構，非法或變相從事金融業務。公眾大量吸收存款，用於投資經商，建辦公樓和道路。貸款項目普遍失敗，多數基金會等非法金融單位不能支付到期的儲戶存款。最為嚴重的是在農村，很多地方政府利用農村合作基金會高利率吸收農民、縣鄉幹部甚至單位的存款，很多地區的國家糧站、供銷合作社甚至郵政匯款都出現了支付延遲，給農民打「白條」現象，在鄉鎮引發了廣泛但分散的信用風潮。

20 世紀 90 年代初全社會廣泛的金融熱潮引致的金融風潮，與中華人民共和國歷史上的全黨全民化的運動文化有著集體意識的聯繫，也有認知邊際的限制，就是說整個社會對經濟發展的循序性、金融市場建設與發展的規律均缺乏專業與技術認知，以致各級政府盲目追求高速發展，干預金融企業的業

務經營，非法成立金融機構變相辦理金融業務。中央政府、中央銀行等有關監管部門，在制定政策與作業法規上也缺乏法的理念，金融監管往往屈從於行政意願和人事壓力。

1993年6月24日，中共中央、國務院發布關於《當前經濟情況和加強宏觀調控的意見》，對加強宏觀調控、整頓金融秩序提出16條措施，其中前9條都是針對金融宏觀調控和整頓金融秩序的。一是嚴格控制貨幣發行，穩定金融形勢，當年貨幣發行控制在1,600億元內。二是堅決糾正違章拆借。三是靈活運用利率槓桿，增加儲蓄存款，對三年期、五年期和八年期定期儲蓄實行保值，即對存款人，除到期付給原定利率外，再追加保值率，使其之和達到當時物價增長率。四是堅決糾正各種亂集資。國務院制定集資管理條例，嚴肅查處幾個重大亂集資典型案例，予以公布。五是嚴格控制信貸總規模。六是專業銀行要保證對儲蓄存款的支付。七是加強金融改革步伐，強化中央銀行的宏觀調控能力。未經人民銀行批准，擅自設立的金融機構要限期撤銷或並入經批准的金融機構，堅決取締非法設立的金融機構。各銀行要與自己所辦的非金融機構和其他經濟實體徹底脫鈎。八是投資體制改革要與金融體制改革相結合。九是限期完成國庫券發行任務。十是進一步完善有價證券發行和規範市場管理。十一是改進外匯管理辦法，穩定外匯市場價格。

1993年6月24日，中央決定由朱鎔基副總理兼任人民銀行行長。7月7日，朱鎔基在全國金融工作會議上要求銀行系統的領導幹部要嚴格執行黨中央、國務院提出的16條措施，明確「約法三章」，在全國部署開展金融秩序全面整頓工作。

第一，立即停止和認真清理一切違章拆借，已違章拆出的資金要限期收回。各銀行要在當年8月15日前，將違章拆借給非金融機構的資金全部收回。拆給非銀行金融機構的資金先收回50%，其他違章拆借、違章參股和投資的資金，要在8月15日前提出收回計劃和處理意見，並上報總行。

第二，任何金融機構不得擅自或變相提高存貸款利率。不準用提高存貸款利率的辦法搞「儲蓄大戰」，不得向貸款對象收受回扣或者通過關係戶放高利貸。

第四章　走向社會主義市場經濟的貨幣政策與金融監管（1992—2002）

第三，立即停止向銀行自己興辦的各種經濟實體注入信貸資金，銀行要與自己興辦的各種經濟實體徹底脫鈎。過去違反規定將信貸資金充當資本金注入企業的，要限期收回。

拆借出去的資金，有部分搞了基本建設，也有部分用於流動資金。強行抽回會直接影響企業的正常生產經營。為解決這個問題，朱鎔基同志又提出「堵邪門，開正門」。他從8月初到11月末這幾個月裡，主持召開了8次資金調度會。其中8月21日到10月15日，人民銀行安排給專業銀行再貸款970億元，中央和地方債券轉為銀行貸款共計212億元。總的說來，抽回的數量小於新發和追認的數量，但金融秩序得到了恢復。

黨中央和國務院十分重視依法整頓金融「三亂」。1995年6月30日，第八屆全國人大常委會第十次會議通過了《關於懲治破壞金融秩序犯罪的決定》。全國各級司法部門，依據上列決定，及時懲治各種破壞金融秩序的犯罪活動。

經過1993年到1996年的努力，新發生的嚴重違法違紀活動得到了遏制，嚴重違法違紀人員基本得到處理，全國金融秩序好轉。但是，因嚴重違法違紀造成的金融風險依然存在，大量嚴重資不抵債、不能償還到期債務的金融企業依然存在，金融整頓任務尚未完成。

從1993年4月起，國務院及其下屬部委發布一系列文件整頓社會金融秩序：《關於立即制止發行內部職工股不規範做法的意見》《關於禁止印製、發售、購買和使用各種代幣購物券的通知》《關於堅決制止亂集資和加強債券發行管理的通知》《禁止證券詐欺行為暫行辦法》《關於清理有償集資活動堅決制止亂集資問題的通知》，並懲辦了一批惡意犯罪分子，遏制了社會上蔓延的亂集資活動。

1986年，沈太福在北京註冊了集體性質的長城機電技術開發公司並任公司總裁。1990年6月，遼寧省阜新礦務局的兩個工程師「發明」了「調速電機」，並與沈太福合作。1992年6月起，長城公司以簽署「技術開發合同」形式，在全國17個城市開展面向個人的民間集資，集資金額的起點為3,000元，高者不限。投資者可隨時提取所投資金，按季支付「補償費」，年「補償

率」達 24%。當時，銀行的儲蓄利率為 12% 左右。至 1993 年 2 月，集資額高達 10 多億元人民幣，投資者達 10 多萬人，其中個人集資款占集資總額的 93%。集資款逾 5,000 萬元的城市有 9 個。同時，沈太福在人際關係上狠下功夫，聘請多名曾經擔任過司局長的老同志擔任公司的高級顧問，構築起了一個強大的關係網。

1993 年 3 月，中國人民銀行發出的《關於北京長城機電產業集團公司及其子公司亂集資問題的通報》指出：長城公司「實際上是變相發行債券，且發行額大大超過其自有資產淨值，擔保形同虛設，所籌集資金用途不明，投資風險大，投資者利益難以保障」，要求「限期清退所籌集資金」。在國務院的領導下，各地組成多個清查組。歷經半年時間的清查清退，長城集資案的投資者領回了 70% 的本金，全國清退款總比例達 90% 以上。北京中級人民法院於 1994 年 3 月判決被告人沈太福犯貪污罪，判處死刑；犯行賄罪，判處有期徒刑 4 年；兩罪並罰，決定執行死刑，剝奪政治權利終身，並處沒收個人全部財產。4 月，沈太福被執行槍決。接受沈太福賄賂犯罪的《科技日報》記者孫樹興、國家科委副主任李效時各被判處有期徒刑 7 年和 20 年。

1994 年 1 月 1 日起實行人民幣官方匯率與外匯調劑價並軌，人民幣官方匯率由 1993 年 12 月 31 日的 5.80 元人民幣兌 1 美元，貶值至 1994 年 1 月 1 日起的 8.79 元人民幣兌 1 美元，並實行單一的有管理的浮動匯率制。並軌後取消了外匯留成和上繳，實行外匯的銀行結售匯制，作為一項臨時性措施，對經常性項目設立臺帳，取消國內企業的外匯調劑業務，建立統一的銀行間外匯市場，並以銀行間外匯市場所形成的匯率作為中國人民銀行所公布的人民幣匯率的基礎。

1994 年，美國把中國列為匯率操縱國，中國對美出口呈現下滑，從 1994 年 7 月到 1996 年 12 月連續 18 個月出口增速下降。但是，國家外匯儲備規模仍不斷增加。表 4.1 為中國 1993—2004 年外匯儲備規模統計。

第四章　走向社會主義市場經濟的貨幣政策與金融監管（1992—2002）

表 4.1　1993—2004 年國家外匯儲備規模　　　單位：億美元

年份	金額
1993	211.99
1994	516.20
1995	735.97
1996	1,050.29
1997	1,398.90
1998	1,449.59
1999	1,546.75
2000	1,655.74
2001	2,121.65
2002	2,864.07
2003	4,032.51
2004	6,099.32

資料來源：國家外匯管理局官網統計資料。

　　從吸引外國投資和促進外貿出口全球化來評價，這次外匯制度改革和統一外匯市場的成立，是非常成功的。在過去，中華人民共和國的貨幣政策也很重視外匯儲備，但一直基於自力更生為主，借助國際資源為輔的政策傳統，直到這次匯率與外匯市場改革和豐富的勞動力資源市場化改革，終於迎來了境外資本來國內投資浪潮。外匯政策是貨幣政策的重要組成部分也很快成為共識：外國投資更加迅速地組合國內生產要素，特別是過剩的巨大勞動人口。

　　1988 年以來，國務院有關部門在幾個批發市場和交易所進行了部分引進期貨交易機制的試點工作。其後，一些地方和部門競相爭辦期貨交易所以及以發展期貨交易為目標的批發市場和期貨公司；軍隊、執法部門也有參與期貨經紀活動的；有些外資、中外合資或變相合資的期貨經紀公司蓄意欺騙客戶；一些境內外不法分子相互勾結，利用期貨經紀從事詐騙活動。

　　1993 年 11 月國務院發布《關於堅決制止期貨市場盲目發展的通知》，告

誠各省、自治區、直轄市人民政府,國務院各部委、各直屬機構:期貨市場是市場發育的高級形態,其風險性和投機性很大,管理要求很高,根據中國現階段的實際情況,除選擇少數商品和地方進行試點探索外,必須嚴加控制,不能盲目發展。一律暫停審批註冊新的期貨交易和經紀機構。已經成立的各種期貨交易機構,要按照國務院即將發布的期貨交易法規重新履行審核批准手續,由證監會從嚴審核後報國務院批准,統一在國家工商行政管理局重新登記註冊;重新審核後未予批准的,一律停止進行期貨交易。期貨交易法規發布前已經成立的各種期貨經紀機構,要按照國家工商行政管理局發布的《期貨經紀公司登記管理暫行辦法》(中華人民共和國國家工商行政管理局令第11號)的規定,由證監會審核後,在國家工商行政管理局重新登記註冊;外資、中外合資期貨經紀公司,在有關涉外期貨法規發布前,原則上暫不予重新登記註冊,有關方面要切實做好善後工作。經重新審核不予登記註冊的各種期貨經紀機構,一律停止辦理期貨經紀業務。

1981年以來,廣東、福建兩省的人民保險公司為地方政府代辦保險業務,對支持兩省經濟的發展起了一定的促進作用。但是,隨著全國經濟體制改革的進一步深化,若繼續允許該兩省人民保險公司為地方政府代辦保險業務,既與中國現行的地方政府不準辦理保險業務的政策不相符合,也易引起其他地區的攀比行為。1993年2月,中國人民銀行發布《關於停止保險公司為地方政府代辦保險業務的通知》,要求立即停止廣東、福建和其他地區政府自辦保險業務的做法,其已辦保險業務由經中國人民銀行批准設立的保險公司直接經營。

開放保險市場,允許多家保險企業開展競爭,通過競爭以擴大保險覆蓋面,增強保險服務,開拓保險市場,發展保險業務。

堅持自願參加保險的原則。各保險企業均不得與地方政府或政府部門聯合發文,強迫企業和個人參加保險。

1995年6月,第八屆全國人大常務委員會第十四次會議通過《中華人民共和國保險法》。人民銀行隨後發布了一些保險公司工作規範。

1995—1997年,大眾保險股份有限公司、中宏人壽保險有限公司、瑞士

第四章 走向社會主義市場經濟的貨幣政策與金融監管（1992—2002）

豐太保險（亞洲）有限公司上海分公司開業。1997年10月，13家中資保險公司共同簽署了中國第一份《全國保險行業公約》。

1998年9月，中國人民銀行印發《保險業監管指標》。同年10月保險公司加入全國同業拆借市場。同年11月，中國保險監督管理委員會成立。1999年，中國保險監督管理委員會發布一系列對保險進行監管的法令，保險業的任職資格、保險業務、投融資活動得以規範化。

二、建立現代銀行和金融制度

治理整頓從1993年就已開始，但是，外圍的手術不能解決銀行業自身問題。1996年6月底，中國4家國有獨資商業銀行本幣貸款餘額為3.4萬億元，不良貸款餘額為8,400億元，占全部貸款餘額的24.75%，有的銀行實際上已經資不抵債。全國城市信用社虧損面20%。在農村，信用社虧損面44.7%，不少農村合作基金會紛紛倒閉，甚至戰爭年代都能保持正常匯兌的郵政匯款也出現了取款困難的現象。人壽保險也存在到期不能足額給付的隱患。於是，對銀行業的治理整頓在1997年終於全面展開。

1997年11月，中共中央、國務院召開第一次全國金融工作會議。會議集中討論了中共中央、國務院起草的《關於深化金融改革，整頓金融秩序，防範和化解金融風險的通知》，決定：撤銷人民銀行省級分行，設立跨區域分行；成立中央金融工作委員會，大型國有金融機構黨組織實行垂直領導；加快國有大型金融企業商業化改革步伐，改變金融企業的混業經營，實行分業經營制；整頓金融秩序，化解金融風險。具體措施有：

（1）成立四大資產管理公司，以處理從國有四大行剝離的不良資產。中央財政定向發行2,700億元特別國債，補充四大國有銀行資本金；將13,939億元銀行不良資產剝離給新成立的四家資產管理公司。

（2）取消貸款規模，對所有金融企業實行資產負債比例管理，實行以資產負債比為核心的監督管理等重要改革措施。

（3）金融監管。對金融業實行分業監管，成立了證監會、保監會，分別

負責證券業和保險業的監管，人民銀行專司對銀行業、信託業的監管。在這個時期，金融監管的立法也不斷推進。金融行業的市場准入、金融企業的營運規範、金融企業的退出三大環節都開始使用法律、法規、行政指引進行監督管理。

（4）對人民銀行自身機構進行了改革，在堅持黨管幹部的原則的基礎上，撤銷了人民銀行省級分行，設立跨區域的大區分行和成立中央金融工委，明確建立大型國有金融機構黨委的必要性和實施原則。人民銀行九個大區行，盡力排除地方政府的不當利益壓力，執行貨幣政策的獨立性得以加強。

這次對銀行、證券等金融機構管理體制的改革，對金融系統黨的領導體制的完善，是中國金融體制的根本性改革和制度創新。這些改革的出發點和主要目的，在於使人民銀行能夠更好地履行中央銀行職能，國有商業銀行健全統一法人制度，並加快商業化的過程。這歸根到底還是遵循小平同志的講話，就是要把銀行辦成真正的銀行。

考慮了中國的國情，符合建立社會主義市場經濟體制的要求，貫徹充分發揮中央和地方兩個積極性的重要方針，中央也開了一條路子，允許地方辦地方性商業銀行。

20世紀90年代初，隨著金融改革的逐步深入，資金管理逐步市場化了，但是利率市場化問題和資金供給制的狀況都沒有根本改變。在商品的價格已經大部分由市場決定的情況下，利率還實行嚴格的計劃控制，完全由國家決定，不能隨資金供求狀況而變化。高利潤率的產業資金短缺，希望以更高的利率得到資金，但難以直接從國家銀行獲得貸款。國家銀行還實行資金供給制，以低於市場的利率，把資金注入無效或效益低的國有企業，使大量資金呆滯。自1992年以來，這兩種情況就以非正規方式聯動，出現了資金的「灰市」。

專業銀行自身也處於兩難境地：資金供給制使銀行承擔了全部經濟風險，國家規定了各銀行的利潤指標。因此，專業銀行把資金以高於法定利率拆借出去，用資金支持銀行自己辦的經濟實體，以獲得利潤。資金就這樣進入「灰市」。大量資金非法流向股票市場和房地產行業。同時，農產品收購資金

第四章　走向社會主義市場經濟的貨幣政策與金融監管（1992—2002）

和重點建設工程資金等卻得不到保證。

貨幣政策的穩健性、有效性在信貸政策的扭曲下顯然受到損傷。實際上，中華人民共和國的貨幣政策的穩健性、有效性在更大程度上是與信貸政策相關的，而與利率關係甚弱。

當時，國有企業的大部分固定資產投資和 90% 以上的流動資金來自銀行貸款。投資靠銀行，流動資金靠銀行，生產靠貸款，還貸靠舉債，企業完全躺在銀行身上了。1995 年，全國國有企業的資產負債率高達 77.1%，若扣除資產損失和資金掛帳，實際的資產負債率高達 85.15%。國有企業的不良債務在 10,000 億元以上，其中大約有 8,000 億元成為國有銀行的不良債權。世界上所有國有企業，都存在公開的或隱蔽的無限欠帳機制。因為企業是由國家決定創辦的，依國家指令生產，國有企業負債再多也不怕破產。國有銀行也不相信國有企業會破產，當然盡力按上級要求，也與各部委不斷妥協，向國有企業源源不斷地注入資金。國有銀行與國有企業形成了共同肥瘦雙胞胎，只有國家用宏觀調控決策來發揮最後作用。因此，用貸款額度來防止企業過度貸款，從而防止投資膨脹，就成了中國社會主義市場經濟下採用的最終辦法。

過去，財政通過透支的方式擠壓人民銀行，人民銀行被迫以財政透支方式多發貨幣。1994 年以後，不讓財政向銀行透支了。但是，實際上另外兩個渠道擠壓專業銀行和其他金融企業的傳統管道更大大膨脹了。一是通過國有企業這個渠道，二是通過地方政府這個渠道。國有企業，本應由財政注入資本，現在卻由銀行注入資本。本應流動性很強的銀行資金卻變成了長期性墊支——信貸資金財政化。政府也常常壓迫銀行向虧損和待破產的國有企業發放「安定團結貸款」，用來發工資；地方要上項目，地方財政沒有錢，也壓迫銀行貸款。地方首先滿足自己的資金需要，把非花錢不可的事情給中央留下資金的「硬缺口」，逼著銀行發票子。國有企業和地方政府迫使信貸財政化，加大了銀行信貸資金的供應量，成為通貨膨脹的原因之一。這個問題不解決，中央銀行就不能行使保持幣值穩定的職能。

更為重要的是企業對銀行的過度依賴，在沒有企業破產法及其一系列相關法律、法令和服務機構的時代，整個國有經濟的風險幾乎都集中到銀行身

上，而且基本不能及時地個案地解決，只有等待中央政府在最後關頭統一解決問題。在20世紀90年代中期，社會上的融資利率在20%以上，國家銀行的貸款利率也在10%，而產業資本的回報率卻只有6%左右，產業界顯然在虧本經營，這個差額最後還是表現為借新還舊和銀行壞帳，由銀行承擔。到1996年年底，全國居民金融資產近5億元。假如金融危機爆發，居民的儲蓄也會隨之歸零。

繼20世紀80年代推行國家大托拉斯制度以取代眾多國家部委機構之後，中共中央在1993年11月召開黨的十四屆三中全會，通過了《中共中央關於建立社會主義市場經濟體制若干問題的決定》，決定推行現代企業制度。

企業制度包括企業產權、企業組織形式和經營管理等制度。現代企業制度是指適應現代社會化大生產和市場經濟體制要求的一種企業制度，是具有中國特色的一種社會主義企業制度。黨的十四屆三中全會把現代企業制度的基本特徵概括為「產權清晰、權責明確、政企分開、管理科學」16個字。

按照黨中央的決策和國務院的部署，國務院發布《關於金融體制改革的決定》（國發〔1993〕91號），決定對銀行和非銀行機構進行分類改革。

首先是確立強有力的中央銀行宏觀調控體系，深化金融體制改革，把中國人民銀行辦成真正的中央銀行。中國人民銀行的主要職能是：制定和實施貨幣政策，保持貨幣的穩定；對金融機構實行嚴格的監管，保證金融體系安全、有效地運行。具體措施有：

（1）明確人民銀行各級機構的職責，轉換人民銀行職能。中國人民銀行是國家領導、管理金融業的職能部門。總行掌握貨幣發行權、基礎貨幣管理權、信用總量調控權和基準利率調節權，保證全國統一貨幣政策的貫徹執行。人民銀行總行一般只對全國性商業銀行總行（目前主要指專業銀行總行）融通資金。按照貨幣在全國範圍流通的要求，需要對人民銀行各級機構的業務實行集中統一管理。人民銀行的分支機構作為總行的派出機構，應積極創造條件跨行政區設置，其基本職責是：金融監督管理、調查統計分析、橫向頭寸調劑、經理國庫、發行基金調撥、外匯管理和聯行往來清算。

（2）改革和完善貨幣政策體系。人民銀行貨幣政策的最終目標是保持貨

第四章 走向社會主義市場經濟的貨幣政策與金融監管（1992—2002）

幣的穩定，並以此促進經濟增長；貨幣政策的仲介目標和操作目標是貨幣供應量、信用總量、同業拆借利率和銀行備付金率。實施貨幣政策的工具是：法定存款準備金率、中央銀行貸款、再貼現利率、公開市場操作、中央銀行外匯操作、貸款限額、中央銀行存貸款利率。中國人民銀行根據宏觀經濟形勢，靈活地、有選擇地運用上述政策工具，調控貨幣供應量。人民銀行要建立完善的調查統計體系和貨幣政策預警系統，通過加強對宏觀經濟的分析和預測，為制定貨幣政策提供科學依據。建立貨幣政策委員會，增強貨幣政策制定的科學性。

同時，中央銀行繼續完善其固有的信貸政策，把信貸資金劃分為政策性信貸資金和商業性信貸資金，從專業銀行中劃分出政策性銀行和商業銀行。建立政策性銀行的目的是，實現政策性金融和商業性金融分離，以解決國有專業銀行身兼二任的問題；割斷政策性貸款與基礎貨幣的直接聯繫，確保人民銀行調控基礎貨幣的主動權。政策性銀行自擔風險、保本經營、不與商業性金融機構競爭，其業務受中國人民銀行監督。

1994年新建立的政策性銀行有：

（1）國家開發銀行，負責辦理政策性國家重點建設（包括基本建設和技術改造）貸款及貼息業務。國家開發銀行只設總行，不設分支機構，信貸業務由中國人民建設銀行代理。

（2）中國農業發展銀行，承擔國家糧、棉、油儲備和農副產品合同收購以及農業開發等業務中的政策性貸款，代理財政支農資金的撥付及監督使用。

（3）中國進出口信貸銀行，負責為大型機電成套設備進出口提供買方信貸和賣方信貸，為中國銀行的成套機電產品出口信貸辦理貼息及出口信用擔保，不辦理商業銀行業務。

在政策性業務被分離出去之後，各專業銀行（中國工商銀行、中國農業銀行、中國銀行和中國人民建設銀行）開始轉變為國有商業銀行，按現代商業銀行經營機制運行。

20世紀80年代，在中央與地方財政分配中實行「分竈吃飯」體制。這種向下分權以發揮地方積極性的財政體制，經常導致中央財政收入捉襟見肘。

從 1981 年起，國家每年發行國庫券，並向地方借款；1983 年起開徵能源交通重點建設基金，並將骨幹企業收歸中央；1987 年，發行電力建設債券；1988 年取消少數民族定額補助遞增規定。更嚴重的是中央財政不斷向中央銀行透支。

這些政策性銀行的資金除了來自從各專業銀行剝離時劃出的外，更多的來自貨幣發行，即財政部發行的特種國債和人民銀行的再貸款。

1993 年 11 月，黨的十四屆三中全會通過了《中共中央關於建立社會主義市場經濟體制若干問題的決定》，明確提出了整體推進的改革戰略，其中包括要在 1994 年起建立新的政府間財政稅收關係，將原來的財政包干制度改造成劃分中央與地方（包括省和縣）職權基礎上的「分稅制」。1993 年 12 月，國務院頒布了《關於實行分稅制財政管理體制的決定》，分稅制得到實施。

分稅制預算財政管理體制的主要內容是：①中央和地方明確劃分了各自的政府事權和財政支出的範圍；②中央和地方明確劃分了各自財政收入的範圍，明確劃分了中央稅、地方稅和中央與地方共享稅；③建立了中央對地方的轉移支付制度即稅收返還和專項補助，以幫助實現地區平衡。

分稅制體制建立之後，財政對人民銀行的透支餘額不再增加，財政部門對穩健性貨幣政策的直接壓力得以緩解，但通過銀行信貸的間接的對人民銀行貨幣發行的壓力始終存在。表 4.2 是 1978—1989 年財政向人民銀行借款情況。

表 4.2　1978—1989 年財政向人民銀行借款　　　　單位：億元

年份	金額
1978	0.0
1979	90.2
1980	170.2
1981	170.2
1982	170.2
1983	199.6

第四章 走向社會主義市場經濟的貨幣政策與金融監管（1992—2002）

表4.2(續)

年份	金額
1984	260.8
1985	275.1
1986	370.1
1987	515.0
1988	576.5
1989	684.4
1990	801.0
1991	1,067.8
1992	1,241.1
1993	1,582.1
1994	1,687.1
1995	1,582.1
1996	1,582.1

資料來源：中國人民銀行. 中國金融年鑒 [M]. 北京：中國金融出版社，1997.

第四節　擴張性貨幣政策推動經濟發展、市場擴容、貨幣發行量擴張

1993年開始的新一輪「治理整頓」是指對經濟和信貸中的混亂進行整頓，並就制度進行改革，並不意味著經濟發展的停頓。相反，中國經濟發展和貨幣與信貸擴張都在快速推進。表4.3是1993—2002年貨幣流通量統計。

表4.3　1993—2002年貨幣流通量　　　　　　　　單位：億元

年份	M0	M1	M2
1992	4,336	11,732	N/L
1993	5,865	16,280	N/L
1994	7,289	20,541	N/L
1995	7,885	23,987	60,751
1996	8,802	28,515	76,095
1997	10,178	34,826	90,995
1998	11,204	38,954	104,499
1999	13,456	45,837	119,898
2000	14,653	53,147	134,610
2001	15,689	59,872	158,302
2002	17,278	70,882	185,007

註：本書對小數點以下做了四捨五入處理。

資料來源：國家統計局. 中國統計年鑒［M］. 北京：中國統計出版社，2011.

當然，這一時期的物價上漲也是比較劇烈的。以1978年為基數100，城市居民生活物品價格指數1993年為294.2，1994年為367.8，1995年為429.6，1996年為467.4，1997年為481.9，1998年為479.0。

1993年人民銀行開始實行適度從緊的貨幣政策，對控制通貨膨脹發揮了一定作用。但是，貨幣統計揭示，適度從緊的貨幣政策，只可解釋為放慢貨

第四章 走向社會主義市場經濟的貨幣政策與金融監管（1992—2002）

幣增發速度。

到了1998年，由於亞洲金融風暴和進口關稅大幅下調，進口商品價格普遍下跌大約一成，出口亦跌一成。由於到1997年中國出口已占GDP的20%，出口的劇烈下降，使總需求不足問題變得十分突出。同期，國內大約兩億人或失業、或下崗、或難以進城獲取有薪酬工作的農村居民的存在，使民眾總體消費水準下降。這些因素共同作用的結果便是物價開始穩定下來。1999年，貨幣政策轉為寬鬆，並在財政大規模舉債投資基礎設施的推動下，國民經濟仍然保持了7%的增長。表4.4對1993—2002年中國經濟狀況進行了統計。

表4.4　1993—2002年主要經濟指標增長數據

年份	GDP（億元）	環比（%）	進出口總額（億美元）	環比（%）	外資實際投資額（億美元）	環比（%）
1992	23,938	12.80	850	18.20	188	62.70
1993	31,380	13.40	918	8.00	367.7	91.50
1994	43,800	11.80	1,210	31.90	458	17.60
1995	57,733	10.20	2,809	18.60	484	11.00
1996	67,795	9.70	2,899	3.20	552.7	14.20
1997	74,772	14.10	3,240	8.80	640	15.70
1998	79,533	7.80	3,240	−0.40	589	−7.90
1999	82,054	7.10	3,607	11.30	404	−11.40
2000	89,404	8.00	4,743	31.50	407	1.00
2001	95,933	7.30	5,098	7.50	468	14.90
2002	102,398	8.00	6,208	21.80	527	12.50

資料來源：中華人民共和國國家統計局. 國民經濟和社會發展統計公報（1992—2002年）.

劇烈的貨幣擴張政策主要基於這段時期的經濟發展對投資的需求。

經濟發展動力在這一時期主要來自三個方面：國內生產與消費系統的更新換代所引致的投資、國內基礎設施建設所引致的投資、外商投資及其引致的投資。

亞洲金融危機爆發前，中國在對外開放中長期堅持吸引（優待）外商投資（企業）的政策，人民幣兌美元從離開計劃經濟時期遺留下的高估價走向

市場調節過程中的比價混亂，在1994年才達到合理與統一比價。這些改革開放政策都積極地鼓勵外商投資中國的實體經濟。在1997亞洲金融危機發生前後，中國的貨幣寬鬆政策和匯率固化使國際資本更堅定了大舉長期投資的認識。

1994全年實際使用外資458億美元，比1993年增長17.6%。其中外商直接投資338億美元，增長22.8%。到1994年末，註冊的外商投資企業達20.6萬戶，比1993年末增加4萬戶。1995年外商投資企業進出口占全國進出口總額的比重達39.1%。1996年外商投資企業進出口額繼續大幅度上升，全年達1,371億美元，增長24.8%，占全國進出口總額的比重由1995年的39.1%提高到47.3%。[1]

在這段時期，外匯市場供應大於需求，中央銀行持續買入外匯，使人民幣長期單向低估。低估本幣的貨幣政策的回報十分豐厚，外資在1998年和1999年外流後再次大規模流入。2002年末，國家外匯儲備餘額達2,864億美元，比1994年末的516億美元增長5倍多。

與此同時，國內工業部門與居民消費系統的升級換代所引致的投資，以及現代化技術水準的基礎設施建設所引致的投資，還有外商投資及其引致的配套投資都長期高速增長。1994年推出的農民工在全國範圍內合法地自由流動與大學生畢業不再由國家直接保證就業的制度，使人力資源能夠通過市場更有效組合。此時，中華人民共和國經濟發展在快速擴張的貨幣政策背景下獲得了更廣闊的空間，推進了社會財富的高速增長。

1997年發生的亞洲金融危機，在貨幣領域對封閉的人民幣體系沒有形成實際意義的衝擊，但對外貿進出口有短期價量齊跌的壓力，外商投資也有短期減少，經過關稅等稅務調整後也快速恢復。同時，跨國公司的生產基地更加快了向中國東南沿海地區的轉移，中國與之配套的基礎設施與周邊企業也急需加快建設。因此，1998年，中央政府開始實施積極的財政政策，推動了經濟結構調整，有力地促進了經濟持續穩定快速發展。連續多年的積極財政政策迅速擴大了政府債務規模，2003年末國債總規模已達2.1萬億元，占GDP的20%左右。但中國的銀行業則在此期間得到改革與重整。

---

[1] 中華人民共和國國家統計局. 國民經濟和社會發展統計公報（1994—1996年）.

第四章　走向社會主義市場經濟的貨幣政策與金融監管（1992—2002）

第五節　金融業改造完成，現代金融監管體系建立

在本期，中國金融業基本完成了國務院從 1994 年施行的《關於金融體制改革的決定》所確定的目標，中國金融市場也基本建成，貨幣政策具有了更好的市場化空間，金融監管也開始使用國際化體系。

早在 1991 年，中國人民銀行就開始著手準備與國際金融制度和國際金融監管體系接軌。

1992 年初，中國人民銀行總行已決定把收付記帳法改為借貸記帳法。人民銀行系統從 1993 年 1 月 1 日起實行，各專業銀行和非銀行金融機構從 1994 年 1 月 1 日起實行。

黨的十一屆三中全會以來，隨著經濟、金融體制改革的深化和銀行業務的迅速發展，尤其是國際金融業務往來的逐漸增多，會計記帳方法出現了一些新的問題。這些問題主要是：在中國金融行業中，中國銀行、交通銀行使用借貸記帳法，其他銀行和金融機構使用收付記帳法。不統一的會計制度給相互之間的業務往來、帳務核對、核算資料的匯集與分析、電子計算機聯網等均帶來了不便。

各銀行相繼辦理外匯業務以後，外匯業務使用的都是借貸記帳法，而人民幣業務使用的卻是資金收付記帳法，這樣就造成了本幣與外幣帳務的不統一，使內部帳務處理特別是會計年終決算更加繁瑣。

國際金融業中通用的是借貸記帳法，中國採用資金收付記帳法與國際標準不相符，國際業務往來受到影響。國際貨幣基金組織、國際清算銀行等國際金融組織和中國人民銀行都有直接的業務聯繫。記帳方法的不統一使帳務處理手續更加複雜。

根據中國銀行「八五」規劃的要求，將要加快銀行電子化的步伐，並要迅速向標準化、規範化邁進。隨著對外開放和國際交往的增多，客觀上要求中國銀行會計的記帳方法必須走國際標準化、統一化的道路。依國際會計體

系建立全國統一的會計制度，使中國金融業的經濟活動有了世界通用財務語言。

中國銀行於1985年起與國際清算銀行（Bank for International Settlements, BIS）建立了結算往來行關係，並使用BIS提供的結算貸款。中國人民銀行自1986年起與BIS建立了業務方面的關係，此後每年都以客戶身分參加該行年會。這為中國廣泛獲取國際經濟和金融狀況、發展與各國中央銀行之間的關係提供了一個新的場所。1988年，中國正式提出加入BIS的申請。1996年9月，中國人民銀行應邀加入BIS，同年11月認繳了股本金，成為BIS的正式成員。

同期，世界銀行也向中國政府提供了專項貸款，協助中國政府對多個國家的金融監管系統進行調查研究，以期建立符合國際標準的中華人民共和國的金融監管體系。為此，中國人民銀行總行智力引進辦公室做了大量工作。

從1994年第3季度開始，中國人民銀行正式向社會公布季度貨幣供應量指標，1995年初宣布將貨幣供應量列為貨幣政策的控制目標之一，1996年開始公布貨幣供應量的年度調控目標。但是，信貸控制仍然是執行貨幣政策規定的貨幣投向結構和利率階梯的主要手段。

1994年10月，為了加強宏觀監測，更好地制定和執行貨幣政策，根據中國經濟、金融發展實際情況和國際通用統計原則，中國人民銀行制定並發表了《中國人民銀行貨幣供應量統計和公布暫行辦法》，確認：貨幣供應量即貨幣存量，是指一國在某一時點的流通手段和支付手段的總和，即企業、居民、機關團體等經濟主體的金融資產。根據國際通用原則，以貨幣流動性差別作為劃分各層次貨幣供應量的標準，將中國貨幣供應量劃分為M0、M1、M2、M3。

1995年3月，第八屆全國人民代表大會第三次會議通過並實施《中華人民共和國中國人民銀行法》。

1995年9月，全國人大常務委員會發布並實施《中華人民共和國商業銀行法》。

1996年，為了加強商業銀行資產負債比例管理和風險管理，有效地防範金融風險，保證信貸資產的安全，根據《中華人民共和國中國人民銀行法》

第四章　走向社會主義市場經濟的貨幣政策與金融監管（1992—2002）

和《中華人民共和國商業銀行法》的有關規定，中國人民銀行發布《關於實行商業銀行監管報表責任制的通知》，責令各商業銀行要進一步完善內部的資產風險管理制度，建立並實行監管報表責任制度，並從 1997 年 1 月 1 日起執行。

為了使中國人民銀行的金融監管工作制度化、規範化，中國人民銀行制定並發布《中國人民銀行金融監管工作報告制度》，對監控者自身和監控對象在金融監管事務中的工作程序、監控內容均做出嚴格規範。至此，中華人民共和國的金融監管開始走出非系統性和事後治理整頓的舊習慣，進入國際通用的系統性事前監控、即時管治、不斷更新升級的國際通用制度。

同時，中國人民銀行更參與了巴塞爾銀行監管委員會 1997 年《有效銀行監管的核心原則》的擬定。該文件對中國的金融發展和金融監管具有指導性和約束力。所以，中國人民銀行在 1998 年 3 月全文印發 1997 年 9 月巴塞爾銀行監管委員會發布的《有效銀行監管的核心原則》給人民銀行各省、自治區、直轄市分行，深圳經濟特區分行；各國有商業銀行、其他商業銀行、保險公司、全國性非銀行金融機構，要求：

（1）組織金融從業人員認真學習和研究，為全面實施巴塞爾核心原則奠定基礎。

（2）中國人民銀行各級領導和監管人員切實把握巴塞爾核心原則的基本精神，並在實際工作中加以貫徹，逐步縮小中國金融觀念、標準和手段等方面與巴塞爾核心原則的差距，盡快提高中國中央銀行的金融監管水準。

（3）各金融機構管理層和業務部門負責人要按審慎監管的要求，進一步強化管理，穩健經營，增強抵禦金融風險和參與國際競爭的能力。

1998 年 4 月，為指導資產負債比例管理，中國人民銀行印發《貸款風險分類指導原則》給中國人民銀行各下級分行；各政策性銀行、國有獨資商業銀行、其他商業銀行、城市商業銀行、各全國性非銀行金融機構，要求各單位將試行中出現的問題及時報告中國人民銀行。

1999 年 4 月，中國人民銀行頒發《中國人民銀行金融監管責任制》，明確其監管對象、金融機構的准入、監管手段、監管組織體系等，共 14 章

95條。

2000年，貨幣金融的立法工作加快了進度。國務院頒布實施《個人存款帳戶實名制規定》《人民幣管理條例》。中國人民銀行頒布《不良貸款認定暫行辦法》《商業銀行表外業務風險管理指引》，為降低不良資產比例、防範風險提供依據。《金融資產管理公司條例》《企業集團財務公司管理辦法》《金融租賃公司管理辦法》《信託投資公司管理辦法》《全國銀行間債券市場債券交易管理辦法》《財務公司進入全國銀行間同業拆借市場和債券市場管理規定》《證券公司股票質押貸款管理辦法》《支付結算業務代理辦法》《對農村信用社現場檢查操作程序》等金融法規的出台，覆蓋了金融主體法、行為法和程序法等方面，加上已有的《商業銀行法》和《信用社管理辦法》，基本做到了每一類金融機構、每一類金融交易都有一部專門的法律來規範；修訂了《金融機構高級管理人員任職資格管理辦法》，使得對高級管理人員的管理法制化、規範化。通過立法與執法，金融監管擺脫了行政管理舊制，進入法律法令約束階段。

在這一年，人民銀行集中力量加強對金融機構的監管，對金融機構的貸款質量、盈虧等真實性進行現場大檢查，共查出違規行為41.7萬筆，涉及金額1.7萬億元，處罰違規機構4,482家，處罰違規人員2,916人。通過這次檢查，基本掌握了各金融機構風險底數，也提高了監管業務水準。

整頓中小金融機構在這一年也宣告完成。對239家信託投資公司進行了處置，其中保留58家，合併67家，改制18家，撤銷96家。基本完成了對城鄉信用社的清產核資工作，及時化解了支付風險。

2000年，為充分發揮金融監管部門的職能作用，及時解決分業監管中的政策協調問題，提高監管效率，中國人民銀行、中國證券監督管理委員會、中國保險監督管理委員會三大監管機構間建立了聯席會議制度。後來的情況表明，在沒有確立中央銀行權威的情況下，聯席會議制度並沒有多大作用。

2001年9月，中國人民銀行更新監管思路，按照「堅持改革、合理分工、管監分離、集中監管」的原則，對內設監管機構的職責進行調整。設立了銀行管理局，主要負責銀行類機構的市場准入和退出、業務規範、制度建設等；

第四章　走向社會主義市場經濟的貨幣政策與金融監管（1992—2002）

調整了銀行一司、銀行二司的職能，主要負責銀行類金融機構的現場和非現場檢查。調整了非銀行司和合作司的機構設置。非銀行司主要負責非銀行金融機構的管理和現場、非現場監管。合作司專管對農村合作金融機構的監管。中國人民銀行總行內設監管機構調整後，監管司由原來的 4 個擴大為 5 個。監管組（處）由原來的 34 個調整為 42 個，其中設監管組 28 個。各分行、營業管理部、金融監管辦事處，省會城市中心支行的機構和監管職責亦依總行規制進行了調整。新的監管體制對提高監管工作的專業化、規範化、系統化水準，突出監管重點起到了重要作用。

同年，中國人民銀行頒發《貸款風險分類指導原則》，全面推行貸款質量五級分類管理，並對本國銀行境外擴張進行規範管理與監督，頒布了《境外金融機構管理辦法》《商業銀行境外機構監管指引》，也對剛剛興起的網上銀行進行管理與規範，頒布了《網上銀行業務管理暫行辦法》。

為適應中國加入世貿組織的進程，按照世貿組織的規則和中國在金融服務方面所做的承諾，中國人民銀行對所有金融規章和規範性文件進行全面清理，為構建既符合入世要求又符合中國國情的金融法律框架奠定基礎。其中，遵循國際慣例和巴塞爾《有效銀行監管的核心原則》修改了《外資金融機構管理條例》。2001 年，中國人民銀行對東南亞的高風險國家銀行在華分行以及部分合資銀行類機構實施了現場檢查，對其貸款質量分類、內部管理和控制等方面缺陷進行規範。同時，對外資銀行啟用新的非現場監管系統。

從 2002 年起，金融監管的框架更從金融機構擴大到金融市場，將股票交易、政府債券交易、同業拆借、債券回購、外匯交易都納入了金融監管的視野。

至此，中華人民共和國的現代金融監管體系基本建成。新的金融監管體系在理論上以國際公法（巴塞爾國際監管體系）為標準，以本國法律為行動依據。

第六節　新的穩健性貨幣政策的實施

1995年3月18日頒布的《中華人民共和國中國人民銀行法》第十二條規定：「中國人民銀行設立貨幣政策委員會。貨幣政策委員會的職責、組成和工作程序，由國務院規定，報全國人民代表大會常務委員會備案。中國人民銀行貨幣政策委員會應當在國家宏觀調控、貨幣政策制定和調整中，發揮重要作用。」據此，1997年4月5日，國務院發布《中國人民銀行貨幣政策委員會條例》：

（1）貨幣政策委員會是中國人民銀行制定貨幣政策的諮詢議事機構，其職責是，在綜合分析宏觀經濟形勢的基礎上，依據國家宏觀調控目標，討論貨幣政策的制定和調整、一定時期內的貨幣政策控制目標、貨幣政策工具的運用、有關貨幣政策的重要措施、貨幣政策與其他宏觀經濟政策的協調等涉及貨幣政策的重大事項，並提出建議。

（2）貨幣政策委員會由下列單位的人員組成：中國人民銀行行長；中國人民銀行副行長二人；國家計劃委員會副主任一人；國家經濟貿易委員會副主任一人；財政部副部長一人；國家外匯管理局局長；中國證券監督管理委員會主席；國有獨資商業銀行行長二人；金融專家一人（該專家除須具有高級專業技術職稱，從事金融研究工作10年以上外，還必須是非國家公務員，並且不在任何營利性機構任職）。從三部委的當然成員規定中，可以確認，人民銀行貨幣政策委員會在貨幣政策的討論與向國務院的建議中，要尊重中央計劃、貿易與財政三大部委的意見。這樣的貨幣政策建議與決定跟中國的經濟制度是匹配的。

（3）中國人民銀行行長、國家外匯管理局局長、中國證券監督管理委員會主席為貨幣政策委員會的當然委員。貨幣政策委員會其他委員人選，由中國人民銀行提名或者中國人民銀行協商有關部門提名，報請國務院任命。貨幣政策委員會主席由中國人民銀行行長擔任；副主席由主席指定。

第四章 走向社會主義市場經濟的貨幣政策與金融監管（1992—2002）

貨幣政策主要著眼於調控總量，通過運用利率、匯率、公開市場操作等工具，借助市場平臺調節貨幣供應量和信貸總規模，促進社會總供求大體平衡，從而保持幣值穩定。

1998年確認了人民銀行的貨幣政策是穩健的貨幣政策。穩健的貨幣政策是指：以幣值穩定為目標，正確防範和及時處理金融風險與支持經濟增長的關係，在提高貸款質量的前提下，保持貨幣供應量適度增長，支持國民經濟持續快速健康發展，包含防止通貨緊縮和防止通貨膨脹兩方面的要求，在確保經濟盡量平穩增長的前提下，根據不同時段的需要，放緩或壓縮貨幣總量的增長幅度，一般只調整數月，沒有年度貨幣發行量下降的記錄。幣值穩定一般包括以本幣計價的國內物價水準和以外幣計價的本幣兌換價格，都在一個與人民收入水準匹配的小幅度範圍內波動。

貨幣政策中的借貸只發生於中央銀行和商業銀行等中央銀行認可的金融企業之間，用於銀行等金融企業臨時彌補資金不足，一般只是半年內的短期信用貸款。與商業銀行的信貸政策不在同一個空間層面。在歐美資本主義國家，中央銀行沒有指向企業或行業的信貸政策。在中國，人民銀行一直有強力的信貸政策指向國民經濟的結構調整和行業發展，但具體交易仍然由政策性銀行、商業銀行與企業之間進行，與人民銀行無涉。

穩健性貨幣政策結束了改革開放以來貨幣政策的過度放鬆與金融秩序混亂，但並沒有退回1979年前的消極貨幣政策，而是在中央銀行約束下的，各類銀行和金融機構依照各自法律定位和行政授權有效運作的積極性貨幣政策。

本期中國人民銀行貨幣政策的主要工具有四個：再貸款、再貼現、利率、匯率與外匯管制。

（一）再貸款

自1984年中國人民銀行專門行使中央銀行職能以來，在本章所敘述時期內，再貸款一直是中國中央銀行最重要的貨幣政策工具。再貸款就是中央銀行對金融機構的貸款，又叫中央銀行貸款。中央銀行通過適時調整再貸款的總量，吞吐基礎貨幣，以促進貨幣信貸總量調控目標實現，合理引導資金流向和信貸投向。

(二) 再貼現

再貼現工具主要幫助商業銀行解決流動資金短缺，維持市場交易平穩運行。中央銀行通過再貼現政策的選擇性條款促進或限制不同的交易，進而幫助市場體系進行日常交易的糾錯。在貼現市場，這樣的有選擇性的交易，主要通過商業銀行自己在日常交易中謹慎進行，中央銀行有對商業銀行挹註資金的功能，也有深入到對行業、企業親手選擇的責任。

1986 年，針對當時經濟運行中企業之間嚴重的貨款拖欠問題，中國人民銀行下發了《中國人民銀行再貼現試行辦法》，決定在北京、上海等十個城市對專業銀行試辦再貼現業務。這是自人民銀行獨立行使中央銀行職能以來，首次進行的再貼現實踐。

1994 年下半年，為解決一些重點行業的企業貨款拖欠、資金週轉困難和部分農副產品調銷不暢的狀況，中國人民銀行對「五行業、四品種」（煤炭、電力、冶金、化工、鐵道和棉花、生豬、食糖、菸葉）領域專門安排 100 億元再貼現限額，推動上述領域商業匯票業務的發展。再貼現作為選擇性貨幣政策工具，開始為支持國家重點行業和農業生產發揮作用。

1995 年末，人民銀行規範再貼現業務操作，開始把再貼現作為貨幣政策工具體系的組成部分，並注重通過再貼現傳遞貨幣政策信號。人民銀行初步建立了較為完整的再貼現操作體系，並根據金融宏觀調控和結構調整的需要，不定期公布再貼現優先支持的行業、企業和產品目錄。

(三) 利率

基於貨幣市場交易的規範化和統一電子化交易平臺，中國外匯交易中心（全國銀行間同業拆借中心）從 1994 年起，為銀行間貨幣市場、債券市場、外匯市場的現貨及衍生產品提供交易；中央結算公司從 1997 年起成為國債交易、中央銀行公開市場業務交易、企業債交易等貨幣市場交易平臺。基於這兩大交易系統，人民銀行得以對全國日常的貨幣交易進行監控和利率管理。

從 1998 年起，為適應金融宏觀調控由直接調控轉向間接調控的要求，加強再貼現傳導貨幣政策的效果、規範票據市場的發展，人民銀行出台了一系列完善商業匯票和再貼現管理的政策。改革再貼現、貼現利率生成機制，使

第四章　走向社會主義市場經濟的貨幣政策與金融監管（1992—2002）

再貼現利率成為中央銀行獨立的基準利率，為再貼現率發揮傳導貨幣政策信號的作用創造了條件。

在金融業與工商業間的信貸與利率決定中，除了利率的縱向級差、橫向量差外，對不同所有制金融機構與工商企業的信貸與利率歧視依然存在。

（四）匯率與外匯管制

一般來說，貨幣政策都包括對其他貨幣的匯率政策。在以國際交易為經濟命脈的中國香港和新加坡，其貨幣政策的核心是瞄準匯率穩定，本幣數量反倒居於第二位置。但中華人民共和國的貨幣政策始終把本幣數量放在第一位，因為我們在地域上是歐洲或美國那麼大的國家，人口是比歐洲加美洲還要多的國家，國內生產和交易的巨大性，和跟進國際先進國家發展水準的遠景，都需把本幣數量作為第一位的重要議題，匯率則是第二重要的貨幣政策議題。作為非開放經濟國家，中國的貨幣政策還包含外匯管制政策。

在經過 1994 年的調整匯率和外匯管理制度改革後，匯率基本固定，外匯收入實行銀行統購制度，並由中央銀行發行貨幣再購買，從而形成了巨大的國家外匯儲備和統一的匯率。在電子化外匯交易平臺投入使用後，中國外匯儲備迅速增長有了現代金融科技的支持，經營外匯業務的各家銀行（包括在華外資銀行）在每個工作日的交易時間裡，所有外幣支付，包括與香港地區中資銀行的支付往來清算都進入外匯管理局的電子化結算系統，都可以在中國外匯交易中心競價交易，各銀行無須大量儲備外匯頭寸，可以用更多的人民幣資金從事國內交易。同時，對所有有外匯收支的企業、個人外匯交易和存款，國家外匯管理局都可以對其外匯收支行為進行有效監管。

同時，中央銀行並沒有放棄對外匯購買和支付的管制，但逐漸放寬了國際貨物貿易、旅遊項目中的外匯購買、儲蓄及支付的各種各樣的管制，以部分滿足企業與人民自由購匯的需要，支持人民幣匯率的穩定與統一。人民幣匯率的穩定與統一對於人民幣的價值穩定、防範國際價格變動對國內價格的影響有基礎性鎮定作用。

1980 年 4 月 17 日，國際貨幣基金組織正式恢復中華人民共和國的代表權。中國於 1996 年 12 月宣布接受國際貨幣組織的第八條款，實現人民幣經常項目可兌換。

附：國務院《關於金融體制改革的決定》
(國發〔1993〕91號)

各省、自治區、直轄市人民政府，國務院各部委、各直屬機構：

為了貫徹黨的十四屆三中全會決定，適應建立社會主義市場經濟體制的需要，更好地發揮金融在國民經濟中宏觀調控和優化資源配置的作用，促進國民經濟持續、快速、健康發展，國務院決定改革現行金融體制。金融體制改革的目標是：建立在國務院領導下，獨立執行貨幣政策的中央銀行宏觀調控體系；建立政策性金融與商業性金融分離，以國有商業銀行為主體、多種金融機構並存的金融組織體系；建立統一開放、有序競爭、嚴格管理的金融市場體系。

一、確立強有力的中央銀行宏觀調控體系。深化金融體制改革，首要的任務是把中國人民銀行辦成真正的中央銀行。中國人民銀行的主要職能是：制定和實施貨幣政策，保持貨幣的穩定；對金融機構實行嚴格的監管，保證金融體系安全、有效地運行。

（一）明確人民銀行各級機構的職責，轉換人民銀行職能。

1. 中國人民銀行是國家領導、管理金融業的職能部門。總行掌握貨幣發行權、基礎貨幣管理權、信用總量調控權和基準利率調節權，保證全國統一貨幣政策的貫徹執行。人民銀行總行一般只對全國性商業銀行總行（目前主要指專業銀行總行）融通資金。

2. 按照貨幣在全國範圍流通的要求，需要對人民銀行各級機構的業務實行集中統一管理。人民銀行的分支機構作為總行的派出機構，應積極創造條件跨行政區設置，其基本職責是：金融監督管理、調查統計分析、橫向頭寸調劑、經理國庫、發行基金調撥、外匯管理和聯行清算。

（二）改革和完善貨幣政策體系。

1. 人民銀行貨幣政策的最終目標是保持貨幣的穩定，並以此促進經濟增長；貨幣政策的仲介目標和操作目標是貨幣供應量、信用總量、同業拆借利

率和銀行備付金率。

2. 實施貨幣政策的工具是：法定存款準備金率、中央銀行貸款、再貼現利率、公開市場操作、中央銀行外匯操作、貸款限額、中央銀行存貸款利率。中國人民銀行根據宏觀經濟形勢，靈活地、有選擇地運用上述政策工具，調控貨幣供應量。

3. 從1994年開始對商業性銀行實施資產負債比例管理和資產風險管理。

4. 人民銀行要建立完善的調查統計體系和貨幣政策預警系統，通過加強對宏觀經濟的分析和預測，為制定貨幣政策提供科學依據。

5. 建立貨幣政策委員會，增強貨幣政策制定的科學性。

（三）健全金融法規，強化金融監督管理。

1. 抓緊擬訂《中華人民共和國銀行法》《中國人民銀行法》《票據法》《保險法》等法律草案，提交全國人大審議。

2. 抓緊制定和完善對各類金融機構的管理條例和監管標準，並依法規範監管方式。監管的主要內容是：註冊登記管理、法定代表人資格審查、業務範圍界定、資本充足率、資產流動性和資產風險度等。

3. 對未經中國人民銀行批准擅自設立金融機構和經營金融業務的，要依法查處。

4. 要進一步加強稽核監督。中國人民銀行要對全國性金融機構進行嚴格稽核，必要時可對其分支機構實行稽核；人民銀行分支機構要加強對轄區內金融機構的稽核。發現違規行為，要認真查處。

（四）改革人民銀行財務制度。

取消人民銀行各級分支機構的利潤留成制度和繳稅制度，人民銀行總行和各級分支機構實行獨立的財務預算管理制度。人民銀行各級分支機構每年編製的財務收支計劃，由總行批准後執行。各項收支相抵後，所實現利潤全部上繳中央財政，虧損由中央財政撥補。人民銀行系統的財務決算報告要經財政部審核，並接受國家審計。人民銀行分支機構工作人員（除工勤人員外）實行行員等級工資制。

二、建立政策性銀行

建立政策性銀行的目的，是實現政策性金融和商業性金融分離，以解決國有專業銀行身兼二任的問題；割斷政策性貸款與基礎貨幣的直接聯繫，確保人民銀行調控基礎貨幣的主動權。政策性銀行要加強經營管理，堅持自擔風險、保本經營、不與商業性金融機構競爭的原則，其業務受中國人民銀行監督。

（一）組建國家開發銀行，管轄中國人民建設銀行和國家投資機構。

1. 國家開發銀行辦理政策性國家重點建設（包括基本建設和技術改造）貸款及貼息業務。國家開發銀行只設總行，不設分支機構，信貸業務由中國人民建設銀行代理。中國人民建設銀行的政策性業務分離出去以後，轉變為以從事中長期信貸業務為主的國有商業銀行。國家開發銀行投資機構，用國家核撥的資本金向國家重點建設項目進行股本投資。

2. 國家開發銀行的財務統一對財政部，經財政部批准，可以調劑各法人之間的資本金與利潤。其管轄機構的負責人，由國家開發銀行行長提名，報國務院任命。

3. 國家開發銀行根據籌資能力和項目風險情況，與國家計委和國家經貿委反覆協商後，共同確定重點建設投資和貸款計劃，並組織實施。

4. 國家開發銀行的資金來源主要是：

（1）財政部撥付的資本金和重點建設基金；

（2）國家開發銀行對社會發行的國家擔保債券和對金融機構發行的金融債券，其發債額度由國家計委和人民銀行確定；

（3）中國人民建設銀行吸收存款的一部分。

5. 調整中國人民建設銀行的組織結構，將現在的中國投資銀行並入中國人民建設銀行國際業務部。

6. 制定《國家開發銀行條例》和《國家開發銀行章程》。國家開發銀行從 1994 年開始運作。

（二）組建中國農業發展銀行，承擔國家糧棉油儲備和農副產品合同收購、農業開發等業務中的政策性貸款，代理財政支農資金的撥付及監督使用。

第四章 走向社會主義市場經濟的貨幣政策與金融監管（1992—2002）

1. 中國農業發展銀行為獨立法人，其資本金從現在的中國農業銀行資本金中撥出一部分解決。中國農業發展銀行接管現中國農業銀行和中國工商銀行的農業政策性貸款（債權），並接受相應的人民銀行貸款（債務）。

2. 中國農業發展銀行可在若干農業比重大的省、自治區設派出機構（分行或辦事處）和縣級營業機構。

3. 中國農業發展銀行的資金來源主要是：

（1）對金融機構發行的金融債券；

（2）財政支農資金；

（3）使用農業政策性貸款企業的存款。

4. 制定《中國農業發展銀行條例》和《中國農業發展銀行章程》，1994年夏收前完成組建工作。中國農業發展銀行成立後，中國農業銀行轉變為國有商業銀行。

（三）組建中國進出口信貸銀行。

1. 中國進出口信貸銀行為獨立法人，其資本金由財政部核撥。

2. 中國進出口信貸銀行的業務是為大型機電成套設備進出口提供買方信貸和賣方信貸，為中國銀行的成套機電產品出口信貸辦理貼息及出口信用擔保，不辦理商業銀行業務。中國進出口信貸銀行的資金來源主要是財政專項資金和對金融機構發行的金融債券等。

3. 中國進出口信貸銀行只設總行，不設營業性分支機構，信貸業務由中國銀行或其他商業銀行代理。中國進出口信貸銀行可在個別大城市設派出機構（辦事處或代表處），負責調查統計、監督代理業務等事宜。

4. 制定《中國進出口信貸銀行條例》和《中國進出口信貸銀行章程》。中國進出口信貸銀行從1994年開始運作。

（四）政策性銀行要設立監事會，監事會由財政部、中國人民銀行、政府有關部門代表和其他人員組成。監事會受國務院委託，對政策性銀行的經營方針及國有資本的保值增值情況進行監督檢查；對政策性銀行行長的經營業績進行監督、評價和記錄，提出任免、獎懲的建議。

三、把國家專業銀行辦成真正的國有商業銀行

（一）在政策性業務分離出去之後，現國家各專業銀行（中國工商銀行、中國農業銀行、中國銀行和中國人民建設銀行）要盡快轉變為國有商業銀行，按現代商業銀行經營機制運行。

第一，貫徹執行自主經營、自擔風險、自負盈虧、自我約束的經營原則；

第二，國有商業銀行總行要強化集中管理，提高統一調度資金的能力，全行統一核算，分行之間不允許有市場交易行為；

第三，一般只允許總行從中央銀行融資，總行對本行資產的流動性及支付能力負全部責任；

第四，國有商業銀行中的國有資產產權按國家國有資產管理的有關法規管理。允許國有商業銀行之間有業務交叉，開展競爭。國有商業銀行的一切經營活動必須嚴格遵守國家有關金融的法律法規，並接受中央銀行的監管。國有商業銀行總行設立監事會，監事會由中國人民銀行、政府有關部門代表和其他人員組成。監事會受國務院委託，對國有商業銀行的經營方針、重大決策及國有資產保值增值的情況進行監督檢查，對國有商業銀行行長的經營業績進行考核，提出任免、獎懲的建議。國有商業銀行不得對非金融企業投資。國有商業銀行對保險業、信託業和證券業的投資額，不得超過其資本金的一定比例，並要在計算資本充足率時從其資本額中扣除；在人、財、物等方面要與保險業、信託業和證券業脫鈎，實行分業經營。國有商業銀行的分行、支行沒有投資權。

（二）中國商業銀行體系包括：國有商業銀行、交通銀行以及中信實業銀行、光大銀行、華夏銀行、招商銀行、福建興業銀行、廣東發展銀行、深圳發展銀行、上海浦東發展銀行和農村合作銀行、城市合作銀行等。所有商業銀行都要按國家有關金融的法律法規完善和發展。

（三）積極穩妥地發展合作銀行體系。合作銀行體系主要包括兩部分：城市合作銀行和農村合作銀行，其主要任務是為中小企業、農業和發展地區經濟服務。

1. 在城市信用社的基礎上，試辦城市合作銀行。城市合作銀行只設市行

第四章　走向社會主義市場經濟的貨幣政策與金融監管（1992—2002）

和基層行兩級，均為獨立法人。要制定《城市合作銀行條例》，並按此組建和改建城市合作銀行。試辦城市合作銀行，要分期分批進行，防止一哄而起。

2. 有步驟地組建農村合作銀行。根據農村商品經濟發展的需要，在農村信用合作社聯社的基礎上，有步驟地組建農村合作銀行。要制定《農村合作銀行條例》，並先將農村信用社聯社從中國農業銀行中獨立出來，辦成基層信用社的聯合組織。農村合作銀行目前只在縣（含縣）以下地區組建。國有商業銀行可以按《農村合作銀行條例》向農村合作銀行參股，但不能改變農村合作銀行的集體合作金融性質。

3. 農村合作基金會不屬於金融機構，不得辦理存、貸款業務，要真正辦成社區內的資金互助組織。對目前已辦理存、貸款業務的農村合作基金會，經整頓驗收合格後，可轉變為農村信用合作社。

（四）根據對等互惠的原則，經中國人民銀行批准，可有計劃、有步驟地引進外資金融機構。外資金融機構要按照中國人民銀行批准的業務範圍開展經營活動。

（五）逐步統一中資金融機構之間以及中資金融機構與外資、合資金融機構的所得稅稅率。金融機構的所得稅為中央財政固定收入。

（六）金融機構經營不善，允許破產，但債權債務要盡可能實現平穩轉移。要建立存款保險基金，保障社會公眾利益。

四、建立統一開放、有序競爭、嚴格管理的金融市場

（一）完善貨幣市場。

1. 嚴格管理貨幣市場，明確界定和規範進入市場的主體的資格及其行為，防止資金從貨幣市場流向證券市場、房地產市場。

2. 所有金融機構均可在票據交換時相互拆借清算頭寸資金。凡向人民銀行借款的銀行（包括所屬分支機構），拆出資金的期限一般不得超過七天；商業銀行、合作銀行向證券公司、信託投資公司、財務公司、租賃公司拆出資金的期限一般不得超過七天。凡不向人民銀行借款的銀行拆出資金、非銀行金融機構之間的資金拆借，不受上述限制，但要逐漸過渡到通過票據進行。

3. 中國人民銀行要制定存、貸款利率的上下限，進一步理順存款利率、

貸款利率和有價證券利率之間的關係；各類利率要反應期限、成本、風險的區別，保持合理利差；逐步形成以中央銀行利率為基礎的市場利率體系。

4. 人民銀行要嚴格監管金融機構之間的融資活動，對違反有關規定者要依法查處。

（二）完善證券市場。

1. 完善國債市場，為人民銀行開展公開市場業務創造條件。財政部停止向中國人民銀行借款，財政預算先支後收的頭寸短缺靠短期國債解決，財政赤字通過發行國債彌補。政策性銀行可按照核定的數額，面向社會發行國家擔保債券，用於經濟結構的調整。郵政儲蓄、社會保障基金節餘和各金融機構的資金中，要保有一定比例的國債，全國性商業銀行可以此作為抵押向人民銀行融通資金。

2. 調整金融債券發行對象，金融債券停止向個人發行。人民銀行只對全國性商業銀行持有的金融債券辦理抵押貸款業務。

3. 完善股票市場。在企業股份制改造的基礎上規範股票的發行和上市；完善對證券交易所和交易系統的管理；創造條件逐步統一法人股與個人股市場、A股與B股市場。

五、改革外匯管理體制，協調外匯政策與貨幣政策

外匯管理是中央銀行實施貨幣政策的重要組成部分。中國外匯管理體制改革的長期目標是實現人民幣可兌換。根據中國目前的實際情況，並參照國際上的成功經驗，近期實施的改革措施是：

（一）1994年實現匯率並軌，建立以市場匯率為基礎的、單一的、有管理的人民幣浮動匯率制度。

（二）取消外匯留成，實行結匯和售匯制。

（三）實現經常項目下人民幣有條件可兌換。

（四）嚴格管理和審批資本項目下的外匯流出和流入。

（五）建立全國統一的外匯交易市場，外匯指定銀行為市場的交易主體。中國人民銀行根據宏觀經濟調控的要求，適時吞吐外匯，平抑匯價。

（六）停止發行並逐步收回外匯兌換券。嚴格禁止外幣標價、結算和

第四章　走向社會主義市場經濟的貨幣政策與金融監管（1992—2002）

流通。

（七）中國人民銀行集中管理國家外匯儲備，根據外匯儲備的安全性、流動性和盈利性的原則，完善外匯儲備的經營機制。

外匯管理體制改革的具體實施，按國務院有關規定執行。

六、正確引導非銀行金融機構穩健發展

要明確規定各類非銀行金融機構的資本金數額、管理人員素質標準及業務範圍，並嚴格審批，加強管理。要適當發展各類專業保險公司、信託投資公司、證券公司、金融租賃公司、企業集團財務公司等非銀行金融機構，對保險業、證券業、信託業和銀行業實行分業經營。

（一）保險體制改革要堅持社會保險與商業保險分開經營的原則，堅持政企分開。政策性保險和商業性保險要分別核算，把保險公司辦成真正的保險企業，實現平等有序的競爭。保險業要逐步實行人身險和非人身險分別經營；發展一些全國性、區域性、專業性的保險公司；成立再保險公司；採取多種形式逐步發展農村保險事業。要適當擴大保險企業資金運用的範圍和自主權，適當提高保險總準備金率，以增強保險企業的經濟實力。要建立保險同業公會，加強行業自律管理。

（二）信託投資公司的資金來源，主要是接受長期的、大額的企業信託和委託存款，其業務是辦理信託貸款和委託貸款、證券買賣、融資租賃、代理和諮詢業務。

（三）企業集團財務公司主要通過發行商業票據為企業融通短期資金。

（四）證券公司不得從事證券投資之外的投資，進入一級市場和二級市場的證券公司要加以區分，證券公司的自營業務與代理業務在內部要嚴格分離。

七、加強金融業的基礎建設，建立現代化的金融管理體系

（一）加快會計、結算制度改革。金融機構要按照國際通用的會計準則，改革記帳基礎、科目設置和會計核算體系，改革統計監測體系。要建設現代化支付系統，實現結算工具票據化，擴大信用卡、商業匯票、支票、銀行本票等支付工具的使用對象和範圍，增強票據使用的靈活性、流動性和安全性，減少現金使用。

（二）加快金融電子化建設。要加快人民銀行衛星通信網路的建設，推廣計算機的運用和開發，實現聯行清算、信貸儲蓄、信息統計、業務處理和辦公的自動化。金融電子化要統一規劃，統一標準，分別實施。

　　（三）加強金融隊伍建設。要更新從業人員的知識結構，加速培養現代化金融人才；要實行適合金融系統特點的幹部人事制度和勞動工資制度，建立約束機制和激勵機制。

第五章
社會主義市場經濟制度完善期的貨幣政策與金融監管（2003—2012）

第一節　與貨幣政策和金融監管有關的國家法律的修訂

第二節　銀監會的成立及其監管體系

第三節　銀行業的註資與上市

第四節　繼續實行穩健的貨幣政策

第五節　匯率與外匯管理

第六節　金融安全與金融監管

第七節　微觀審慎和宏觀審慎相結合的監管新模式的探索

第一節　與貨幣政策和金融監管有關的國家法律的修訂

修訂後的《中華人民共和國中國人民銀行法》第一章總則第二條規定：「中國人民銀行在國務院領導下，制定和執行貨幣政策，防範和化解金融風險，維護金融穩定。」而 1995 年版的第二條規定是：「中國人民銀行在國務院領導下，制定和實施貨幣政策，對金融業實施監督管理。」

修訂後的《中華人民共和國中國人民銀行法》第五章金融監督管理依總則之第二條做出相應修訂，移出其銀行監管權，細化金融市場發展所需的國家法律授權。其法條如下：

第五章　金融監督管理

第三十一條　中國人民銀行依法監測金融市場的運行情況，對金融市場實施宏觀調控，促進其協調發展。

第三十二條　中國人民銀行有權對金融機構以及其他單位和個人的下列行為進行檢查監督：

（一）執行有關存款準備金管理規定的行為；

（二）與中國人民銀行特種貸款有關的行為；

（三）執行有關人民幣管理規定的行為；

（四）執行有關銀行間同業拆借市場、銀行間債券市場管理規定的行為；

（五）執行有關外匯管理規定的行為；

（六）執行有關黃金管理規定的行為；

（七）代理中國人民銀行經理國庫的行為；

（八）執行有關清算管理規定的行為；

（九）執行有關反洗錢規定的行為。

前款所稱中國人民銀行特種貸款，是指國務院決定的由中國人民銀行向金融機構發放的用於特定目的的貸款。

第三十三條　中國人民銀行根據執行貨幣政策和維護金融穩定的需要，

第五章　社會主義市場經濟制度完善期的貨幣政策與金融監管（2003—2012）

可以建議國務院銀行業監督管理機構對銀行業金融機構進行檢查監督。國務院銀行業監督管理機構應當自收到建議之日起三十日內予以回復。

第三十四條　當銀行業金融機構出現支付困難，可能引發金融風險時，為了維護金融穩定，中國人民銀行經國務院批准，有權對銀行業金融機構進行檢查監督。

第三十五條　中國人民銀行根據履行職責的需要，有權要求銀行業金融機構報送必要的資產負債表、利潤表以及其他財務會計、統計報表和資料。

中國人民銀行應當和國務院銀行業監督管理機構、國務院其他金融監督管理機構建立監督管理信息共享機制。

而修訂前的相關法條是：

第三十條　中國人民銀行依法對金融機構及其業務實施監督管理，維護金融業的合法、穩健運行。

第三十一條　中國人民銀行按照規定審批金融機構的設立、變更、終止及其業務範圍。

第三十二條　中國人民銀行有權對金融機構的存款、貸款、結算、吊帳等情況隨時進行稽核、檢查監督。中國人民銀行有權對金融機構違反規定提高或者降低存款利率、貸款利率的行為進行檢查監督。

第三十三條　中國人民銀行有權要求金融機構按照規定報送資產負債表、損益表以及其他財務會計報表和資料。

第三十四條　中國人民銀行負責統一編製全國金融統計數據、報表，並按照國家有關規定予以公布。

第三十五條　中國人民銀行對國家政策性銀行的金融業務，進行指導和監督。

兩相比較，修訂後的人民銀行法有一個重大變化和一個重大不變。

一個重大變化是把銀行監管事務劃歸了中國銀行業監督管理委員會（簡稱「銀監會」）。未經國務院批轉、銀監會回函，人民銀行不得對銀行業機構進行檢查。

一個重大不變是人民銀行更專責於貨幣發行與金融交易系統監管的核心

職責：維護金融穩定、防範和化解金融風險。

　　根據《中華人民共和國中國人民銀行法》第三十二條的規定，中國人民銀行有權對金融機構以及其他單位和個人的金融監管主要是：①執行有關存款準備金管理規定的行為；②與中國人民銀行特種貸款有關的行為；③執行有關人民幣管理規定的行為；④執行有關外匯管理規定的行為；⑤執行有關銀行間同業拆借市場、銀行間債券市場管理規定的行為；⑥執行有關清算管理規定的行為；⑦ 執行有關反洗錢規定的行為。

第五章　社會主義市場經濟制度完善期的貨幣政策與金融監管（2003—2012）

第二節　銀監會的成立及其監管體系

一、銀監會的成立

根據第十屆全國人民代表大會第一次會議通過的《關於國務院機構改革方案的決定》，國務院決定設立中國銀行業監督管理委員會。2003 年 4 月 26 日，第十屆全國人民代表大會常務委員會第二次會議確定：中國銀監會履行原由中國人民銀行履行的審批、監督管理銀行、金融資產管理公司、信託投資公司及其他存款類金融機構等的職責及相關職責，以全面持久地推進對全國所有銀行和非銀行金融業進行標準化監督管理。同年年底，第十屆全國人民代表大會常務委員會第六次會議通過《中華人民共和國銀行業監督管理法》，自 2004 年 2 月 1 日起施行。2003 年 4 月 28 日，中國銀監會發表公告，宣布正式履行職責。

二、銀監會的監管體系

中國銀監會成立後頭一年就頒發了一系列部門法規。

（一）市場准入制度

2003 年 5 月 26 日發布《關於調整銀行市場准入管理方式和程序的決定》，同時發布《金融許可證管理辦法》。

（二）非現場監管制度

在金融監管中，市場准入與退出當然重要，但最要緊的是對各銀行營業狀態的標準化監督管理並瞭解整個銀行業的真實狀態，以觀察其風險的生成與走向，並不斷進行控制。

2003 年 11 月 4 日，中國銀監會辦公會議決定建立銀行業金融機構監督信息系統，並命名為「1104 工程」。內容是：按照「職責分設、責權明晰、統

一協調、運作高效」的思路，逐步實行現場檢查與非現場監管（系統性報表製作、填寫、匯總上報與分析研究）的分離，實現非現場監管與現場檢查相互配合的監管機制。

非現場監管系統報表體系依「周密論證、統一規劃、急用先行、分段實施」的指導思想，和「統一規劃、統一管理、統一標準、資源共享」的系統建設原則，從 2006 年 3 月起分階段、分地區開始啓動對商業銀行的試運行工作，2006 年年底之前，完成各類銀行業金融機構的報送試運行工作，2007 年 1 月該系統正式投產。

非現場監管系統報表體系有兩個基本出發點：

（1）以資本風險為本。體現在堅持按照風險類型進行設計，而不再按照產品和業務類型來設計報表。把反應風險的報表作為整個系統的基礎，在報表的內容上與風險情況緊密地結合。把各監管對象的財務狀況、風險程度和抵禦能力都用報表統一表達出來，既能表達各監管對象的經營合規與風險狀況，又能匯總出整個銀行系統的風險程度、風險結構和抗擊打能力。

（2）以法人為主。這套報表體系以對法人監管為主，同時也對分支機構進行監管。

非現場監管報表體系設計的目標是：能夠描述被監管機構的財務程序控制狀態、風險程序控制狀態以及風險的抵禦能力，識別風險所在。

非現場監管表體系主要由基礎報表、特色報表、監管指標、生成指標、填報說明五個部分組成。

基礎報表主要包括基本財務、信用風險、流動性風險、市場風險、資本充足率和其他指標六個部分，一共 24 個報表。

特色報表是根據不同的金融機構的特殊性質而制訂的報表。特點是：適用範圍有特色、業務品種有特色、適用法規有特色、數據來源有特色。總的來說，一共是 24 個報表。

被監管機構報送的報表在各級銀監會再依照其規範生成各類監控報表，供監控者使用。

監管指標是非現場監管工作中經常使用的能夠統領銀行業金融機構財務

第五章　社會主義市場經濟制度完善期的貨幣政策與金融監管（2003—2012）

水準和風險程度的一系列代表性的指標。主要分為四大類：主要指標、合度指標、特色指標和核對指標。這些指標一共有 114 個。其中的核心指標一共有三個大類，又可以分為 9 小類一共 23 個指標。風險水準指標裡包括了流動風險、信用風險、操作風險等；在風險指標中包括了盈利能力、準備金等幾個小類。每一個核心指標都給出了指標值和參照值。這些參照值都是法規要求數值，指標值則是實際數值。看到這些核心指標，就可以一目了然地有重點地觀察和分析銀行個體及整體存在的主要風險。

2003 年 5 月，銀監會就巴塞爾《新資本協議》公開徵求業界意見，並全文轉發其英、漢（譯）文本。巴塞爾《新資本協議》於 2006 年年底在成員中開始實施。該協議的適用範圍除銀行、證券公司和其他金融企業外，還包括對銀行、證券公司和其他金融企業的大額少數股權投資，以及對商業企業的大額投資。

2004 年，銀監會發布了《商業銀行資本充足率管理辦法》，提出商業銀行要同時計算未並表和並表後的資本充足率。該辦法明確要求：將擁有半數以上權益性資本，以及未過半數但有實際控制權的被投資金融機構納入資本充足率的並表計算範圍。該辦法注重會計事務而忽略並表監管，使監管局限在事後的並表資本計算上，對被並表的金融活動缺乏監管，導致對金融風險的監管範圍收窄。在實際生活中，主要是將銀行理財和銀保合作產品所醞釀的風險排除在金融監管之外。但是，在本期大部時間內，由於這樣的風險還在累積初期，問題還不明顯。

2005 年年底，中國銀監會發布《商業銀行風險監管核心指標（試行）》，中央銀行也把各大銀行的資本充足率提升到 8% 以上，基本滿足巴塞爾《新資本協議》的要求。

我們可以把銀行系統想像為一個巨大的高危化工廠，銀監會就是這家工廠的總控制室，各項報表則是安裝在工廠各生產裝置中的傳感器。但是，銀行是人與錢組成的「財富工廠」，報表這種「傳感器」會人為失真。於是現場檢查不可缺失。

(三) 現場檢查制度

現場檢查是指銀監會及其派出機構派出檢查人員在銀行業金融機構的經營管理場所以及其他相關場所，依照法律與專業標準，採取查閱、複製文件資料、採集數據信息、查看實物、外部調查、訪談、詢問、評估及測試等方式，對其公司治理、風險管理、內部控制、業務活動和風險狀況等情況進行監督檢查的行為。現場檢查是銀監會及其派出機構監管流程的重要組成部分，通過發揮查錯糾弊、校驗核實、評價指導、警示威懾等功能，督促銀行業金融機構貫徹落實國家宏觀政策及監管政策，提高經營管理水準，合法穩健經營，維護銀行業金融機構和體系安全。

市場准入、非現場監管和現場檢查共同構成了銀行業監管的三套基本監管系統。

1979年初改革開放以來，中國的金融監管經歷了計劃經濟時期簡單的行政與財經紀律的管理，到20世紀90年代法制與行政管理交混使用中靠向國際通用標準的努力，在國際社會的幫助下，中國的金融監管制度終於在21世紀初期進入與世界各國比較一致的標準化時代。然而，被監管對象主要是國營銀行和非存款型金融企業，被監管對象的服務對象主要也是國營工商企業和國家的大中型投資計劃工程，中國金融監管的「公對公」特徵與西方國家金融監管的「公對私」特徵的傳統區別依然如故。

在「1104工程」框架內，銀監會都會隨經濟形勢的變化和銀行業的變化而提出新的監管指引辦法。比如2005年起，銀行理財產品開始在市場流行，銀監會在2007年10月向商業銀行下發《關於有效防範企業債擔保風險的意見》，要求各銀行即日起將擔保等表外或有負債業務納入統一授信管理，嚴格准入條件。

第三節　銀行業的註資與上市

20世紀的最後一個春天,國際清算銀行和中國人民銀行在北京舉辦了一個研討會,主題是「強化中國金融體系:問題與經驗」,集中討論中國銀行業的困境和處理方案以及金融監管。外國專家和學者主要介紹他們的制度、西方經濟界對中國銀行業壞帳的看法、對解決中國金融業的主要困境的建議,中方銀行業高管們則主要介紹中國銀行業的實際情況。

1999年4月,中國信達資產管理公司成立;10月,中國華融資產管理公司、中國長城資產管理公司、中國東方資產管理公司成立。它們分別接收(按帳面本利之和)從中國工商銀行、中國農業銀行、中國銀行、中國建設銀行剝離出來的不良資產共13,939億元。四大銀行則收到8,200億元可以定期收到利息的債券以及5,700億元現金。

然而,剪不斷,理還亂。截至2003年9月末,四大銀行五級分類不良貸款比例為21.4%,不良貸款餘額高達1.98萬億元。當時,四大銀行平均資本金在5%左右。壞帳和資本充足率都離巴塞爾《新資本協議》資本充足率8%的要求相去甚遠。

2002年,國務院成立了國有獨資商業銀行綜合改革專題工作小組,研究國有商業銀行改革問題。國務院副總理黃菊擔任領導小組組長,中國人民銀行行長周小川擔任領導小組辦公室主任。

2003年9月,黨中央、國務院決定按照「建立規範的公司治理結構,轉換經營機制,成為產權清晰、資本充足、內控嚴密、營運安全、服務與效益良好、具有國際競爭力的現代商業銀行」的目標,對國有商業銀行實施股份制改革,並選擇中國銀行、中國建設銀行進行試點。為加強對這項重大改革的組織領導和協調,國務院成立了國有獨資商業銀行股份制改革試點工作領導小組並下設辦公室。

2003年12月16日,中央匯金投資有限責任公司(下稱「中央匯金公

司」)成立,註冊資本3,724.65億元人民幣。15天後,中央匯金公司同時向中國銀行和中國建設銀行註資225億美元,其中,中央匯金公司直接注入中國建設銀行的股份為200億美元,2004年6月,中央匯金公司註資交通銀行30億元人民幣,2005年4月21日,中央匯金公司為中國工商銀行註資150億美元,同時保留財政部原在中國工商銀行的資本金1,240億元,從而使中國工商銀行核心資本達2,480億元。

2004年6月21日,中國信達公司以帳面資產50%的名義價格獲得了中國銀行、中國建設銀行2,787億元可疑類不良資產的批發商資格。再加上中國信達公司2004年的收穫,以及在2005年年初,中國建設銀行向中國信達公司剝離的569億元損失類不良貸款,還有正在準備上市的交通銀行也向中國信達公司剝離了650億元可疑類不良貸款。中國信達公司與中國東方公司簽署債權轉讓協議,將從中國建設銀行剝離的1,300億元可疑類貸款批發給中國東方公司。

2004年8月和9月,中國銀行和中國建設銀行相繼改組為股份有限公司,2005年6月30日,中國工商銀行的財務重組完成,10月掛牌正式成立了股份制公司。三家銀行宣布按照建立現代金融企業制度的要求,建立了現代公司治理的基本框架。

2005年,中國工商銀行4,500億元可疑類貸款分作35個資產包,按逐包報價原則出售。華融公司中標226億元,信達公司中標580億元,長城公司中標2,569億元,東方公司中標1,212億元。中國工商銀行2,460億元損失類貸款委託華融公司處置。

經過三次剝離不良資產,四大國有銀行共減少大約2.2萬億元不良貸款。

2005年6月23日,交通銀行在香港聯合交易所上市。2005年10月,中國建設銀行在香港聯合交易所上市。2006年6月和7月,中國銀行分別在香港和上海上市。2006年10月,中國工商銀行分別在上海、香港兩地同時上市。2010年7月,中國農業銀行在上海和香港兩地同時上市。

截至2007年年底,中國工商銀行、中國銀行、中國建設銀行和交通銀行的不良貸款率分別為2.74%、3.12%、2.6%和2.05%;資本充足率分別達到

第五章 社會主義市場經濟制度完善期的貨幣政策與金融監管（2003—2012）

了13.09%、13.34%、12.58%和14.44%。

銀行業的上市使中國內地金融系統開始大規模走向香港等國際金融中心，並加快從西方經濟體系中吸取更多資源。對於以香港地區為中心的境外中國資本銀行及金融公司的活動，中國人民銀行、中國銀監會、國家外匯管理局和其他中央政府部門（主要是國家發改委和商務部），都依各自職權進行監管。

2007年1月，中央第三次全國金融工作會議決定加深股份制改造銀行的改革，強調構建多層次金融市場體系，擴大直接融資規模和比重，希望減輕銀行信貸負擔，把市場風險在時空上和承擔者上加以分散，以免重複前期反覆出現的銀行貸款損失長期累積成災的局面。擴大企業債券發行規模，同時大力發展公司債券，國有企業、地方城市投資平臺公司、私人企業和各類銀行和非銀行金融機構成為債市主要交易者。中央銀行貨幣政策操作目標也開始更多地轉向債市。這個決定在後來產生的影響非常巨大和複雜。

第四節　繼續實行穩健的貨幣政策

一、本期中央銀行貨幣政策的經濟環境

1992年爆發的通貨膨脹從1996年起開始下降，並在1998年進入緊縮期，到2002年依然處在低位。通貨膨脹下降至通貨緊縮，並非因為貨幣發行減少，而是因為大量國營企業「關停並轉」，大約2,000萬城市就業人口失業和上億的農村勞動人口無法獲得受薪勞動。同時建立城市就業社會保險制度，以期將來發放失業補助金與養老金不再使用當期財政收入和所謂「銀行貸款保就業」的無奈辦法。破敗企業與無用工人退出，社會資源浪費減少，上億的農村勞動人口被困於低消費境地，城鄉購買力增長放緩或下降。因此，2001年開始實行「穩健的貨幣政策」，穩健地快速地增加貨幣發行，盡量滿足投資和出口的需求。分別見表5.1和表5.2所示。

表5.1　1996—2003年中國歷年通貨膨脹率（環比）　　　　單位：%

年份	通貨膨脹率
1996	8.3
1997	2.8
1998	-0.8
1999	-1.4
2000	0.4
2001	0.7
2002	-0.8
2003	1.2

資料來源：國家統計局官網。

第五章 社會主義市場經濟制度完善期的貨幣政策與金融監管（2003—2012）

表 5.2　1995—2002 年貨幣發行量　　　　　　單位：萬億元

年份	M0	M1	M2	M2 環比增長率（%）
1995	7,885	23,987	60,750	
1996	8,802	28,515	76,095	25.3
1997	10,178	34,826	90,995	19.6
1998	11,204	38,954	104,499	14.8
1999	13,456	45,837	119,898	14.7
2000	14,653	53,147	134,610	12.2
2001	15,689	59,872	158,302	17.6
2002	17,278	70,882	185,007	16.9

資料來源：《中國金融年鑒》相關年份。

基礎設施投資、工業投資、房地產投資這三項主要投資也在 2001 年開始加快進行。見表 5.3 所示。

表 5.3　1998—2012 年固定資產投資　　　　　　單位：億元

年份	固定資產總投資	環比增長（%）	工業投資	環比增長（%）	房地產投資	環比增長（%）
1998	21,102	-5.2	7,462	3.4	3,580	12.6
1999	22,419	6.2	7,398	-0.9	4,010	12.0
2000	24,243	8.1	7,921	7.1	4,902	22.2
2001	27,827	14.8	8,633	9.0	6,245	27.4
2002	32,942	18.4	10,703	24.0	7,736	23.9
2003	42,643	29.4	15,007	40.2	10,106	30.6
2004	58,620	37.5	22,989	53.2	13,158	30.2
2005	75,096	28.1	31,599	37.5	15,759	19.8
2006	93,472	24.5	39,760	25.8	19,382	23.0
2007	117,414	25.6	51,020	28.3	25,280	30.4
2008	148,167	26.2	65,036	27.5	30,580	21.0
2009	194,139	31.0	82,277	26.5	36,232	18.5
2010	241,415	24.4	101,048	22.8	48,267	33.2
2011	301,933	25.1	132,264	30.9	61,740	27.9
2012	364,835	20.8	158,672	20.0	71,804	16.3

註：數據不含農戶投資。
資料來源：國家統計局官網。

促使 2001 年起貨幣投放加快的因素很多，其中直接因素是中華人民共和國加入世界貿易組織，再次擴大了中國的全球商品、技術貿易和雙向投資範圍。歐美工業企業向中國投資加快，從而中國的工業系統升級、工業化與城市化進程也隨之加快。2003—2012 年的十年，中國貨物出口增長了 3.8 倍，GDP 也快速增長了近 3.5 倍，M2 的增長則只有 3.4 倍。同期，人口只增長了 4.8%，但是勞動人口依然過剩。

二、本期中央銀行貨幣政策及其解讀

從 2001 年起，中國人民銀行開始按季度公開發表《中國貨幣政策執行報告》，其基本重點是向公眾說明：①本期的貨幣政策是什麼。②使用銀行存款準備金率及利率、再貸款及利率、公開市場操作及利率三大工具和行政窗口指導執行的主要事件，執行後本幣數量有何變化。③公告國家外匯儲備數量、匯率、外匯市場及外匯管理制度的變化。④預告下期貨幣政策。

依中央銀行的貨幣政策報告逐季度地來檢討其政策的日常調整是十分枯燥無味的。作為專業歷史觀測，應該簡化出其基本特徵：貨幣數量與價格的演變。

（一）貨幣數量

中華人民共和國的貨幣決策有一個巨大的組織系統。中國人民銀行負責收集、整理報告銀行系統的貨幣信貸狀態的數據，也收集、整理工商企業運轉情況、市場交易及價格變化動態，國家計劃內外投資的資金進程、國際收支的變化。按照黨中央、國務院制定的經濟金融發展的長期任務和短期進程要求，提出貨幣政策建議。

黨中央、國務院也各有一班熟悉現代貨幣銀行理論與具體事務的金融專業技術人員，與中國人民銀行及各大型銀行有密切關係，也從事長、短期貨幣政策研究，並站在更高一級的國家管理立場上提出供黨中央、國務院決策的報告。

因此，中華人民共和國的貨幣政策具有黨的執政意願、國家行政管理、

第五章　社會主義市場經濟制度完善期的貨幣政策與金融監管（2003—2012）

中央銀行專業執行「三位一體」的特徵。這是中華人民共和國社會主義市場經濟制度和黨政集中決策，分層分科執行的制度體制決定的。

在 2002—2007 年，就貨幣增長率而言，大致還是溫和、穩健、快速但比較有約束地增長。變化最劇烈的是 2008 年，年初中央銀行執行從緊的貨幣政策，但進入 9 月份以後，為應對美國金融危機的衝擊，國務院推出「四萬億投資計劃」，中央銀行隨之改行適度寬鬆的貨幣政策，造成了貨幣發行量突然猛增。2010 年，中央銀行實施了從緊的貨幣政策並嚴厲管控信貸額度，同時加強了對房地產貸款的調控，房地產行業融資開始受到限制。銀監會擬定了地方融資平臺名單，房地產和城投平臺表內貸款全面受到抑制。到 2011 年年底，貨幣發行被約束回往年的增長速度。

但是，中央銀行的貨幣發行量只是現代貨幣問題的一部分，更大的部分在於整個社會的信用活躍程度。此時，在縮小間接融資、擴大直接融資的長期金融改革路線上，比中央銀行貨幣政策更宏觀更高級的金融政策開始更強烈地推動間接融資。由中國人民銀行、中國銀監會、中國證監會、中國保監會等共同制定的《金融業發展和改革「十一五」規劃（2006—2010 年）》《金融業發展和改革「十二五」規劃（2011—2016 年）》，分別要求把間接融資的比例提高到社會總融資的 15% 和 20%。

2008 年 11 月，國務院推出了進一步擴大內需、促進經濟平穩較快增長的一攬子計劃，按照當時的初步匡算，到 2010 年年底需要投資 4 萬億元人民幣，中央出三成，七成由地方負責籌錢。[①]

關於解決地方資金來源的問題，在 2008 年 11 月 5 日，國務院總理溫家寶主持召開的國務院常務會議上有個決定，就是十大措施之最後一條：加大金融對經濟增長的支持力度。取消對商業銀行的信貸規模限制，合理擴大信貸

[①] 2009 年 5 月 21 日，國務院發展和改革委員會有關負責人解釋了 4 萬億元新增投資的資金來源情況。在 4 萬億元投資中，新增中央投資共 11,800 億元，占總投資規模的 29.5%，主要來自中央預算內投資、中央政府性基金、中央財政其他公共投資以及中央財政災後恢復重建基金；其他投資 28,200 億元，占總投資規模的 70.5%，主要來自地方財政預算、中央財政代發地方政府債券、政策性貸款、企業（公司）債券和中期票據、銀行貸款以及吸引民間投資等。參見：發改委. 萬億新增中央投資有四大來源 [N]. 中國證券報，2009-05-22.

規模，加大對重點工程、「三農」、中小企業和技術改造、兼併重組的信貸支持，有針對性地培育和鞏固消費信貸增長點。初步匡算，實施上述工程建設，到 2010 年年底約需投資 4 萬億元。為加快建設進度，會議決定，2008 年第 4 季度先增加安排中央投資 1,000 億元，2009 年災後重建基金提前安排 200 億元，帶動地方和社會投資，總規模達到 4,000 億元。①

會議還決定取消對商業銀行信貸規模的限制。但沒有社會信用總規模的限制，其結果只能是貨幣泛濫。於是整個金融系統放開了社會信用約束。其中最主要的活躍力量是全國各地的地方政府經營的城市建設投資公司。依 1995 年發布的《擔保法》，財政不能再為城投公司擔保。城投公司本身就依地方政府一紙公文和少量撥款成立，因此，這類公司在 2009 年之前，由於得不到銀行貸款，經營得比較辛苦。2009 年 3 月人民銀行聯合銀監會發布《關於進一步加強信貸結構調整　促進國民經濟平穩較快發展的指導意見》，鼓勵地方政府通過增加地方財政貼息、完善信貸獎補機制、設立合規的政府融資平臺等多種方式，支持有條件的地方政府組建融資平臺，發行企業債、中期票據等融資工具，拓寬中央政府投資項目的配套資金融資渠道。各地城投類公司由此進入繁榮的春天。

2008 年年底，M2 為 47 萬億元；到 2012 年年底，M2 達到近 97 萬億元。四年增加了一倍，並在後來創造了更加巨量的貨幣。見表 5.4 所示。

人民銀行的貨幣政策在這段歷史中有著浩繁漫長的演變，但都可以歸結為在貨幣數量及利率上的反覆調整。這種調整並非由人民銀行獨立決定的，而是由黨中央、國務院根據具體情況決定的。

---

① 國務院常務會議部署擴大內需促進經濟增長的措施 [EB/OL]. http://www.gov.cn/ldhd/2008-11/09/content_1143689.htm.

第五章 社會主義市場經濟制度完善期的貨幣政策與金融監管（2003—2012）

表 5.4　2002—2012 年貨幣年增長表　　　　　　　　單位：億元

年份	M0	M1	M2	M2 環比增長（%）
2002	17,278	70,881	185,000	
2003	19,746	84,118	221,222	19.58
2004	21,468	95,970	253,207	14.46
2005	24,031	107,278	298,755	17.99
2006	27,072	126,035	345,603	15.68
2007	30,375	152,560	403,442	16.74
2008	34,218	166,217	475,166	17.78
2009	38,245	220,001	606,225	27.58
2010	44,628	266,621	725,774	19.72
2011	50,748	289,847	851,590	17.34
2012	55,000	309,000	974,000	14.34

註：本書引用與計算時均做了四捨五入處理。
資料來源：數據取自中央銀行網站貨幣報告。

（二）利率

作為貨幣政策工具，人民銀行經常調整不同類型的貨幣發行與回收的利率，也規劃貨幣市場的利率，其意圖一般都是限制或鼓勵商業銀行的信貸發放結構與數量、調整市場信用的榮枯，使之向貨幣政策的要求靠近。在貨幣供給與需求控制上，數量是第一位的，利率仍不具有重要意義。

2007 年 1 月 4 日，上海銀行間同業拆放利率（Shanghai Interbank Offered Rate, Shibor）正式發布。Shibor 作為重點培植的目標基準利率，地位不斷提高，中央銀行希望建立全國統一的市場化利率。

同期，中國人民銀行在存款準備金、再貸款上也實行差別利率，對不同銀行、不同信貸活動進行區別對待，以促進貨幣政策目標的實施。

三、人民銀行建立和控制債券交易市場

2003 年國務院發表《關於推進資本市場改革發展的九條意見》，確認資

本市場初具規模，市場基礎設施不斷改善，法律法規體系逐步健全，市場規範化程度進一步提高，已經成為社會主義市場經濟體系的重要組成部分。因此，要大力發展資本市場，提高直接融資比例，完善金融市場結構，提高其效率。

(一) 同業拆借市場

在資本市場中，與貨幣政策運作直接關聯最大的是銀行等金融企業之間天天發生的同業債市。因此，本期內人民銀行大力發展債市，希望通過市場參與者即銀行、非銀行金融企業自行分配更多的貨幣資源，以減少經濟發展對人民銀行的貨幣投放依賴。

2003年初，通過同業拆借中心交易系統開展拆借業務的金融機構增加到536家，其中有商業銀行及授權分行、證券公司、財務公司、農信社聯社、城市信用社，這些金融機構的金融資產總額占金融體系的95%以上。2007年7月，人民銀行頒發《同業拆借管理辦法》，同業拆借市場範圍擴大到保險公司、保險資產管理公司、金融資產管理公司、信託公司、汽車金融公司、金融租賃公司等非銀行金融機構。記帳式國債的大部分、政策性金融債券都在該市場發行並上市交易。

中國人民銀行對金融機構同業拆借實行限額管理和拆借資金的期限分類限制，並對交易實施非現場監管和現場檢查。

(二) 銀行間債市

成立於1997年6月的銀行間債市是指依託於中國外匯交易中心暨全國銀行間同業拆借中心（同業中心）、中央國債登記結算公司（中央結算公司）以及銀行間市場清算所股份有限公司（上海清算所）的全國金融企業相互買賣和回購短期融資債券的市場。參加交易者主要是商業銀行、農村信用聯社、保險公司、證券公司等金融機構。銀行間債市是債券市場的主體部分。

2002年4月中國人民銀行〔2002〕5號公告要求對金融機構進入銀行間債市實行備案制，推動金融機構的入市。早在2000年10月，中國人民銀行發布《關於開辦債券結算代理業務有關問題的通知》（銀發〔2000〕325號），丙類戶（絕大部分為非金融機構法人）獲準進入銀行間債市。2002年10月

第五章 社會主義市場經濟制度完善期的貨幣政策與金融監管（2003—2012）

結算代理行增加至 39 家。2005 年 6 月中國人民銀行〔2005〕13 號公告允許丙類戶與所有具備做市商資格或債券結算代理業務資格的金融機構直接交易，丙類戶數量呈爆發式增長；在快速發展階段，產品更加豐富，成員由境內拓展至境外。公司債、中期票據、利率互換、非公開定向債務融資工具（PPN）陸續推向市場。自 2010 年起，人民銀行、證監會、外管局陸續允許境外貨幣當局、主權基金、商業銀行、人民幣合格境外機構投資者（RQFII）、合格境外機構投資者（QFII）進入銀行間市場。至此，一個包含境內外各類型成員的場外債券市場已經形成。

從二級市場交易量來看，2012 年銀行間債券市場的現券交易量 70.84 萬億元；銀行間回購交易量 147.6 萬億元，占回購交易總量的 87.1%。銀行間債券市場已經逐步確立了其在中國債券市場中的主體地位。

至 2012 年 3 月，商業銀行的債券資產總額從 0.35 萬億元上升到 11.7 萬億元，占債券總託管量的 57%。它形成商業銀行龐大的二級儲備，商業銀行相應逐步減少超額準備金水準，在提高資金運作收益的同時，顯著增強了商業銀行資產的流動性。

銀行間債券市場也是中央銀行公開市場操作平臺。1998 年人民銀行開始通過銀行間市場進行現券買賣和回購，對基礎貨幣進行調控，隨著 2000 年來中國外匯占款的快速增長，2003 年開始，人民銀行又開始通過銀行間債券市場發行中央銀行票據，截至 2012 年年底，中央銀行票據發行餘額 1.9 萬億元。

債市的統一、規範和壯大，擴大了財政、政策性銀行的直接融資以及金融機構間的融資，人民銀行更希望通過統一債市操控社會信用。

第五節　匯率與外匯管理

在中國人民銀行網站上，貨幣政策二司如是說：中國實行以市場供求為基礎、參考一籃子貨幣進行調節、有管理的浮動匯率制度。該制度包括三個方面的內容：一是以市場供求為基礎的匯率浮動，發揮匯率的價格信號作用；二是根據經常項目主要是貿易平衡狀況動態調節匯率浮動幅度，發揮「有管理」的優勢；三是參考一籃子貨幣，即從一籃子貨幣的角度看匯率，不片面地關注人民幣與某個單一貨幣的雙邊匯率。

貨幣政策二司成立於 2009 年年底，重點負責研究人民幣匯率；跟蹤監測全球金融市場匯率變化；研究、監測國際資本流動；研究人民幣境外使用有關問題；擬定人民幣跨境業務相關制度、辦法並組織實施；擬定與有關經濟體貨幣當局開展貨幣合作方案，並協調組織實施；協助有關方面提出人民幣資本項目可兌換政策建議；跟蹤研究分析主要國家貨幣政策狀況、取向及影響；承辦中國人民銀行貨幣政策委員會日常工作。

1994 年匯率改革後，人民幣兌美元的匯率在低估的水準上穩定了 8 年，從 2005 年初開始長期升值。表 5.5 是 1994—2012 年人民幣兌美元中間價。

表 5.5　1994—2012 年人民幣兌美元中間價

年/月	美元兌人民幣中間價（100 美元）
1994/01	870.00
1994/12	862.12
2003/01	827.68
2003/12	827.70
2004/12	827.68
2005/12	819.17
2006/12	797.18
2007/12	760.40
2008/12	694.51
2009/12	683.1

第五章 社會主義市場經濟制度完善期的貨幣政策與金融監管（2003—2012）

表5.5(續)

2010/12	676.95
2011/12	645.88
2012/12	623.44

資料來源：中國人民銀行網站。

人民幣升值的原因很多，大致有：①中國的基礎設施和房地產投資持續穩定地增長，大量外資跟隨進入；②以外資投資為主體的、以出口為主導的工業投資持續穩定地增長；③國際遊資大量流入，追逐中國的投機報酬。三種流入都造成中國外匯流入持續增長。外匯流入持續劇增的過程中，中國的國家外匯儲備從2003年年底的4,032.51億美元上升到2012年末的33,115.89億美元，增長了7.2倍。

2009—2012年，在2008年金融危機爆發後，中央銀行外匯占款餘額的年度增量呈現波動性。見表5.6所示。人民幣匯率多次匯改，進一步擴大交易波幅，緩慢提高人民幣的匯價，但仍嚴格控制每年升值的幅度，並繼續監控和限制熱錢流入。美國次級貸款危機後，美聯儲通過量化寬鬆政策釋放了大量流動性，國際遊資轉向新興市場，特別是在「四萬億計劃」的帶動下，中國基礎設施、房地產投資和工商業投資的優惠報酬，使得國際資本和熱錢依然大量流入。

表5.6　2003—2012年外匯占款

單位：億元

年份	外匯占款
2003	34,847
2004	52,593
2005	71,211
2006	98,980
2007	128,377
2008	168,431
2009	193,112
2010	225,795

表5.6(續)

年份	外匯占款
2011	253,587
2012	258,533

註：引用時做了四舍五入處理。

資料來源：中國人民銀行網站。

但是，把2012年外匯占款餘額258,533億元人民幣除以官方公布的該年12月平均匯價6.234,4後為41,472億美元，而官方公布外匯儲備為33,116億美元。兩相比較，有8,356億美元的差異，再乘以6.234,4＝52,095億元人民幣，這就是人民銀行在人民幣匯率不斷走高下統購外匯加以儲備的本幣缺口。當然，隨著人民幣的匯率走低，缺口也會縮小。表5.7為2003—2012年中國人民銀行存款準備金率變化情況摘要。

表5.7　2003—2012年存款準備金率摘要

時間	調整前/後
2003年9月21日	6%/7%
2004年4月25日	7%/7.5%
2006年11月15日	8.5%/9%
2007年12月15日	13.5%/14.5%
2008年6月7日	16.5%/17.5%
2008年12月25日，大型金融機構	16%/15.5%
中小金融機構	14%/13.5
2010年12月20日，大型金融機構	18%/18.5%
中小金融機構	16%/16.5%
2010年12月20日，中小金融機構	17.5%/18%
2011年12月5日，大型金融機構	21.5%/21%
中小金融機構	18%/17%
2012年5月18日，大型金融機構	20.5%/20%
中小金融機構	17%/16.5%

資料來源：中國人民銀行網站。

第五章　社會主義市場經濟制度完善期的貨幣政策與金融監管（2003—2012）

中央銀行外匯占款絕大部分實際上並沒有進入國內經濟循環，而是被人民幣存款準備金抽走了。

因此，這段時期的外匯政策的核心是：順應國家經濟發展和國際金融變化，鼓勵外資進入，並通過國家統購，儲備為國家外匯儲備金，不存在居民戶之間、居民戶與法域外買賣者之間直接的自由交易，他們的交易都必經過國家外匯管理局的批准，唯私人匯入除外。不過，依中國政府早先確定的建立現代金融制度的改革目標，按照1998年加入國際貨幣基金組織第八條款的承諾和加入世界貿易組織時的承諾，「2001年底加入世界貿易組織後，在逐步完善進出口收付匯核銷制度的同時，不斷簡化核銷手續，提高核銷監管效率；完善服務貿易外匯管理，大幅度簡化服務貿易購付匯手續和憑證，下放審核權限；逐步調整經常項目外匯帳戶管理政策，不斷提高企業經常項目外匯帳戶限額，並最終取消開戶事前審批，允許企業全額保留外匯資金；不斷改進個人外匯管理，簡化手續和憑證，對個人實行結售匯年度總額管理」[①]。但是經常項目下的自由外匯市場並未形成，承諾尚在努力實現中。

同時，配合20世紀90年代中期開始的「走出去」戰略部署，中國更多金融機構的分支機構向境外投資。國家外匯管理局也於2007年9月奉命建立中國國家主權投資公司，即中國投資有限責任公司（簡稱中投公司），並由其接管2003年建立的匯金公司。其機構的宗旨是實現國家外匯資金多元化投資，在可接受風險範圍內實現國家利益最大化，並服務於國家宏觀經濟發展和深化金融體制改革的需要。該公司下設三個子公司：中投國際有限責任公司、中投海外直接投資有限責任公司和中央匯金投資有限責任公司。

匯金公司的資本來自財政部發行的人民幣特別國債，主要從事國內金融機構的股權投資，與中投公司的國家主權資本投資公司性質不符。

至此，中國的外匯政策依然奉行新中國成立以來的「以我為主，寬進嚴出」的基本原則。

[①] 參見：國家外匯管理局網站外匯管理概覽第二章第一節中中國經常項目外匯管理歷史沿革部分。

第六節　金融安全與金融監管

　　金融系統是經濟體系風險匯集之地。在本期之前的 1956—1960 年的貨幣風險、1992—2003 年的銀行業風險，都在自身容納到極限之時，再由國家總體宏觀決策來集中釋放。長期累積後集中釋放模式的代價會導致經濟發展的狂飆與停滯，經濟系統特別是金融系統對內部管理、對外經營活動的日常約束力衰竭和重建。進入 21 世紀前後，中華人民共和國政府在世界銀行、國際清算銀行等機構的幫助下，依照國際通行的金融監管模式並結合自身情況，開始建立有中國特色的金融監管系統，力圖改變金融風險長期累積後集中釋放模式，把金融風險化解在發生之前、聚集之前。

　　中國金融監管系統的基本分工是：在黨中央、國務院領導下，中國人民銀行對貨幣、信貸、金融機構間的債市及貨幣與金融交易結算系統的監管；國家外匯管理局對外匯交易的監管；中國銀監會對銀行業的監管；中國保監會對保險業的監管；中國證監會對股市及非金融機構間的債市的監管。對於跨系統間的行為規範與風險管理，則由上述機構間的非常設的聯席會議決定。這套系統到本期結束為止沒有變化。

一、中國金融監管法律制度

　　金融業服務與交往對象不外三種「人」：自然人、企業法人和作為特殊法人的政府。但是，1949 年以來，中國對經濟生活中的「人」沒有法律規範。在計劃經濟時期，政府是命令者，企業是政府職能的延伸，個人被圈定在某一具體的行政管理機構中，因為太窮，基本沒有銀行存款，所以沒有必要給個人發放今天這種身分證。金融業也只有國家銀行一個業態，法律自然也是多餘之物。

　　1984 年 4 月 6 日，國務院發布了《中華人民共和國居民身分證試行條

第五章　社會主義市場經濟制度完善期的貨幣政策與金融監管（2003—2012）

例》，規定：凡居住在中華人民共和國境內的中國公民，除未滿16週歲者和現役軍人、武裝警察，以及正在服刑的犯人和被勞動教養的人員外，均應申領居民身分證。居民身分證具有證明公民身分的法律效力。身分證制度的建立使成年自然人擁有了法定身分，可以憑以主張其合法利益。銀行存貸款也開始使用身分證進行登記。但是，在2000年之前，中國一直實行的是虛名儲蓄制度。其記名可以是真名、假名，特別是活期儲蓄，銀行只認存折，只要取款人提供存折和印鑒，銀行立即付款。2000年4月1日起由國務院頒布施行的《個人存款帳戶實名制規定》確立了中國的儲蓄實名制。身分證和個人存款帳戶實名制的實施，使個人信用記錄成為可能。在針對個人的金融監管政策中，比如個人外匯管理，儲蓄存款實名制是最基本的基礎法律。

1993年12月，第八屆全國人民代表大會常務委員會第五次會議通過《中華人民共和國公司法》，自1994年7月1日起施行。該法給銀行等金融機構的主要客戶建立了法人身分制度，金融機構與公司制企業之間的信用開始有法律規範。其後，根據社會經濟變化，又於1999年、2004年、2005年三次修訂，把公司法的管束範圍擴大並細化，對公司在資本、債權債務、投資等有關事務中的行為進一步規範。然而，2005年修訂的《中華人民共和國公司法》刪除了原來「公司累計對外投資額不得超過淨資產的50%」的限制，目的是為鼓勵投資、激發經濟活力，但也給金融監管帶來了新的問題。

中國人民銀行在1994年以前，一直是中央財政透支的主要資金來源；其行為由中共中央、國務院約束。其後，財政和政策性銀行以向債市發行國債方式彌補開支，其行為也受市場規則制約，有借有還，越借越多。

在商業銀行系統，由於禁止地方財政向商業銀行直接透支，銀行與財政的關係就演變為銀行與國營企業和後起的城市投資平臺公司之間的信貸關係，由公司法加以規範。在本期，由於城市化進程和交通運輸基礎設施的建設都處在貨幣強力擴張推動的繁榮期，國營企業和城市投資平臺的大舉投資並未給銀行系統造成麻煩，反而給中國經濟帶來了巨大的繁榮。中國的城市與交通，從1937年到1989年，經歷了漫長的衰敗與緩慢而斷續的低技術水準上的重建，到本期才終於得到現代化的全面建設。

1987年1月起實施的《中華人民共和國民法通則》，對民事財產及行為做出了基本規範。2007年6月起施行的《中華人民共和國企業破產法》規範了企業破產程序，對於清理債權債務，保護債權人和債務人的合法權益，都有了基本規範。

因此，中國的金融安全與金融監管，已經擁有穩定的國家法律系統。所以，《金融業發展和改革「十一五」規劃》要求「提高金融監管能力，維護金融穩定」，並細化為以下幾點：

（1）健全金融監管法律框架。按照中國國情和國際監管趨勢，健全覆蓋面廣、操作性強、鼓勵金融創新的金融監管法律框架。加快制定涉及金融信息安全、金融機構市場退出的相關法律。健全借貸法規，規範民間借貸。全面推進依法行政，完善金融主管機關的行政決策機制、行政執法責任制和監督檢查機制。

（2）加強金融風險監管。加大對銀行業信用、市場和操作風險的監管。嚴格對商業銀行的資本充足率考核，為全面實行巴塞爾《新資本協議》創造條件。實施以淨資本為核心的證券公司、期貨公司風險監管制度。以加強保險償付能力監管為核心，深入推進對保險企業治理結構和市場行為的監管。強化保險資金運用監管。開展有效的國際監管合作。

（3）完善金融監管體制。著力加強鼓勵金融企業開拓業務和自主創新的監管制度建設。建立健全金融監管機構之間以及同中央銀行、財政部等宏觀調控部門的協調機制。理順銀行、證券、基金、信託、保險等各類金融業務的法律邊界，強化按照金融產品及業務屬性實施的功能監管。發揮金融行業自律組織作用。加大公眾和媒體監督的力度。

（4）規範金融企業市場退出機制。嚴格按照市場化原則依法處理有問題的金融機構。積極發揮存款保險等市場化風險處置機制的作用，最大限度降低金融穩定成本。選擇適合國情的金融企業市場退出模式，建立與《中華人民共和國企業破產法》相銜接的接管、重組、撤銷、關閉和清算制度。建立市場退出問責制度，防範道德風險。

（5）加強維護金融穩定的基礎建設。利用信息化手段，建立和完善對金

第五章　社會主義市場經濟制度完善期的貨幣政策與金融監管（2003—2012）

融業系統性風險的監控、評估和預警體系。健全金融風險應急處理機制。對使用中央銀行最終支付手段的金融機構，依法加強監督。

二、對銀行業的監管

進入中國銀監會網站（http://www.cbrc.gov.cn/index.html），我們可以瀏覽到銀監會從2003年成立起到2018年公開發布的全部行政法規。在本期發布的大約200份文件裡，銀監會對各類銀行和非銀行金融機構都提出了監管辦法和工作指引。其中有兩類文件最重要。第一類是關於《巴塞爾協議第三版》中國銀行業實施新監管標準的文件。該類文件反應了中國銀行業以信貸為主的各類資產業務和數量的急速擴張給資本帶來的壓力和經營管理中的風險增加的壓力，都需要實行更多資本和更高的監管標準。但是，在本書所述時期結束時，中國銀行業才開始新一輪資本或準資本金的擴張，以執行《巴塞爾協議第三版》。第二類是關於銀行理財產品類的文件，銀行與信託、銀行與保險聯合銷售保險產品的文件。該類文件反應了中國銀行業在以信貸為主的各類資產業務和數量的急速擴張中以銀行理財產品、信託產品轉移表內資產壓力，即中國式的信貸資產證券化的情況。

從學習西方理論開始，在本期，信貸資產證券化和個人理財的進程加快，進入實踐階段。2005年4月，中國人民銀行、中國銀監會發布《信貸資產證券化試點管理辦法》。中國銀監會於2005年11月發布了《金融機構信貸資產證券化監督管理辦法》；同時，國家稅務總局等機構也出台了與信貸資產證券化相關的法規。中國的信貸資產證券化試點始於2005年，此後國家開發銀行、中國建設銀行、中國工商銀行等銀行，發行了多款信貸支持類證券。隨著2008年全球金融危機的爆發，中國的信貸資產證券化陷入停滯。2012年中國重啓信貸資產證券化試點。

信貸資產證券化就是金融機構將自己的已經產生的信貸資產委託給受託機構，受託機構以資產支持證券的形式向投資者發行受益證券，以該資產所產生的現金收益支付資產支持證券收益的零售性融資活動。

中國的信貸資產證券化有小部分是存量資產證券化，比如從銀行剝離出來的不良資產再由金融資產管理公司打包出售，或普通金融資產由銀行證券化出售，大量的由銀行銷售給客戶的理財產品並非已經發生的銀行信貸資產，而是與銀行信貸有密切關係的由銀行用某種方式關聯上的第三方債務。比如最簡單模式：銀行甲為本地城市建設投資公司發行理財產品（公司債）給儲戶，形成該公司與居民間的直接融資，債務人以項目資產等作為理財產品還本付息擔保，其存款亦由該銀行監督使用。在這個最簡單模式基礎上，還演變出許多複雜的模式，其中也不乏欺騙性的「理財產品」和銷售手段。

在銀行保本保息而且利息又高於普通銀行儲蓄存款利率的宣傳鼓舞下，中國的個人理財花樣繁多，流行於市。銀行何以情願多此一舉？只為追逐利益而已。其具體手法已躍出本書範圍，不予講述。那麼，中央銀行、銀監會何以要大力支持並推動企業直接融資呢？

中國經濟史上從來就有計劃外投資，此時中國也不例外，當然已經不叫做計劃外投資，而叫自籌資金的市場化投資。有的投資由中央部委和銀行批准支持，可向銀行借款，可去上海、香港甚至美國資本市場發債募股；更多的投資則沒有這樣好的待遇，只好向包括銀行在內的各種金融機構和民間籌借。此時的投資人已不再只是政府企業，私人企業更大顯神通。此時的銀行已經是商業銀行，法人追逐利潤、各級經理員工追逐業績報酬當然也是無可非議的。面對現實需求和市場利率階梯，在黨和政府以及中央銀行鼓勵企業直接融資的大政方針下，銀行匯集社會閒資資訊與人脈，通過理財渠道，另設產品，向股市、債市、貨幣市場和公私企業輸送資金，當然是好事。由於資金沒有進入銀行的存貸款帳戶，所以，這個種類的業務不能進入銀行的資產負債表，而是銀行的中間業務。這樣一來，銀行信貸壓力、資本充足率自然寬鬆了。當然，銀監會也不是沒有對銀行理財業務進行管理。比如說，2005年中國銀監會發布《商業銀行個人理財業務管理暫行辦法》《商業銀行個人理財業務風險管理指引》；2006年銀監會辦公廳發布《關於商業銀行開展代客境外理財業務有關問題的通知》《關於商業銀行開展個人理財業務風險提示的通知》。

第五章　社會主義市場經濟制度完善期的貨幣政策與金融監管（2003—2012）

《商業銀行個人理財業務管理暫行辦法》第四十六條規定：保證收益理財計劃、為開展個人理財業務而設計的具有保證收益性質的新的投資性產品實行審批制。

銀行保證收益理財產品，實際上是變相儲蓄存款和貸款合一；但是，其投資則充滿銀行承擔的風險。這跟銀行承擔無限償付存款的義務，自擔風險的普通貸款沒有不同，只是暫時放在了表外。即使不承擔責任的非保本保息理財產品，因為是銀行發行的、或代理的、或外部人員在銀行大廳裡銷售的，銀行也難逃合謀之干系，至少是道德上和聲譽上的損失。在那一段時間，銀行服務亂象叢生，令人唏噓。

自 2004 年初中國光大銀行在上海發行第一只人民幣銀行理財產品後，銀行理財配合居民的理財意識萌芽以及可支配收入提高，得到初步發展，然而理財業務的誕生之初就形成了剛性兌付及資金池運作的形式，使後續業務發展暗藏風險。

2008 年 12 月，銀監會發布《銀行與信託公司業務合作指引》（83 號文），2009 年 12 月發布《關於進一步規範銀信合作有關事項的通知》、2010 年 8 月發布《關於規範銀信理財合作業務有關事項的通知》（72 號文）等文件，要求融資類業務餘額比例、銀信理財合作風險資本計提等，並要求銀行在 2011 年年底前將銀信理財合作業務表外資產轉入表內。2011 年之後，銀信合作開始用信託受益權、信託受益權三方轉讓、信託受益權賣斷模式等產品，不斷顯示「金融」，挑戰監管，套利花樣百出，影子銀行在「創新」中不斷壯大。

表外理財業務無須接受表內業務那樣嚴厲的監管，但是，當資產端陷入信用困境、負債端面臨流動性風險時，銀行理財不向表內尋求流動性支持，那麼中國金融體系就會經歷空前的危機。不過，在本期，銀行理財的風險只是累積而已。其後，表外理財業務等脫離監管的金融活動更發展成為威脅國家金融安全的重大風險。2017 年政府工作報告將影子銀行金融列入需高度警惕的「四大金融風險」之一。

此時中國的金融研究已經進入金融工程學和產學結合階段，各研究機構和大學的國家貨幣實驗室已運轉多年，但無論銀監會還是專門研究機構，都

沒有對面向市場的成千上萬億所謂「創新產品」做投產前的模擬試驗，站在普通消費者權利和安全立場做產品認證。

三、對資本市場的監管

證監會管束下的資本市場主要是股票市場、債券市場，但後者在整個債市的重要性逐漸讓位於人民銀行主導的債市；證監會管束的期貨市場與本書主題關係較遠，所以，我們可以專注於股市。

在前述股票市場興起的過程中，我們敘述了中國股市基本交易制度的設計，現在要敘述的是它的監管制度的基本特徵和重大監管事件。

1993年國務院發布《股票發行與交易管理暫行條例》，證券發行由國務院證券委員會根據經濟發展和市場供求的具體情況，在宏觀上制定一個當年發行總規模，經國務院批准後，下達給國家經濟計劃委員會（簡稱國家計委）。國家計委再根據各個省級行政區域和行業在國民經濟發展中的地位和需要進一步將可以上市公司數量分配到各省、自治區、直轄市、計劃單列市和國家有關部委，由各指標受領單位去確定準備上市企業。準備上市企業備好上市申請材料後，再依上述層級向上申報請求批准。批准後遞交給上海或深圳證券交易所上市發行。1996—2000年審批制的程序有所改革，由國家計委、證券委共同制定股票發行規模，證監會依其指標，向各省（市、區）及部委下達股票發行家數指標，由它們推薦預選企業，證監會對預選企業審查同意後安排上市。

1999年7月實施的《中華人民共和國證券法》淡化了行政審批的核准制。核准制包括「通道制」和「保薦制」兩個階段。2001年3月至2004年，是「通道制」階段。在該制度下，監管部門根據各家證券公司的實力和業績，直接確定其擁有的申報企業的「通道」數量。具有承銷資格的證券公司擁有的通道數量最多8條，最少2條。各家證券公司根據其擁有的「通道」數量選擇和推薦企業，按照「發行一家再上報一家」原則向證監會申報。「通道制」使得主承銷商在一定程度上承擔起發行的風險，同時也獲得了遴選和推

第五章　社會主義市場經濟制度完善期的貨幣政策與金融監管（2003—2012）

薦發行人的權利。主承銷商不是行政機構，是各省（市、區）和部委管理的有行政級別的國營商業機構。2003年年底，證監會頒布《證券發行上市保薦制度暫行辦法》，並於2004年2月開始實施，增加了保薦人承擔發行上市過程中連帶責任的內容。這一制度一直沿用至今。

證券發行監管包括證券發行核准制度、證券發行上市保薦制度、發行審核委員會制度、新股發行及定價制度四項基本制度。

（1）在20世紀90年代，證券發行管理體制方面實行的是帶有很強行政色彩的審批制度。2000年3月以後，證券發行實施由公司提出發行申請，保薦機構根據市場需要向中國證監會推薦，中國證監會進行合規性初審後，提交發行審核委員會審核，最終經中國證監會核准後發行。核准制的核心就是監管部門進行合規性審核，以信息披露為中心強化仲介機構的責任，加大市場參與各方的行為約束，減少新股發行中的行政干預。

（2）2003年12月，中國證監會發布《證券發行上市保薦制度暫行辦法》，標誌著保薦制度正式建立。保薦制度是指由保薦機構及保薦代表人對發行人的證券發行上市進行推薦和輔導，履行盡職調查，核實公司發行文件資料的真實性、準確性和完整性，督促發行人建立嚴格的信息披露制度。2012年，國務院頒布了《關於第六批取消和調整行政審批項目的決定》，取消了保薦代表人註冊的行政審批，保薦代表人註冊交由中國證券業協會進行自律管理。

（3）發行審核委員會是證券發行核准制最重要部分。其工作職責是：審核證券發行是否符合條件；審核保薦機構、會計師事務所、律師事務所、資產評估機構等出具的有關材料和意見書；審核中國證監會有關職能部門出具的初審報告；並依法對證券發行申請提出審核意見。

發行審核委員會委員由中國證監會的專業人員和中國證監會之外的有關專家組成。其中，中國證監會的專業人員25人和證監會之外的有關專家30人。以記名投票方式對發行申請進行獨立表決，提出審核意見。

值得注意的是，這一制度在實施初期，審核委員會的工作人員名單是保密的，之後進行了改革，將審核人員名單對社會公布，增加其市場透明度。

（4）新股發行及定價制度。A股市場IPO定價方式正逐步實現從行政定價向市場定價轉變。2005年1月，A股IPO開始試行詢價制度，初步建立了市場化取向的定價機制。2006年，中國證監會發布了《證券發行與承銷管理辦法》，建立了網下詢價與網上申購相結合的方式。此後又取消了行政限價手段，引入主承銷自主配售機制，提高發行承銷全過程的信息披露要求；完善行政處罰、監管措施、自律監督、誠信檔案等多層次的監管體系，進一步加強監管，強化事後問責。

在行政審批制下，證監會無力對上市公司的資格進行審查，已經停產整頓的企業在地方政府安排下，也可以假裝正常生產，虛構報表，上市融資，以期發展。在眾多這樣的上市公司中，紅光實業公司負責人於2000年年底被刑事判決犯有詐欺上市罪。在這個階段，對於其他重大股市犯罪案件，也進行了司法追究。比如瓊民源董事長馬玉和因犯提供虛假財務會計報告罪，被判處有期徒刑三年。這是1997年10月實施新刑法後，首次使用證券犯罪條款判處的個案。在查處案件的同時，監管部門著手瓊民源重組工作。同時期，海南省證券委員會副主任辛業江收受海藥公司內部職工股變現，不當得利19萬餘元，構成受賄罪，獲刑五年並被追繳全部違法所得。

核准制下，企業、券商、會計師為各自利益，違背會計小心謹慎和保守主義基本原則的案例屢見不鮮，對上市資產進行過度包裝，導致估值失據，定價畸高，內部人合夥高倍認購，在打新日成百上千億資金湧向新上市公司託管帳戶，造成貨幣市場資金吃緊，利率高企，偶爾還會迫使人民銀行臨時為之寬鬆貨幣。在二級市場上，炒家憑藉資金和信息優勢合夥打壓股價吸籌、瘋狂推高出貨，玩弄散戶。同時權力尋租現象也很嚴重，證監會成為主要被誣對象。但事實是中國證監會一直在努力依照法律和政策對股市進行監督，在不同時期都有對股市中違法亂紀的活動進行處罰。但在泛司法管轄制度下，中國證監會既無充足受權，又有其他權力機關掣肘，自然難以開口辯誣。

曾經，從國家法律到行政法規，無不對證券發行及上市、交易過程中和上市公司日常營運中的詐欺行為基本上視而不見，發案後對其行為的處罰也寬之又寬，居然沒有一個為詐欺行為出謀劃策的律師、會計師承擔過刑事與

第五章　社會主義市場經濟制度完善期的貨幣政策與金融監管（2003—2012）

財產責任。對普通投資人的損失更缺乏保護，行政罰款居然優先於民眾損失。中國股市中沒有集體訴訟制度，同一個簡單案件，竟然重複開庭幾十次。中國股市中更沒有從屬於證監會的證券專業刑事調查警察，大量違法活動肆無忌憚。在這樣的法律安排下，股市發行註冊制必將招來詐欺狂潮。

2001年8月，《財經》雜誌發表《銀廣夏陷阱》一文，銀廣夏虛構財務報表被曝光。2002年5月，中國證監會對銀廣夏的行政處罰決定書認定，公司1998—2001年期間累計虛增利潤7.7億元。公司偽造了從原料購進到生產、銷售、出口等環節的全部單據。其後，銀廣夏的會計顧問深圳中天勤被財政部宣布吊銷執業資格，並會同證監會吊銷其證券、期貨相關業務許可證，同時，追究中天勤會計師事務所負責人的行政責任。

2002年藍田股份被媒體追問利潤從何而來，其高管受到公安機關調查、資金鏈斷裂以及受到中國證監會深入進行的稽查，這只績優股的「神話」走向終結。

2008年，證監會對中關村股票異常交易立案調查，最終發現資本大亨黃光裕操縱股價騙取他人財富。2010年5月18日，北京市第二中級人民法院做出一審判決，以非法經營罪、內幕交易、洩露內幕信息罪和單位行賄罪判處黃光裕有期徒刑14年，罰金6億元，沒收財產2億元。北京市高級人民法院在8月30日對黃光裕非法經營罪、內幕交易罪和單位行賄罪案終審宣判，維持一審判決，黃光裕獲有期徒刑14年。公安部部長助理鄭少東、公安部經濟犯罪偵查局副局長兼北京直屬總隊總隊長相懷珠、商務部外資司副司長鄧湛、廣東省政協主席陳紹基、浙江省紀委書記王華元等官員因捲入黃光裕案而被查被判。

2012年12月，黃光裕內幕交易民事訴訟案法院判決，這是首例正式開庭的內幕交易引發的民事訴訟案，在缺乏關於內幕交易傷害細節的法律規範下，股民敗訴，黃光裕無須賠償。

中國政府建立股市的初衷是讓企業通過股市吸取社會資金。因此，中國股市的資本被切割成流通股與非流通股（法人股），非流通股股東的持股成本大都很低，而流通股股東的持股成本很高（非流通股股東發行溢價及後來交

易所致)。流通股大概只占總股本的30%。經國務院批准,2005年8月23日,中國證監會、國資委、財政部、中國人民銀行、商務部聯合發布《關於上市公司股權分置改革的指導意見》;9月4日,中國證監會發布《上市公司股權分置改革管理辦法》,讓每家上市企業各自決定非流通股向流通股支付一個對價,以獲得自由流通權。

與同期銀行對企業的貸款數相比,股市幫助了直接融資(大概2%～3%),但作用不大。表5.8是2003—2012年A股融資情況。

表5.8　2003—2012年A股股市融資金額　　　　　單位:億元

年份	IPO	增發融資	配股融資	總融資
2003	455.46	98.52	76.52	1,383.98
2004	370.69	186.44	104.77	662.11
2005	57.63	266.69	2.62	324.94
2006	1,642.56	1,049.71	4.32	2,656.59
2007	4,598.78	3,345.98	227.68	8,172.44
2008	1,069.50	2,171.88	151.57	3,392.95
2009	2,021.97	1,999.93	105.97	4,127.87
2010	4,889.09	3,510.31	1,429.02	9,828.42
2011	2,780.06	3,877.24	421.96	7,079.26
2012	1,017.93	2,690.95	107.65	3,816.53

數據來源:數據採集於銀監會網站。

四、對本法域外投資與金融活動的監管

本法域外投資與金融活動到了本期更加活躍。由於各大銀行都在香港地區設有分支行,省(市、區)、各部委、各大型中央企業和成千上萬的公私企業也在香港地區設有公司,也是內地公私企業境外上市的中心,因此,香港地區既是「走出去」的目的地,又是再出發到世界各地(包括作為外資回到內地)進行資本輸出的基地。

「走出去」在管理上分兩大類型,一類是與貿易緊密聯繫的企業法人的境

第五章　社會主義市場經濟制度完善期的貨幣政策與金融監管（2003—2012）

外投資，歸商貿部管理，商貿部一般都有年度報告；另一類是銀行等金融機構的境外擴展，包括參股或併購其他國家的金融企業，由人民銀行和銀監會、保監會管理，沒有單獨的年度報告，到 2006 年才由商務部主持撰寫的《年度中國對外直接投資統計公報》進行了簡要敘述。兩類投資在外匯進進出出上都要經過國家外匯管理局的管理與監控。國家外匯管理局是中華人民共和國資本與貨幣進出境的「海關總局」。

從 1989 年起，到本期結束，國家外匯管理局一直不斷出台對外投資、對外融資與境外融資、內保外貸與外保內貸的法律規範和操作指引，也有對外資產負債數據公開記錄。

中國銀監會、保監會都有對銀行等金融機構境外分支機構的設立、業務規範、用人規範。

境外中資銀行有對當地金融管理當局和母國總行的各種報告，但是對母國公眾則沒有公開報告。

經過近十年的高速發展，中國經濟在 2011 年進入發展高平臺。在發展高平臺上經濟仍有發展餘地，但速度開始減慢，貨幣投入更大，以盡量維持經濟增長幅度。因此，從 2012 年起，人民銀行開始了降低存款準備金率和利率，增加貨幣發行數量的貨幣政策。更高一級的國家金融政策也放寬了官方與民間兩個金融市場的信用限制，希望民間金融市場更多地頂替部分銀行信貸。

第七節　微觀審慎和宏觀審慎相結合的監管新模式的探索

2008 年全球金融危機爆發後，為應對大型金融機構「太大而不能夠倒」的道德風險問題，有關國際組織、中央銀行和監管當局、學術界都開始廣泛關注和探討宏觀審慎政策。2009 年初，BIS 對「宏觀審慎」進行解釋，指出是要用宏觀審慎政策解決危機中「太大而不能夠倒」、順週期性、監管不足和監管標準低等問題。隨後在 2010 年 11 月的 20 國集團領導人峰會上，各成員國對宏觀審慎的定義達成共識：「宏觀審慎政策」主要是指利用審慎性工具防範系統性金融風險，從而避免實體經濟遭受衝擊的政策。2016 年 8 月 31 日，IMF、FSB 和 BIS 聯合發布了《有效宏觀審慎政策要素：國際經驗與教訓》報告。報告對宏觀審慎政策進行了定義：宏觀審慎政策是通過利用審慎工具來防範系統性金融風險，降低金融危機發生的頻率和影響程度。

宏觀審慎監管理念得到了巴塞爾銀行監管委員會的肯定和強化，巴塞爾銀行監管委員會在 2010 年 12 月 16 日發布了《巴塞爾協議第三版》（Basel Ⅲ），並提出了逆週期資本緩衝管理和槓桿管理的要求。協議要求各成員經濟體兩年內完成相應監管法規的制定和修訂工作，2013 年 1 月 1 日開始實施新監管標準，2019 年 1 月 1 日前全面達標。

《巴塞爾協議第三版》確立了微觀審慎和宏觀審慎相結合的金融監管新模式，大幅度提高了商業銀行資本監管要求，建立全球一致的流動性監管量化標準，將對商業銀行經營模式、銀行體系穩健性乃至宏觀經濟運行產生深遠的影響。

2011 年 4 月 27 日，中國銀監會發布了 44 號文件，明確了中國銀行業實施《巴塞爾協議第三版》的總體目標和指導原則。文件指出，總體目標是借鑑國際金融監管改革成果，根據國內銀行業改革發展和監管實際，構建面向未來、符合國情、與國際標準接軌的銀行業監管框架，推動銀行業貫徹落實「十二五」規劃綱要，進一步深化改革，轉變發展方式，提高發展質量，增強

第五章　社會主義市場經濟制度完善期的貨幣政策與金融監管（2003—2012）

銀行業穩健性和競爭力，支持國民經濟穩健平衡可持續增長，並提出了如下指導原則：

（1）立足國內銀行業實際，借鑑國際金融監管改革成果，完善銀行業審慎監管標準。基於中國銀行業改革發展實際，堅持行之有效的監管實踐，借鑑《巴塞爾協議第三版》，提升中國銀行業穩健標準，構建一整套維護銀行體系長期穩健運行的審慎監管制度安排。

（2）宏觀審慎監管與微觀審慎監管有機結合。統籌考慮中國經濟週期及金融市場發展變化趨勢，科學設計資本充足率、槓桿率、流動性、貸款損失準備等監管標準並合理確定監管要求，體現逆週期宏觀審慎監管要求，充分反應銀行業金融機構面臨的單體風險和系統性風險。

（3）監管標準統一性和監管實踐靈活性相結合。為保證銀行業競爭的公平性，統一設定適用於各類銀行業金融機構的監管標準，同時適當提高系統重要性銀行監管標準，並根據不同機構情況設置差異化的過渡期安排，確保各類銀行業金融機構向新監管標準平穩過渡。

（4）支持經濟持續增長和維護銀行體系穩健統籌兼顧。銀行體系是中國融資體系的主渠道，過渡期內監管部門將密切監控新監管標準對銀行業金融機構的微觀影響和對實體經濟運行的宏觀效應，全面評估成本與收益，並加強與相關部門的政策協調，避免新監管標準的實施對信貸供給及經濟發展可能造成的負面衝擊。

新監管要求主要體現在下面幾個方面：

（1）資本充足率和槓桿率要求。一是嚴格資本定義，提高監管資本的損失吸收能力。將監管資本從現行的兩級分類（一級資本和二級資本）修改為三級分類，即核心一級資本、其他一級資本和二級資本；嚴格執行對核心一級資本的扣除規定，提升資本工具吸收損失能力。將原來的兩個最低資本充足率要求（一級資本和總資本占風險資產的比例分別不低於4%和8%）調整為三個層次的資本充足率要求，即核心一級資本充足率、一級資本充足率和資本充足率，分別不低於5%、6%和8%。二是引入逆週期資本監管框架，包括2.5%的留存超額資本和0~2.5%的逆週期超額資本。三是增加系統重要性

銀行的附加資本要求，暫定為1%。正常條件下系統重要性銀行和非系統重要性銀行的資本充足率分別不低於11.5%和10.5%；若出現系統性的信貸過快增長，商業銀行需計提逆週期超額資本。留存超額資本、逆週期超額資本和附加資本要求只能由核心一級資本充當。

（2）引入槓桿率監管標準。一級資本占調整後表內外資產餘額的比例不低於4%，作為資本充足率的補充，以控制銀行業金融機構以及整個銀行體系的槓桿率累積。

（3）改進流動性風險監管。要求建立多維度的流動性風險監管標準和監測指標體系。建立流動性覆蓋率、淨穩定融資比例、流動性比例、存貸比以及核心負債依存度、流動性缺口率、客戶存款集中度以及同業負債集中度等多個流動性風險監管和監測指標，其中流動性覆蓋率、淨穩定融資比例均不得低於100%。進一步明確銀行業金融機構流動性風險管理的審慎監管要求，提高流動性風險管理的精細化程度和專業化水準，嚴格監督檢查措施，糾正不審慎行為，促使商業銀行合理匹配資產負債期限結構，增強銀行體系應對流動性壓力衝擊的能力。

（4）強化貸款損失準備監管。建立貸款撥備率和撥備覆蓋率監管標準。貸款撥備率（貸款損失準備占貸款的比例）不低於2.5%，撥備覆蓋率（貸款損失準備占不良貸款的比例）不低於150%，原則上按兩者孰高的方法確定銀行業金融機構貸款損失準備監管要求。建立動態調整貸款損失準備制度。監管部門將根據經濟發展不同階段、銀行業金融機構貸款質量差異和盈利狀況的不同，對貸款損失準備監管要求進行動態化和差異化調整；在經濟上行期適度提高貸款損失準備要求，在經濟下行期則根據貸款核銷情況適度調低；根據單家銀行業金融機構的貸款質量和盈利能力，適度調整貸款損失準備要求。

對於以上新的監管標準，中國銀監會要求中國銀行自2012年1月1日開始實施，系統重要性銀行應於2013年年底前達標；非系統重要性銀行應在2016年年底前達標，比《巴塞爾協議第三版》提出的過渡期的總體要求分別提前了5年和2年。

第五章　社會主義市場經濟制度完善期的貨幣政策與金融監管（2003—2012）

　　中國銀監會同時還提出了增強系統重要性銀行監管有效性的要求。根據國內大型銀行經營模式以及監管實踐，監管部門將從市場准入、審慎監管標準、持續監管和監管合作幾個方面，加強系統重要性銀行監管。

　　根據2012年中國銀監會頒布的《商業銀行資本管理辦法（試行）》及其過渡期的安排，到2018年末，系統性重要銀行資本充足率、一級資本充足率和核心一級資本充足率分別不得低於11.5%、9.5%和8.5%，其他銀行在這個基礎上分別少1%，即10.5%、8.5%和7.5%。

　　中國銀監會還對落實《巴塞爾協議第三版》第二支柱和第三支柱的工作做了總體部署。

　　至此，中國全面開始宏觀審慎監管模式的探索和建立工作。健全宏觀審慎政策框架並與貨幣政策相互配合，更好地將幣值穩定和金融穩定結合起來，成為中國貨幣政策和監管政策未來幾年改革實踐的重要內容。

第六章
擴大對外投資初期的貨幣政策與金融監管（2013—2018）

第一節　國內城市化與工業化升級中的貨幣政策

第二節　對外經濟擴張簡況、意義與金融監管

第三節　擴大直接融資

第四節　網路融資與金融監管

第五節　失落的股市

第六節　外匯市場規制的實施

第七節　加強金融風險控制和重整控制系統

第八節　貨幣政策和宏觀審慎政策雙支柱調控框架初步形成

從本期起，國內城市化與工業化在升級後持續地在數量與地域上擴張，產能與資本過剩加劇，資本輸出從「走出去」與建立境外工業園發展到「一帶一路」新階段，貨幣政策與金融監管都進入了一個遠比前面幾個時期更加複雜的階段，面臨三個基本任務：

　　其一是順經濟發展趨勢繼續發展，並頂住經濟增長幅度下行的壓力，小心謹慎地施行不引發高通貨膨脹但又要推動經濟發展的貨幣政策。

　　其二是化解國內產能、勞動力、資本以及人民幣過剩的壓力，繼續執行「走出去」的戰略部署，在全球範圍內通過貿易與投資獲取更大更多的資源與市場。

　　其三是監控、引導和處置國內金融風險對國家金融主體的危害，守住不發生系統性金融風險的底線，把金融風險分散到體制外的空間，再加以化解和處置。

第一節　國內城市化與工業化升級中的貨幣政策

經濟發展總是需要一個巨大的領先行業來帶動整體經濟的發展。二戰後歐洲國家經濟的恢復與發展，首先就是交通、能源系統與城市的恢復性重建。因此，「馬歇爾計劃」的投資首先選定「煤鋼計劃」，為交通與城市重建提供源源不斷的能源和建築材料。交通與城市重建又帶動了機械工業、化工工業、車船製造業、電器工業等行業的重建與發展，最後匯集成20世紀60年代的戰後經濟繁榮。

中國經濟發展亦不例外，但不是從1979年就規劃確定實施的。1979年以後的中國經濟本身缺乏發展的基本要素：充足的資本、勝任的各等級各行業的勞動者與管理者，更缺乏國內的協調一致以及與國際社會的協調一致。準備好這些發展條件，中國共產黨和中國政府花費了14年的時間，才在1992年基本上粗略具備，2001年則完全具備。經過10年突飛猛進的發展，到2012年，中國經濟開始進入類似於歐洲20世紀60年代的繁榮期。但是，中國比歐洲有更大的人口壓力，大致同樣大小的土地上，人口是當時歐洲人口的近三倍，樂觀地看，這也是巨大的發展空間。因此，儘管中國經濟發展速度在本期伊始就開始放慢，但仍有巨大的地理發展空間，創造更多就業，惠及更多中小城市與鄉村，進入與前期不同的新常態。

2012年3月起到2016年8月，工業品出廠價格指數（PPI指數）開始連續54個月下跌。見表6.1。在漫長的下跌中，人民銀行也幾乎同時開啟法定存款保證金率的下調，而且持續時間更長，至今仍然看不到結束的跡象。在貸款利率方面，人民銀行一年期貸款的基準利率也在2012年7月就從6.56%開始下調至6%，並在本期中不斷下調，直至本期結束時低至4.35%。

表6.1 2012/01—2016/09 工業品出廠價格指數（PPI指數）

年/月	指數	同比變動
2012/01	100.7	0.73%
2012/02	100.0	0.03%
2012/03	99.7	-0.32%
2012/04	99.3	-0.70%
2012/05	98.6	-1.40%
2012/06	97.9	-2.08%
2012/07	97.1	-2.87%
2012/08	96.5	-3.48%
2012/09	96.4	-3.55%
2012/10	97.2	-2.76%
2012/11	97.8	-2.20%
2012/12	98.1	-1.94%
2013/01	98.4	-1.64%
2013/02	98.4	-1.63%
2013/03	98.1	-1.92%
2013/04	97.4	-2.62%
2013/05	97.1	-2.87%
2013/06	97.3	-2.70%
2013/07	97.3	-2.27%
2013/08	98.4	-1.63%
2013/09	98.7	-1.34%
2013/10	98.5	-1.51%
2013/11	98.6	-1.42%
2013/12	98.6	-1.36%
2014/01	98.4	-1.64%
2014/02	98.0	-2.02%
2014/03	97.7	-2.30%
2014/04	98.0	-2.00%
2014/05	98.6	-1.45%

第六章　擴大對外投資初期的貨幣政策與金融監管（2013—2018）

表6.1(續)

年/月	指數	同比變動
2014/06	98.9	-1.11%
2014/07	99.1	-0.87%
2014/08	98.8	-1.20%
2014/09	98.2	-1.80%
2014/10	97.8	-2.24%
2014/11	97.3	-2.69%
2014/12	96.7	-3.32%
2015/01	95.7	-4.32%
2015/02	95.2	-4.80%
2015/03	95.4	-4.56%
2015/04	95.4	-4.57%
2015/05	95.4	-4.61%
2015/06	95.2	-4.81%
2015/07	94.6	-5.37%
2015/08	94.1	-5.92%
2015/09	94.1	-5.95%
2015/10	94.1	-5.90%
2015/11	94.1	-5.90%
2015/12	94.1	-5.90%
2016/01	94.7	-5.30%
2016/02	95.1	-4.90%
2016/03	95.7	-4.30%
2016/04	96.6	-3.40%
2016/05	97.2	-2.80%
2016/06	97.4	-2.60%
2016/07	98.3	-1.70%
2016/08	99.2	-0.80%
2016/09	100.1	0.10%

資料來源：國家統計局網站。

本期貨幣政策的走向可以用兩個報表扼要說明，見表 6.2 和表 6.3。

表 6.2　2011—2018 年大型金融機構準備金率變化

時間	調整前/後
2011 年 11 月 30 日	21.5%/21%
2012 年 2 月 24 日	21%/20.5%
2012 年 5 月 18 日	20.5%/20%
2015 年 2 月 5 日	20%/19.5%
2015 年 4 月 20 日	19.5%/18.5%
2015 年 9 月 6 日	18.5%/18%
2015 年 10 月 24 日	18%/17.5%
2016 年 3 月 1 日	17.5%/17%
2018 年 4 月 25 日	17%/16%
2018 年 7 月 5 日	16%/15.5%
2018 年 10 月 15 日	15.5%/14.5%

資料來源：中國人民銀行網站。

從 2012 年開始，準備金率不斷下降，開啓了一輪持續七年的降準週期，說明為了宏觀經濟持續穩定地增長，銀行體系不斷釋放更多貨幣。同期，官定利率不斷下降：一年期存款利率從 3% 下降至 1.5%，一年期貸款利率從 6% 下降至 4.35%。但小微企業和個體戶得到的貸款利率基本都在 10% 上下，其中包含各種非利息費用。

在本期，中國 GDP 增速連續悄然回落，從前期的保「8」到本期保「7」再到保「6」時代，經濟增速不斷下移，代表工業景氣程度的 PPI 指數甚至連續 54 個月為負值。在此情況下，刺激投資和消費，繼續推進中國經濟發展成為首要任務。從城鎮化進程繼續加快，更多人民獲得就業和更多財富來看，本期的宏觀經濟政策和貨幣政策是成功的。

第六章　擴大對外投資初期的貨幣政策與金融監管（2013—2018）

表 6.3　貨幣與社會信用的擴張　　　　　　　　　　單位：億元

年份	GDP	M2	社會總融資	銀行貸款	企業債券	企業 A 股融資	信託貸款
2012	534,123	974,149	157,631	82,038	22,551	2,508	12,845
2013	588,019	1,106,525	173,169	88,916	18,111	2,219	18,404
2014	636,139	1,228,375	158,761	97,452	24,329	4,350	5,174
2015	676,708	1,392,278	154,063	112,693	29,388	7,590	434
2016	744,127	1,550,067	178,159	124,372	30,025	12,416	8,593
2017	827,100	1,690,235	194,445	194,445	4,421	8,759	22,555
2018	867,865	1,867,000	192,600	156,700	248,000	3,606	15,664

8 年之間，M2 有了成倍的擴張，GDP 也有近七成的擴張，貨幣對經濟發展的推動力開始減弱。

2012 年黨的十八大召開以來，每年年末，中共中央經濟工作會議都要對下一年的貨幣政策進行定調。此時的貨幣政策，顯然已經受到黨中央的高度重視。表 6.4 是中共中央經濟工作會議對下一年的貨幣政策的要求（摘要）。

表 6.4　中共中央經濟工作會議對下一年的貨幣政策的要求（摘要）

年份	貨幣政策內容
2013	實施穩健的貨幣政策，要注意把握好度，增強操作的靈活性。要適當擴大社會融資總規模，保持貸款適度增加，保持人民幣匯率基本穩定。
2014	保持貨幣信貸及社會融資規模合理增長，改善和優化融資結構和信貸結構，提高直接融資比重，推進利率市場化和人民幣匯率形成機制改革。
2015	貨幣政策要更加注重鬆緊適度。
2016	繼續實施穩健的貨幣政策，要靈活適度，為結構性改革營造適宜的貨幣金融環境，降低融資成本，保持流動性合理充裕和社會融資總量適度增長，擴大直接融資比重，優化信貸結構，完善匯率形成機制。
2017	貨幣政策要保持穩健中性，適應貨幣供應方式新變化，調節好貨幣閘門，努力暢通貨幣政策傳導渠道和機制，維護流動性基本穩定。要在增強匯率彈性的同時，保持人民幣匯率在合理均衡水準上的基本穩定。
2018	貨幣政策要保持穩健中性，管住貨幣供給總閘門，保持貨幣信貸和社會融資規模合理增長，保持人民幣匯率在合理均衡水準上的基本穩定，促進多層次資本市場健康發展。

2018 年年末，中國人口總數為 139,008 萬人，城鎮戶籍人口 59,093 萬人，農村戶籍人口 79,915 萬人（其中 24,044 萬人在城鎮流動）。面對現實，經濟增長的最大潛力，仍然是巨大人口的雇傭化。2018 年後期，中國的貨幣政策再次確認要確保經濟增長要維持一定速度，並且重點要放在創造就業量最大的民營企業上。11 月 7 日，中國人民銀行黨委書記、中國銀保監會主席郭樹清接受了《金融時報》記者的採訪，指出，習近平總書記在民營企業座談會上的講話，既給民營企業家吃了「定心丸」，也給金融機構和金融管理部門吃了「定心丸」。下一步，銀保監會將從「穩」「改」「拓」「騰」「降」等方面入手，解決好民營企業融資難的問題。郭樹清強調，初步考慮對民營企業的貸款要實現「一二五」的目標，即在新增的公司類貸款中，大型銀行對民營企業的貸款不低於 1/3、中小型銀行不低於 2/3，爭取三年以後，銀行業對民營企業的貸款占新增公司類貸款的比例不低於 50%。同時，經國務院批准，按照法治化、市場化原則，中國人民銀行引導設立民營企業債券融資支持工具，穩定和促進民營企業債券融資，決定從 2019 年 1 月起增設定向中期借貸便利工具，鼓勵商業銀行等金融機構將資金更多地配置到實體經濟，尤其是小微企業、民營企業等重點領域。12 月 21 日，印發《關於設立定向中期借貸便利 支持小微企業和民營企業融資的通知》（銀發〔2018〕337 號）。

第六章　擴大對外投資初期的貨幣政策與金融監管（2013—2018）

第二節　對外經濟擴張簡況、意義與金融監管

1979 年 8 月，國務院提出「出國辦企業」，第一次把開展對外投資作為國家政策。彼時中國自身處於嚴重的投資不足階段，也沒有多餘工業能力可以輸出。到 1991 年年底，境外非貿易性企業累計成立 1,000 家，累計投資 13.59 億美元，平均每個企業投資額不到 14 萬美元。[①]

1999 年 2 月，國務院辦公廳轉發了外經貿部、國家經貿委、財政部《關於鼓勵企業開展境外帶料加工裝配業務的意見》。該文件從指導思想和基本原則、工作重點、有關鼓勵政策、項目審批程序、組織實施五個方面提出了支持中國企業以境外加工貿易方式「走出去」的具體政策措施，鼓勵中國紡織、家用電器、機械、電子、服裝加工等具有行業比較優勢的企業到境外開展帶料加工裝配業務，以應對當時亞洲金融危機的影響，千方百計擴大出口。

2000 年 10 月，黨的十五屆五中全會通過了《中共中央關於制定國民經濟和社會發展第十個五年計劃的建議》，首次明確提出「走出去」戰略，列舉了對外投資的主要類型，即境外加工貿易、資源開發和對外承包工程等。同時還指出，應進一步擴大經濟技術合作的領域、途徑和方式，強調應在信貸、保險方面給予對外投資相應的政策支持，並加強對外投資的監管機制，以及境外企業管理和投資業務的協調工作。黨的建議被納入了 2001 年國務院《關於國民經濟和社會發展第十個五年計劃綱要的報告》。

2004 年，國家發改委、中國進出口銀行等政府部門頒布了《關於對國家鼓勵的境外投資重點項目給予信貸支持的通知》，每年專門安排「境外投資專項貸款」，享受出口信貸優惠利率。

2005 年，為貫徹落實國務院《關於鼓勵、支持和引導個體私營等非公有制經濟發展的若干意見》，進一步完善個體、私營等非公有制企業出口配套政

---

① 陳閩. 1996 年中國企業海外直接投資的發展與現狀［J］. 國際經濟合作，1995（1）：30.

策，推動非公有制企業積極「走出去」開拓國際市場，商務部和中國出口信用保險公司做出了《關於實行出口信用保險專項優惠措施支持個體私營等非公有制企業開拓國際市場的通知》。同時國家外匯管理局發布《關於調整境內銀行為境外投資企業提供融資性對外擔保管理方式的通知》，支持了企業參與國際經濟技術合作和競爭，促進了投資便利化，解決了境外投資企業融資難的問題。

2006年，國家外匯管理局發布了《關於調整部分境外投資外匯管理政策的通知》，取消了境外投資購匯額度的限制，境內投資者從事對外投資業務的外匯需求可以得到充分滿足。這裡要說明的是：企業在經過一系列項目申請得到批准後的外匯需求可以得到充分滿足。

2013年7月國務院發文支持企業「走出去」，鼓勵政策性銀行、商業銀行等金融機構大力支持企業「走出去」。以推進貿易投資便利化為重點，進一步推動人民幣跨境使用，推進外匯管理簡政放權，完善貨物貿易和服務貿易外匯管理制度。逐步開展個人境外直接投資試點，進一步推動資本市場對外開放。改進外債管理方式，完善全口徑外債管理制度。加強銀行間外匯市場淨額清算等基礎設施建設。創新外匯儲備運用，拓展外匯儲備委託貸款平臺和商業銀行轉貸款渠道，綜合運用多種方式為用匯主體提供融資支持（人民銀行牽頭，外交部、發改委、財政部、商務部、海關總署、銀監會、證監會、保監會、外管局等參加）。

2013年秋，中國國家主席習近平西行訪問哈薩克斯坦、南下訪問印度尼西亞，先後提出建設「絲綢之路經濟帶」和「21世紀海上絲綢之路」倡議。

2014年11月，習近平主席在亞太經合組織領導人北京會議召開前夕，宣布中國出資400億美元成立絲路基金，為「一帶一路」項目建設提供投融資支持。

2015年12月，由中國倡議、57國共同參與組建的新型多邊國際金融機構——亞洲基礎設施投資銀行正式成立。

2017年10月24日，黨的十九大通過關於《中國共產黨章程（修正案）》的決議，推進「一帶一路」建設被正式寫入黨章。

第六章　擴大對外投資初期的貨幣政策與金融監管（2013—2018）

表6.5和表6.6概括性總結了全口徑的中國資本輸出的歷史與現狀。

表6.5　中國對外直接投資流量/存量/年末境外企業資產總額

單位：億美元

年份	流量	存量	年末境外企業資產總額
2002	27.0	299.0	
2003	28.5	332.0	
2004	55.0	448.0	
2005	122.6	572.0	
2006	211.6	906.3	
2007	265.1	1,179.1	
2008	559.1	1,839.7	10,000
2009	565.3	2,457.5	10,000
2010	688.1	3,172.1	15,000
2011	746.5	4,247.8	20,000
2012	878.0	5,319.4	23,000
2013	1,078.4	6,604.8	30,000
2014	1,231.2	8,826.4	31,000
2015	1,456.7	10,978.6	43,700
2016	1,961.5	13,573.9	50,000
2017	1,582.9	18,090.4	60,000
2018	1,298.3		73,242

註：

（1）2002—2005年數據為非金融類對外直接投資數據，2006—2013年數據為全行業對外直接投資數據。

（2）年末境外企業資產總額為官方公報的大致數。

（3）2018年數據根據http://hzs.mofcom.gov.cn/article/date/201901/20190102829082.shtml，以及《2018年中國國際收支報告》中的表3.1得來。

同期，中國銀行、保險、證券投資等也開始了境外擴張。

表6.6 中國金融業對外直接投資流量/存量　　　　單位：億美元

年份	流量	存量
2006	35.3	156.1
2007	16.7	167.2
2008	140.5	366.9
2009	87.3	459.9
2010	86.3	552.5
2011	60.7	637.9
2012	100.7	964.5
2013	151.0	1,170.8
2014	159.2	1,376.2
2015	（只錄得非金融部分）	
2016	149.2	1,773.4
2017	187.9	2,027.9
2018	93.3	

註：2018年數據根據商務部《中國對外全行業直接投資簡明統計》（http://hzs.mofcom.gov.cn/article/date/201901/20190102829082.shtml）計算。

中國資本的境外擴張，在貨幣政策上的主要意義在於：

（1）以廣義的國家債權平衡廣義的國家債務，包括獲取境外利潤以平衡外資在中國的盈利，使人民幣的外匯匯率有更可靠的基礎，不再單獨受制於外資的進進出出。

（2）輸出國內工業產品、成套設備，建立全球生產基地，以促進中國跨國公司形成和發展，為國內貨幣政策開拓更廣闊空間。

中國的境外投資從一開始就有嚴密的國家管理制度。一般來說是依條塊組織關係，中央企業直接由國務院管理，地方企業包括私人企業由各省（市、區）管理，金融企業則由「一行三會」分業管理，國家主權投資公司和基金

第六章　擴大對外投資初期的貨幣政策與金融監管（2013—2018）

由國家外匯管理總局管理。所有企業的外匯需求、資金進出則由國家外匯管理局依其等級分級管理。這裡講的管理包括投資調查、批准、營運監管和年檢以及統計。

但是，境外企業的境外結算與信貸缺乏嚴密的監控，中國的銀行業還沒有形成自己的全球交易網路，多數企業只能在當地的非中資銀行開戶，結算往來、現金進出、週轉貸款都依靠外國銀行。目前，中國銀行業正在中國之外的世界各地和「一帶一路」國家加緊建立分支機構、合資銀行和收購當地銀行，五家大型國有商業銀行在境外共設立了超 1,200 家機構，在「一帶一路」沿線近 20 個國家共建立了 160 多家分支機構。

在上述制度框架外，公私利益集團的境外金融活動在本期也進入引人注目的活躍期。中國人民銀行《中國金融穩定報告 2018》提及少數民營企業集團為掩蓋違法違規行為，向境外快速擴張，實現資產轉移。其手法有三：出售國內資產用於國外買入；利用國內上市和收購兼併，套現和轉移資金；利用自身擁有銀行、保險牌照的便利，進行內保外貸。在本期的後半期，引起轟動的中資大舉投資歐美房地產和銀行業，大部分就是這樣的虛假投資。

根據中國人民銀行《2018 中國國際收支報告》，2005—2018 年，中國的對外金融資產年平均投資收益率為 3.3%，同期外國在華投資年平均投資收益率為 6%，中方虧空的主要原因是國家外匯儲備資產追求高流動性，而外商私人投資則追逐高報酬性。

2018 年，中國工業產能利用率為 76.5%。以境外投資幫助中國去掉過剩，產能可謂任重而道遠。

第三節　擴大直接融資

2011—2015 年金融業發展和改革「十二五」規劃要求，到「十二五」期末，非金融企業直接融資占社會融資規模比重提高至 15% 以上。其後，又要求到 2020 年將直接融資提高到社會總融資的 25%。周小川發表《深化金融體制改革》文章，提出：「十三五」時期，應著力加強多層次資本市場投資功能，優化企業債務和股本融資結構，使直接融資特別是股權融資比重顯著提高。2014—2020 年，非金融企業直接融資占社會融資規模的比重將從 17.2% 提高到 25% 左右，債券市場餘額占 GDP 的比例將提高到 100% 左右。

圖 6.1 和表 6.7 對中國近年來的直接融資情況和社會融資規模進行了描述。

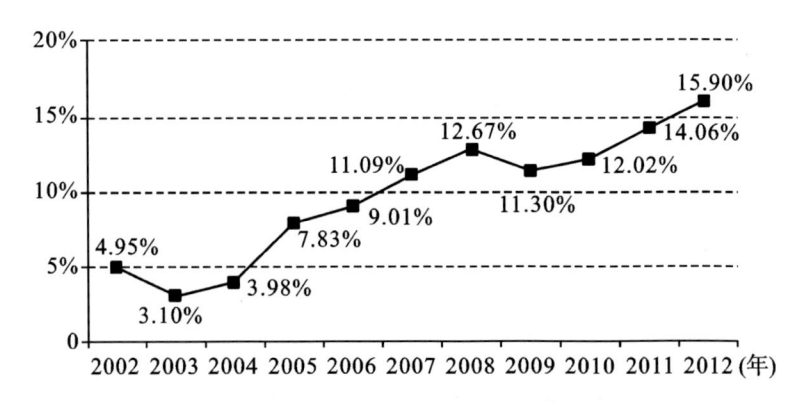

圖 6.1　2002—2012 年直接融資發展曲線

資料來源：祁斌，查向陽，等. 直接融資和間接融資的國際比較［EB/OL］. http://www.csrc.gov.cn/pub/newsite/yjzx/sjdjt/zbsczdjcyj/201505/t20150514_27693.

第六章 擴大對外投資初期的貨幣政策與金融監管（2013—2018）

表 6.7　2015—2018 年社會融資規模存量　　　　單位：萬億元

項目	2015 年	2016 年	2017 年	2018 年
社會融資規模存量	138.14	156.00	174.71	200.75
人民幣貸款	92.75	105.19	119.03	134.69
外幣貸款折合人民幣	3.02	2.63	2.48	2.21
企業債券	14.63	17.92	18.44	20.13
企業境內股市籌資	4.53	5.77	6.65	7.01
直接融資比（%）	12.42	15.19	14.36	13.52

資料來源：根據中國人民銀行調查統計司相關年份的《社會融資規模統計表》《股票市場統計表》第 4 季度數計算。參見：http://www.pbc.gov.cn/diaochatongjisi/116219/index.html.

直接融資就是不通過銀行的資金借貸，是信用的最早形態，也是目前世界上絕大多數國家的主要信用形態。銀行信用則是後起的借貸方式。在財務成本上，向銀行借貸應該比直接融資貴而且手續更繁瑣，因為銀行有更大的經營管理費用，要保證儲戶存款的安全和自由取款。在社會主義國家，國家制度決定了銀行信用占絕對優勢，即使經過改革開放、人民群眾比較富裕、私人企業廣泛生長的今日中國依然如故。購買企業債和參加企業境內股市籌資中隱含的銀行資金、企業向本法域外的中資銀行的籌款，基於數據獲取與匯集困難，本書只好姑且全部認定為非銀行企業和個人提供的自有資金。

直接融資比例＝（企業債券+企業境內股市籌資）/社會融資規模。中央希望擴大直接融資占比，心意甚好。但要摸索出一個既減輕銀行體系壓力，又讓私人企業和人民大眾能夠自擔風險，從直接融資中分享市場經濟發展成果的方法，尚需廣泛努力，甚至需要金融文化的普及，遠非金融部門一廂情願可以達成的。

第四節　網路融資與金融監管

支持互聯網金融業務繁榮有五個社會技術條件：廉價智能手機的普及和願意接受新技術的海量人群、高速互聯網、網路購物、相關軟件的進步。在 2012 年，中國已經具備這些條件。

中國的互聯網金融業可以分為四類：

第一類是第三方支付。2010 年中國人民銀行在《非金融機構支付服務管理辦法》中給出的非金融機構支付服務的定義，是指非金融機構作為收、付款人的支付仲介所提供的網路支付、預付卡、銀行卡收單以及中國人民銀行確定的其他支付服務。第三方支付在網路購物興起後，得到快速發展，並引致貨幣基金的依附。餘額寶（天鴻基金）就這樣快速壯大。長期的銀行存款低利率，使民眾自然樂意在網路購物的同時，把銀行儲蓄搬走，投入利率更高且存取自由快捷的變相儲蓄所在，但實質上仍然是基金投資，風險自擔。

第二類是眾籌。眾籌的本意是利用互聯網，讓創業者、藝術家或個人對公眾展示他們的創意及項目，以期賣出股權或商事合作的分紅權，進而獲得所需要的資金援助。眾籌網路平臺的運作模式大同小異——需要資金的個人或團隊將項目發布在眾籌平臺上，用來向公眾介紹項目情況，進行兜售。眾籌被引進中國後，主要成為向社會公眾募集資金出售股權的網路平臺。眾籌網路平臺出售的股權，無論真假，都是向陌生人發行超越證券法而私自發行的股權。看來 20 世紀 90 年代初，成都紅廟子街上擺攤設點向社會公眾推銷非法發行的股票事件教訓還不夠深刻。

第三類則是 P2P，即點對點信貸。P2P 網貸是指通過第三方互聯網平臺進行借貸，需要借錢的人可以通過網站平臺尋找到有出借能力並且願意基於一定條件出借的人。網貸平臺本應只是借貸仲介商，借貸雙方各自協商。但在中國，多數 P2P 的平臺控制人並非仲介商，而是吸金自肥者甚至是騙取者。2018 年 6 月以後，公安部門已對 380 餘個網貸平臺立案偵查，查扣凍結涉案

第六章　擴大對外投資初期的貨幣政策與金融監管（2013—2018）

資產約 100 億元。①

第四類就是通過建立自己的網路平臺放貸的錢商即現金貸，包括向大學低年級學生特別是剛入學的新生發放高利貸的所謂「校園貸」。現金貸很多是網上的惡性高利貸，其放貸基本不考慮借款人的正常商業或勞動收入水準，主要以借款人的最終支付能力包括其父母的最終支付能力為準，主要以常人難以忍受的心理折磨方式暴力催款。

2018 年 5 月以來，樂山市公安局先後接到兩起在校學生「套路貸」報案。民警偵查發現，案件線索共同指向「52 購物」「100 分購物」「365 錢包」「任你花」等網路平臺。平臺還涉及河南、浙江、江西、湖北、廣東、江蘇和四川的多起網路詐騙案，涉案金額巨大。這些案件中，犯罪嫌疑人均以虛假購物平臺為幌子，誘騙在校學生借貸，並以不利於受害人的合同虛增債務。當受害人無力支付時，犯罪嫌疑人便介紹其他貸款公司給受害人「以貸養貸」，同時還收取「違約金」「保證金」「仲介費」等費用，再採用轉帳平單等手段，惡意壘高借款金額。②

但是網路金融出現的時候，中國並非沒有法律可以對其進行約束和管控。

首先是刑法。

如 1997 年發布的《中華人民共和國刑法》：

第一百七十四條　未經國家有關主管部門批准，擅自設立商業銀行、證券交易所、期貨交易所、證券公司、期貨經紀公司、保險公司或者其他金融機構的，處三年以下有期徒刑或者拘役，並處或者單處二萬元以上二十萬元以下罰金；情節嚴重的，處三年以上十年以下有期徒刑，並處五萬元以上五十萬元以下罰金。

第一百七十六條　非法吸收公眾存款或者變相吸收公眾存款，擾亂金融秩序的，處三年以下有期徒刑或者拘役，並處或者單處二萬元以上二十萬元以下罰金；數額巨大或者有其他嚴重情節的，處三年以上十年以下有期徒刑，

---

① http://www.mps.gov.cn/n2253534/n2253535/c6404531/content.html.
② http://www.mps.gov.cn/n2255079/n4242954/n4841045/n4841074/c6196913/content.html.

並處五萬元以上五十萬元以下罰金。

如 1998 年發布的《中華人民共和國證券法》：

第十條　公開發行證券，必須符合法律、行政法規規定的條件，並依法報經國務院證券監督管理機構或者國務院授權的部門核准；未經依法核准，任何單位和個人不得公開發行證券。有下列情形之一的，為公開發行：

（一）向不特定對象發行證券；

（二）向累計超過二百人的特定對象發行證券；

（三）法律、行政法規規定的其他發行行為。非公開發行證券，不得採用廣告、公開勸誘和變相公開方式。

如 1995 年發布的《中華人民共和國商業銀行法》：

第十一條　未經國務院銀行業監督管理機構批准，任何單位和個人不得從事吸收公眾存款等商業銀行業務。

網路金融，在 2012—2017 年，除了第三方支付因中央銀行及時規範管制未出現較大的問題之外，上述三種類型均發生了對民眾的重大傷害。因此，不能不說是金融監管不及時之錯。

在中國，互聯網金融的發展主要是監管套利造成的。一方面，互聯網金融公司沒有資本的要求，也不需要接受金融監管當局的監管，這是本質原因；另一方面，政府從 20 世紀 90 年代起，一再重申支持小型、微型企業和個體戶發展，並一再督促國家銀行和中小銀行發放小額貸款，但效果並不理想。進入 21 世紀後，中國人民的就業（包括自我雇用）主要依靠小微企業和個體戶。從互聯網金融的簡單化、易應用、個人化、省時性特徵來看，相比於傳統金融機構的傲慢與偏見、辦事的複雜與人情多銅臭味而言，看上去更符合底層人民的需求。但是沒有任何官方或非官方文件、調查報告證實這種似是而非的說法。然而不幸的是，更多的網路金融商並不是小心翼翼地踩在法律邊際上賺錢，而是鐵心要在刑法的利刀下，在金融監管空白期，對民眾財富進行掠奪。

2015 年 7 月，人民銀行、工業和信息化部、公安部、財政部、工商總局、國務院法制辦、銀監會、證監會、保監會、國家互聯網信息辦公室聯合印發

《關於促進互聯網金融健康發展的指導意見》。按照「鼓勵創新、防範風險、趨利避害、健康發展」的總體要求，提出了一系列鼓勵創新、支持互聯網金融穩步發展的政策措施，積極鼓勵互聯網金融平臺、產品和服務創新，鼓勵從業機構相互合作，拓寬從業機構融資渠道，堅持簡政放權和落實、完善財稅政策，推動信用基礎設施建設和配套服務體系建設。

2016年8月24日，銀監會、工業和信息化部、公安部、國家互聯網信息辦公室聯合發布《網路借貸信息仲介機構業務活動管理暫行辦法》，其中的第十條細列十二項禁止。其原文如下：

第十條　網路借貸信息仲介機構不得從事或者接受委託從事下列活動：

（一）為自身或變相為自身融資；

（二）直接或間接接受、歸集出借人的資金；

（三）直接或變相向出借人提供擔保或者承諾保本保息；

（四）自行或委託、授權第三方在互聯網、固定電話、移動電話等電子渠道以外的物理場所進行宣傳或推介融資項目；

（五）發放貸款，但法律法規另有規定的除外；

（六）將融資項目的期限進行拆分；

（七）自行發售理財等金融產品募集資金，代銷銀行理財、券商資管、基金、保險或信託產品等金融產品；

（八）開展類資產證券化業務或實現以打包資產、證券化資產、信託資產、基金份額等形式的債權轉讓行為；

（九）除法律法規和網路借貸有關監管規定允許外，與其他機構投資、代理銷售、經紀等業務進行任何形式的混合、捆綁、代理；

（十）虛構、誇大融資項目的真實性、收益前景，隱瞞融資項目的瑕疵及風險，以歧義性語言或其他欺騙性手段等進行虛假片面宣傳或促銷等，捏造、散布虛假信息或不完整信息損害他人商業信譽，誤導出借人或借款人；

（十一）向借款用途為投資股票、場外配資、期貨合約、結構化產品及其他衍生品等高風險的融資提供信息仲介服務；

（十二）從事股權眾籌等業務。

其後，互聯網金融商大多開始良性退出（宣告清退）、少數隱匿逃遁。警方打擊終於在 2018 年開始。當然，還是有為數不多的網路金融企業升級為金融科技企業，繼續開展業務。但是，網貸風潮後患仍未化解。2018 年 8 月 24 日，國務院副總理、國務院金融穩定發展委員會主任劉鶴主持召開防範和化解金融風險專題會議。會議聽取了網路借貸行業風險專項整治工作進展情況。

第六章　擴大對外投資初期的貨幣政策與金融監管（2013—2018）

第五節　失落的股市

A股上證綜指在2005年6月跌破1,000點，低至998點。2006年1月從1,200點啓動，2007年5月29日，最終摸到了高點4,335.96，一年多時間大盤累計漲幅超過了230%。次日，借財政部昨夜發布的消息（將提高股票交易印花稅，從0.1%上升至0.3%），獲利盤集體暴走，大盤暴跌，開啓了長達7年的熊市。

2012年2月18日，中國人民銀行宣布，將於2月24日起，下調存款類金融機構人民幣存款準備金率0.5個百分點。據1月底人民幣存款餘額80.13萬億元估算，將釋放資金4,000億元左右。此後，存款準備金率連續七年下調。同年4月4日，中國證監會等相關監管機構決定增加500億美元的QFII（合格境外機構投資者）和500億元人民幣的RQFII（合格人民幣境外機構投資者）的額度（合計3,650億元人民幣）。但股市並未聞風而動。2013年股市全年停發新股，股市依然不溫不火。

2013年6月24日，中國「黑色星期一」出現，當時流動性短缺的金融機構紛紛拋售資產，滬指跌幅超過5%。次日，兩市繼續慣性下挫，滬指「一夜回到解放前」，一度跌至1,845點。當日午後，中國人民銀行千呼萬喚始出來，向符合宏觀審慎要求的金融機構提供了流動性支持。

2014年5月9日，國務院印發《關於進一步促進資本市場健康發展的若干意見》，希望拓展資本市場廣度和深度，提高直接融資比重，積極發展混合所有制經濟，促進資本形成和股權流轉；發展多層次股票市場；規範發展債券市場；培育私募市場；推進期貨市場建設；提高證券期貨服務業競爭力；擴大資本市場開放；防範和化解金融風險；營造資本市場良好發展環境。文件表示，進一步促進資本市場健康發展，健全多層次資本市場體系，對於加快完善現代市場體系、拓寬企業和居民投融資渠道、優化資源配置、促進經濟轉型升級具有重要意義。這是時隔10年後，國務院第二次以紅頭文件形式

出台的資本市場綱領性文件。同年，中央銀行再次實施全面非對稱性降息，總額度為 5,500 億元人民幣的「滬港通」啟用。熊在年尾搖尾走了。2014 年 12 月 5 日，滬市成交 6,391.9 億元，深市成交 4,348.5 億元，兩市合計成交 10,740.4 億元，不僅再度創出歷史天量，而且在歷史上首次衝上單日成交 1 萬億元大關。

受熊市煎熬多年，從 2014 年 7 月開始，股市「天天向上」，股民終於感受到了快樂而後漸入瘋狂。進入 2015 年 3 月，「槓桿牛市」氣勢浩大，滬深兩市單日成交額一再被刷新，不斷攀上驚人的萬億元大關，各項指數也不斷攀升，尤其是創業板、中小板指數，新高是「只有想不到沒有做不到」。10 月上證指數創出 6,124 點高位後，場外配資清理、場內融資和基金去槓桿形成連鎖反應，終釀成一場股災，三個月內滬指累計跌幅高達 45%，創業板指數跌幅更甚；兩市超兩成個股跌幅超過五成，不少投資者因為高槓桿操作致血本無歸；兩市總市值蒸發逾 20 萬億元。隨後開始了維持 3 個月以上的國家資本入場救市（如國家外匯管理局在 2014 年 11 月 5 日新註冊的梧桐樹投資公司等政府公司），並派遣公安部組隊到上海稽查股市中的交易犯罪。一年後上證指數探至 1,679 低點。熊一直慢悠悠地走到 2018 年年底也不肯離去。其間股指兩次指向將會引起廣泛斬倉的 2,500 點，金融當局要求各省（市、區）政府用政府資金強力介入。當時，股票質押總體規模達 5.36 萬億元，占 A 股總市值的 9.77%。如果發生廣泛斬倉，將引起股市多米諾骨牌推倒般的坍塌，並很可能引發公開和私下、直接與間接投入股市的銀行資金遭到重創。2018 年 8 月 24 日，國務院副總理、國務院金融穩定發展委員會主任劉鶴主持召開防範和化解金融風險專題會議。會議聽取了防範和化解上市公司股票質押風險情況的匯報，認為其風險可控。

2015 年 12 月 9 日，國務院常務會議審議通過了擬提請全國人大常委會審議的《關於授權國務院在實施股票發行註冊制改革中調整適用有關規定的決定（草案）》，明確在決定施行之日起兩年內，授權對擬在上交所、深交所上市交易的股票公開發行實行註冊制度。註冊制實行後，其對市場的主要影響是：註冊制使得企業上市時間大大縮短，殼資源稀缺性不再，借殼上市和炒

第六章　擴大對外投資初期的貨幣政策與金融監管（2013—2018）

作垃圾股行為或會收斂；註冊制實施後，小盤股的高溢價格局有望打破，市場估值逐步迴歸理性；註冊制下供給大幅增加，沒有基本面支撐的個股將難以獲得投資者青睞，註冊制的實行有助於市場迴歸價值投資。但是，到本期結束，註冊制尚未實施。

回顧本期股市，本不應該急急忙忙地發動本輪行情，但發動了。監管當局也有四大敗著：無限制的場外配資、無莊家的做空機制、無管束的高槓桿率、無控制的大眾媒體肆無忌憚地鼓吹與社會人群對股市的狂熱。

2018年12月20日，國務院金融穩定發展委員會辦公室召開資本市場改革與發展座談會。會議明確提出，要建立市場化、法制化的資本市場，金融部門要加緊行動。當前資本市場風險得到了較為充分的釋放，已經具備長期投資價值，改革面臨比較好的有利時機。新一輪政策導向明確了。

第六節　外匯市場規制的實施

一、匯率

從表 6.8，我們可以看到：2013—2014 年，由於外債急遽增加一倍，外匯儲備也達到歷史最高峰。2015 年起，外匯儲備繼續下降，兌美元匯率也年年走低，外債在 2015 年短暫探低後也年年走高。外債的急遽增加表明中國經濟發展更大程度上與國外資源發生聯繫。匯率走低意味著人民幣對外貶值，大概有 6% 的貶值，與同期國內物價上漲幅度大致相當。外匯儲備走低的背後有國際資金撤出中國數量增大的因素，也有中國境外投資加快的因素。

表 6.8　2013—2018 年外債、外匯、儲備匯率年度變動表

單位：億美元

年份	外債	外匯儲備	匯率
2013	8,632	38,213	6.193,2
2014	17,799	38,430	6.142,8
2015	13,830	33,304	6.228,4
2016	14,158	30,105	6.642,3
2017	17,106	31,399	6.751,8
2018	19,132	30,727	6.617,4

註：

（1）外債：2013 年數據來自《年末中國對外債務簡表》。自 2014 年起，數據來自《中國全口徑外債情況表》，其中 2018 年為 9 月末數據。數據來源：中國人民銀行網站。

（2）外匯儲備數據來自《黃金和外匯儲備》中的年末數。數據來源：中國人民銀行網站。

（3）匯率指人民幣對美元年平均匯率。數據來源：中國貨幣網。

從國際貨幣間的匯率波動看，也可以不與國內物價聯繫。在歷史上的多數時期，人民幣匯率都是多年不動，1994 年突然大貶，然後穩定多年之後才

第六章　擴大對外投資初期的貨幣政策與金融監管（2013—2018）

緩慢上升。「2018年人民幣對美元最強的時候達到了6.28，最弱的時候達到了6.97，這樣一個波動的範圍，從高點到低點大概是11%。如果算波動率的話，去年人民幣對美元的波動率是4.2%。這個波動率相對於歐元兌美元的波動率、英鎊兌美元的波動率，我們的波動率還偏小。歐元的波動率大概是7%，英鎊的波動率是8%左右，我們只有4%。這反應什麼呢？反應了我們的匯率還是相對穩定的。但同時，這個匯率穩定不代表說匯率盯死了不動。匯率必須要有個彈性，有個靈活的匯率形成機制，才能起到我說的自動穩定器的作用。」[1]

匯率的基本穩定和年度區間上下大幅波動，在中國匯率史上還是新出現的現象。從外匯市場發育過程看，可能是從單向的外資、外匯進入為主的經濟體系，轉型為資本、貨幣雙向流動的經濟體系的正常現象。到目前，這種現象出現的時間還很短，有待未來發展才能確認。

二、外匯管理從嚴

許多年前，中國一些居民就興起了在西方國家大量購買不動產熱，所投資金中，中國政府批准的合法移民攜帶的資金很少，主要是貪污賄賂等犯罪向境外轉移犯罪所得。2015年股災與資金出逃風潮，使外匯管理在既有的制度上又再次認真執行起來。

第一是嚴厲打擊地下匯兌。

2015年5月14日，最高法院、最高檢察院、公安部、中國人民銀行及國家外匯管理局聯合下發《關於參加打擊利用離岸公司和地下錢莊轉移贓款專項行動的通知》，決定自2015年4月至12月，在全國開展打擊利用離岸公司和地下錢莊向境外轉移贓款行動。此次專項行動的重點是打擊協助他人非法辦理跨境匯兌、買賣外匯、資金支付結算等地下錢莊違法犯罪活動；利用離

---

[1] 中國人民銀行就金融改革與發展等問題答記者問［EB/OL］. 2019-03-10. http://money.163.com/19/0310/12/E9TJDU5N00258105.html.

岸公司帳戶、非居民帳戶等協助貪污受賄等上游犯罪向境外轉移犯罪所得及其收益的犯罪活動；以其他方法掩飾、隱瞞貪污賄賂等上游犯罪所得及其收益的來源和性質的犯罪活動。

2015年，浙江警方共破獲115起地下錢莊，涉案總金額近萬億元。①

2016年，全國破獲的地下錢莊，涉案金額近萬億元。②

2017年上半年，破獲地下錢莊案30多起，涉案金額3,000多億元。③

第二是改進個人購匯電子記錄系統，強化個人購匯和匯款的合法合規性，嚴禁借用他人名義和年度指標購匯。

2017年，珠海破獲1.4億元地下錢莊案，218名在校大學生涉案。涉案大學生為了貪圖小利，把自己每年5萬美金外匯換匯額度出售給他人。④

第三是限制個人境外使用人民幣銀聯卡刷卡消費。

在國家外匯管理局2015年涉外銀行卡統計數據中，位居刷卡支出第二位的交易類型就是提現，為231億美元，占境外刷卡支出總額（1,358億美元）的17%。國家外匯管理局於2015年9月發文規範境外提取現鈔額度管理。自10月份開始，境外刷卡提現逐步下降。

2015年規定的內容：一日內累計不得超過等值1,000美元，一個月內累計不得超過等值5,000美元，六個月內累計不得超過等值10,000美元。同年10月起，每張國內銀行卡境外取現的額度已被限制為等值10萬元人民幣。

2017年1月1日起，個人購匯申報需要細化到用途和時間。

2017年7月1日起，對跨境超過20萬元人民幣的交易，銀行需要上報中央銀行；

2017年9月1日起，境內發卡金融機構需向國家外匯管理局報送境內銀行卡在境外發生的全部提現和單筆等值1,000元人民幣以上的消費交易信息。

2018年1月1日起，《國家外匯管理局關於規範銀行卡境外大額提取現金

---

① http://politics.people.com.cn/n1/2016/0324/c1001-28222720.html.
② http://tv.cctv.com/2017/02/27/VIDEng2K9hp1rL90AYePhzaq170227.shtml.
③ http://www.chinanews.com/cj/2017/06-08/8245851.shtml.
④ http://dy.163.com/v2/article/detail/E26O9BEF05129QAF.html.

第六章　擴大對外投資初期的貨幣政策與金融監管（2013—2018）

交易的通知》完善了銀行卡跨境使用的反洗錢、反恐怖融資、反逃稅監管，規定個人持境內銀行卡在境外提取現金，本人名下銀行卡（含附屬卡）合計每個自然年度不得超過等值10萬元人民幣。超過年度額度的，本年及次年將被暫停持境內銀行卡在境外提取現金。個人不得通過借用他人銀行卡或出借本人銀行卡等方式規避或協助規避境外提取現金管理。

1998年，最高人民法院發表過《最高人民法院關於審理騙購外匯、非法買賣外匯刑事案件具體應用法律若干問題的解釋》（法釋〔1998〕20號）。2018年12月最高人民檢察院發表《關於辦理非法從事資金支付結算業務、非法買賣外匯刑事案件適用法律若干問題的解釋》，對刑法第二百二十五條之非法經營罪重新做出解釋，細化外匯管理，以打擊地下外匯收付和地下外匯交易。

同期，一些民營企業特別是幾家金融控股集團，比如安邦集團，在境外的猛烈擴張也在2016年開始受到控制和整理，數百億美元的境外不動產、企業併購投資計劃被終止。2018年2月，中國保監會對安邦保險集團股份有限公司依法實施接管。

第七節　加強金融風險控制和重整控制系統

進入 2017 年後，中央加強了金融風險控制，並重整控制系統。

2017 年 4 月 7 日《中國銀監會關於銀行業風險防控工作的指導意見》（銀監發〔2017〕6 號）發布。除信用風險管控、房地產領域風險、地方政府債務違約風險等傳統領域風險外，文件同時要求重點防控債券波動風險、交叉金融產品風險、互聯網金融風險、外部衝擊風險等非傳統領域風險，處置一批重點風險點，消除一批風險隱患，嚴守不發生系統性風險底線。

針對銀行理財和代銷業務，文件要求銀行業金融機構應當確保每只理財產品與所投資資產相對應，做到單獨管理、單獨建帳、單獨核算；不得開展滾動發售、混合運作、期限錯配、分離定價的資金池理財業務；確保自營業務與代客業務分離；不得在理財產品之間、理財產品客戶之間或理財產品客戶與其他主體之間進行利益輸送。針對互聯網借貸平臺領域，「校園貸」和「現金貸」成為整改重點。要求網路借貸信息仲介機構不得將不具備還款能力的借款人納入行銷範圍，禁止向未滿 18 週歲的在校大學生提供網貸服務，不得進行虛假詐欺宣傳和銷售，不得變相發放高利貸。做好現金貸業務活動的清理整頓，確保出借人資金來源合法，不得違法高利放貸及暴力催收。

2017 年 4 月 9 日，中央紀委監察部網站發布消息：中國保險監督管理委員會黨委書記、主席項俊波涉嫌嚴重違紀，接受組織審查。6 月 9 日，安邦集團高管吳小暉被有關部門帶走。10 日，保監會相關人士赴安邦集團開會，小範圍宣布了吳小暉被帶走的消息。6 月 13 日，安邦保險集團聲明：安邦保險集團董事長兼總經理吳小暉先生，因個人原因不能履職，已授權集團相關高管代為履行職務，集團經營狀況一切正常。2018 年 2 月 23 日，吳小暉因涉嫌經濟犯罪，被依法提起公訴。同日，中國保監會發布了對安邦保險集團股份有限公司實施接管的公告，期限為一年。

2017 年 7 月 14 日至 15 日，全國金融工作會議召開。中共中央總書記、

國家主席、中央軍委主席習近平出席會議並發表重要講話：要加強金融監管協調、補齊監管短板。設立國務院金融穩定發展委員會，強化人民銀行宏觀審慎管理和系統性風險防範職責，落實金融監管部門監管職責，並強化監管問責。堅持問題導向，針對突出問題加強協調，強化綜合監管，突出功能監管和行為監管。地方政府要在堅持金融管理主要是中央事權的前提下，按照中央統一規則，強化屬地風險處置責任。金融管理部門要努力培育恪盡職守、敢於監管、精於監管、嚴格問責的監管精神，形成有風險沒有及時發現就是失職、發現風險沒有及時提示和處置就是瀆職的嚴肅監管氛圍。健全風險監測預警和早期干預機制，加強金融基礎設施的統籌監管和互聯互通，推進金融業綜合統計和監管信息共享。對深化金融改革的一些重大問題，要加強系統研究，完善實施方案。

2017年10月16日，中央銀行發布消息，在日前召開的國際貨幣基金組織/世界銀行年會上，中央銀行行長周小川在談到金融穩定時表示，金融穩定發展委員會未來將重點關注四方面問題：影子銀行、互聯網金融、資產管理行業和金融控股公司。談到金融控股公司問題時，周小川指出：「一些大型私人企業通過併購獲得各種金融服務牌照，但並非真正意義上的金融控股公司，其間可能存在關聯交易等違法行為，而我們對這些跨部門交易尚沒有相應的監管政策。」

2017年11月，國務院金融穩定發展委員會主任馬凱副總理主持召開了第一次全體會議，討論通過了國務院金融穩定發展委員會近期工作要點，強調要繼續堅持穩中求進的工作總基調，堅持穩健的貨幣政策，強化金融監管協調，提高統籌防範風險能力，更好地促進金融服務實體經濟，更好地保障國家金融安全，更好地維護金融消費者合法權益。

2018年3月13日，根據國務院機構改革方案，組建中國銀行保險監督管理委員會，不再保留中國銀行業監督管理委員會、中國保險監督管理委員會，將擬定銀行業、保險業重要法律法規草案和審慎監管基本制度的職責劃入中國人民銀行。

2018年7月2日，新一屆國務院金融穩定發展委員會主任由劉鶴副總理

擔任，副主任和辦公室主任由中國人民銀行行長易綱擔任，國務院常務副秘書長丁學東任副主任。辦公室設在中國人民銀行。

2018年8月24日，國務院副總理、國務院金融穩定發展委員會主任劉鶴主持召開防範和化解金融風險專題會議。會議聽取了網路借貸行業風險專項整治工作進展情況以及防範和化解上市公司股票質押風險情況的匯報，研究了深化資本市場改革的有關舉措。

會議指出，前一階段，有關部門和地方認真貫徹落實黨中央、國務院決策部署，明確責任，密切配合，積極穩妥應對，網貸領域和上市公司股票質押風險整體可控。下一步，要繼續堅持穩中求進，把握好政策的節奏和力度，處理好短期應對和中長期制度建設的關係，扎紮實實做好工作。做好網貸風險應對工作，要進一步明確中央和地方、各部門間的分工和責任，共同配合做好工作。要深入摸清網貸平臺和風險分佈狀況，區分不同情況，分類施策，務求實效。要抓緊研究制定必要的標準，加快互聯網金融長效監管機制建設。防範和化解上市公司股票質押風險要充分發揮市場機制的作用，地方政府和監管部門要創造好的市場環境，鼓勵和幫助市場主體主動化解風險。要通過紮實推進改革開放，創造良好市場預期，維護金融市場穩定。

會議強調，進一步深化資本市場改革，要堅持問題導向，聚焦突出矛盾，更好地服務實體經濟發展。要抓緊研究制定健全資本市場法治體系、改革股票發行制度、大力提升上市公司質量、完善多層次資本市場體系、建立統一管理和協調發展的債券市場、穩步推進資本市場對外開放、拓展長期穩定資金來源等方面的務實舉措。

2018年9月7日，國務院金融穩定發展委員會召開第三次全體會議，分析當前經濟金融形勢，研究做好下一步重點工作。會議由國務院副總理、國務院金融穩定發展委員會主任劉鶴主持。

會議認為，當前宏觀經濟形勢總體穩定，經濟金融保持穩定發展態勢，供給側結構性改革持續深化，就業保持穩定，微觀主體韌性進一步增強。金融系統認真貫徹黨中央、國務院各項決策部署，積極貫徹執行穩健中性的貨幣政策，並根據形勢的變化有針對性地適時適度預調微調，保持市場流動性

第六章　擴大對外投資初期的貨幣政策與金融監管（2013—2018）

合理充裕，信貸市場、債券市場、股票市場平穩運行，人民幣匯率保持合理穩定，各類金融風險得到穩妥有序的防範與化解，金融市場風險意識和市場約束逐步增強。

會議強調，做好當前金融工作，必須保持戰略定力，按照黨中央、國務院總體要求，堅持穩中求進總基調，遵循既定方針，抓住關鍵問題推進工作。一是在宏觀大局的變化中把握好穩健中性的貨幣政策，充分考慮經濟金融形勢和外部環境的新變化，做好預調微調，但也要把握好度。二是加大政策支持和部門協調，特別要加強金融部門與財政、發展改革部門的協調配合，加大政策精準支持力度，更好地促進實體經濟發展。三是繼續有效化解各類金融風險，既要防範和化解存量風險，也要防範各種「黑天鵝」事件，保持股市、債市、匯市平穩健康發展。四是務實推進金融領域改革開放，確保已出台措施的具體落地，及早研究改革開放新舉措。資本市場改革要持續推進，成熟一項推出一項。五是更加注重加強產權和知識產權保護，創造公平競爭的市場環境，激發各類市場主體特別是民營經濟和企業家的活力。六是更加注重激勵機制的有效性，強化正向激勵機制，營造鼓勵擔當、寬容失敗、積極進取的氛圍，充分調動各方面積極性，共同做好各項工作。

10月20日，國務院金融穩定發展委員會召開防範和化解金融風險專題會議，重點分析第3季度經濟金融形勢，研究做好進一步改善企業金融環境以及防範和化解金融風險有關工作。會議由國務院副總理、國務院金融穩定發展委員會主任劉鶴主持，人民銀行、銀保監會、證監會、外管局、發改委、財政部等單位負責同志參加會議。

會議認為，當前宏觀經濟延續穩中有進的基本態勢。從金融領域看，積極實施穩健中性的貨幣政策，市場流動性總體上合理充裕，人民幣匯率彈性增強並保持基本穩定，結構性去槓桿穩步推進，部分機構前期盲目擴張行為明顯收斂。但也必須看到，中國經濟仍處於新舊動能轉換的關鍵階段，在內外因素的共同作用下，歷史上累積的一些風險和矛盾正在水落石出，對形勢要客觀認識、理性看待，對存在的問題要開準藥方，及時解決。

會議強調，做好當前金融工作，要按照黨中央、國務院總體要求和部署，

進一步增強「四個意識」，保持戰略定力，堅持穩中求進工作總基調，講忠誠、講乾淨、講擔當，沉著應對，統籌謀劃，綜合施策。要處理好穩增長和防風險的平衡，聚焦進一步深化供給側結構性改革，在實施穩健中性貨幣政策、增強微觀主體活力和發揮好資本市場功能三者之間，形成三角形支撐框架，促進國民經濟整體良性循環。

一是實施穩健中性貨幣政策。要進一步增強前瞻性、靈活性和針對性，做到鬆緊適度，重在疏通傳導機制，處理好穩增長與去槓桿、強監管的關係。

二是增強微觀主體活力。特別要聚焦解決中小微企業和民營企業融資難題，實施好民企債券融資支持計劃，研究支持民企股權融資，鼓勵符合條件的私募基金管理人發起設立民企發展支持基金；完善商業銀行考核體系，提高民營企業授信業務的考核權重；健全盡職免責和容錯糾錯機制，對已盡職但出現風險的項目，可免除責任；對暫時遇到經營困難，但產品有市場、項目有發展前景、技術有市場競爭力的企業，不盲目停貸、壓貸、抽貸、斷貸；有效治理附加不合理貸款條件、人為拉長融資鏈條等問題。要認真總結國有企業混改試點經驗，加大下一步改革力度。

三是發揮好資本市場樞紐功能。資本市場關聯度高，對市場預期影響大，資本市場對穩經濟、穩金融、穩預期發揮著關鍵作用。要堅持市場化取向，加快完善資本市場基本制度。前期已經研究確定的政策要盡快推出，要深入研究有利於資本市場長期健康發展的重大改革舉措，成熟一項，推出一項。

會議強調，當前社會各界最關注的是已經承諾的各項政策措施落實情況，10月19日對外宣布的穩定市場、完善市場基本制度、鼓勵長期資金入市、促進國企改革和民企發展、擴大開放五方面政策，要快速紮實地落實到位。人民銀行、銀保監會、證監會、外管局、發改委、財政部等有關部門要加快工作節奏，政策成熟後立即推出，推出後狠抓落實。國務院金融穩定發展委員會辦公室近期要會同有關部門進行實地督查，確保落實到位。

2018年12月20日，國務院金融穩定發展委員會辦公室召開資本市場改革與發展座談會。中央明確提出，要建立市場化、法制化的資本市場，金融部門要加緊行動。當前資本市場風險得到了較為充分的釋放，已經具備長期

第六章　擴大對外投資初期的貨幣政策與金融監管（2013—2018）

投資價值，改革面臨比較好的有利時機。與會代表認為，資本市場改革已經形成高度共識，即將進入一磚一瓦的實施階段，將加快推進。下一階段，資本市場改革要更加注重提升上市公司質量，強化上市公司治理，嚴格退市制度。要強化信息披露制度，切實做好投資者保護。要堅決落實市場化原則，減少對交易的行政干預。要借鑑國際上通行的做法，積極培育中長期投資者，暢通各類資管產品規範進入資本市場的渠道。監管部門要加強與市場溝通，積極傾聽市場的聲音。

第八節　貨幣政策和宏觀審慎政策雙支柱調控框架初步形成

貨幣政策屬於傳統宏觀政策，過去主流中央銀行的政策框架都以貨幣政策為核心。監管中主要是採取微觀審慎措施。而 2008 年全球金融危機發生後，各國監管當局普遍認識到僅靠貨幣政策對於維持金融系統穩定還不夠，很多區域性、系統性金融風險是由於宏觀審慎監管的缺失導致的。

健全宏觀審慎政策框架並與貨幣政策相互配合，能夠更好地將幣值穩定和金融穩定結合起來。貨幣政策與宏觀審慎政策都有逆週期調節的功能，具有宏觀管理的屬性。但貨幣政策主要是調節總需求的政策，針對的是整體經濟總量，側重於經濟增長、就業以及物價水準的穩定；而宏觀審慎政策則主要作用於金融體系本身，側重於維護金融穩定和防範系統性金融風險，具有較強的針對性。兩者相結合，可以更好地發揮其在平衡穩增長和防風險的關係上的作用。

總體來看，中國宏觀審慎政策的探索與創新走在了國際的前列，為全球提供了有價值的中國經驗。

中國在「十二五」規劃和「十三五」規劃中都對構建逆週期宏觀審慎政策框架提出了明確要求。習近平總書記在黨的十九大報告中提到深化金融改革時強調，健全貨幣政策和宏觀審慎政策雙支柱調控框架，深化利率和匯率市場化改革，是中國深化金融體制改革的重要目標。

中國貨幣政策和宏觀審慎政策雙支柱政策框架，其首次提出是在《中國貨幣政策執行報告（2016 年第 4 季度）》中。2017 年 7 月的第五次全國金融工作會議，特別強調了雙支柱調控框架，指出其為金融調控政策框架的重要組成部分。

到目前為止，中國宏觀審慎監管框架已經初步成形。主要標誌性進展有下面幾個方面：

（1）2015 年年底人民銀行決定從 2016 年起將原有的差別準備金動態調整與合意貸款管理機制升級為宏觀審慎評估體系（MPA），指標體系包括資本和

第六章　擴大對外投資初期的貨幣政策與金融監管（2013—2018）

槓桿情況、資產負債情況、流動性、定價行為、資產質量、跨境融資風險、信貸政策執行 7 個方面。宏觀審慎監管體系的建立，彌補了以往貨幣政策框架和微觀審慎監管的空白，引入了逆週期調控因子，可以更好地防範和化解系統性金融風險。

（2）資本金要求、槓桿率、流動性風險管理、貸款損失準備、完善系統重要性金融機構監管等基礎性法規制定方面已經基本完成，大部分銀行的主要監管指標達到了最初提出的過渡期結束時的目標。

（3）明確了對系統重要性金融機構的認定和認定標準，不限於銀行，包括保險和證券機構。進一步完善了加強監管的途徑，建立和完善了系統重要性金融機構特別處置機制等。

2018 年 11 月 27 日人民銀行、銀保監會、證監會聯合發布的《關於完善系統重要性金融機構監管的指導意見》的定義：「系統重要性金融機構是指因規模較大、結構和業務複雜度較高、與其他金融機構關聯性較強，在金融體系中提供難以替代的關鍵服務，一旦發生重大風險事件而無法持續經營，將對金融體系和實體經濟產生重大不利影響、可能引發系統性風險的金融機構。」

系統重要性金融機構包括系統重要性銀行業機構、系統重要性證券業機構、系統重要性保險業機構，以及國務院金融穩定發展委員會認定的其他具有系統重要性、從事金融業務的機構。

一般而言，有效的宏觀審慎政策框架必須具備逆週期調節槓桿的能力和手段。《巴塞爾協議第三版》在最低監管資本要求之上增加了逆週期資本緩衝、系統重要性金融機構附加資本要求等措施，並對金融機構流動性提出了更高要求。針對金融市場，採用逆週期和跨市場的槓桿管理，例如房地產市場的貸款價值比，股市和債市的槓桿率/折扣率規則等。控制資產持有主體的加槓桿行為，對非銀行金融機構的債務風險進行控制；通過適度抑制加槓桿的資金來源，對銀行的信用創造能力進行控制。

近年，中國從兩個方面著手來完善系統重要性金融機構監管：一是對系統重要性金融機構確定特別監管要求，以增強其持續經營能力，降低發生重大風險的可能性。相應的審慎監管措施，能夠保證系統重要性金融機構合理

承擔風險，避免盲目擴張。同時，建立系統重要性金融機構特別處置機制，推動恢復和處置計劃的制訂，開展可處置性評估，確保系統重要性金融機構發生重大風險時，能夠得到安全、快速、有效處置，保障其關鍵業務和服務不中斷，防範「大而不能倒」風險。

目前，中國的貨幣政策和宏觀審慎政策雙支柱調控框架和基礎性制度建設已初步形成，下一步還需要進一步通過深化金融改革、制定和完善基礎性法律法規，完善相關運行機制。

幾年的實踐證明，「雙支柱體調控框架」是中國在金融宏觀調控政策框架實踐方面取得的重要成果，在維護金融穩定方面發揮了較好的作用。其體現：

（1）更加全面地對社會融資活動進行逆週期調節，促進銀行體系穩健運行，並及時將互聯網金融創新納入宏觀審慎監管；

（2）有助於抑制資產價格的過度波動，一定程度上防止了資產價格泡沫化趨勢；

（3）增強了金融宏觀調控的前瞻性、有效性，維護了金融穩定。

穩健的貨幣政策為供給側結構性改革創造了良好的貨幣金融環境，宏觀審慎政策為穩健貨幣政策實施和傳導、保持流動性的「合理充裕」提供了有力的支持。

尤其是在深化金融供給側結構性改革，改善金融服務和平衡好穩增長和防風險的關係方面，雙支柱的調控框架將發揮更好地保駕護航的作用。

為應對日益複雜的國際國內經濟金融運行狀況，改善金融服務實體經濟的能力，推動中國金融進一步對外開放，中國人民銀行明確表示，將按照黨中央深化金融供給側結構性改革的要求和國務院的部署，繼續健全貨幣政策和宏觀審慎政策「雙支柱」調控體系：繼續完善貨幣政策框架，強化價格型調控和傳導，繼續深化利率和匯率市場化改革，探索和建立中國的利率走廊，發揮金融價格槓桿在優化資源配置中的決定性作用；繼續完善宏觀審慎政策框架，將更多金融活動、金融市場、金融機構和金融基礎設施納入宏觀審慎政策的覆蓋範圍；完善貨幣政策和宏觀審慎政策治理架構，推進金融治理體系和治理能力的現代化。

參考文獻

[1] B. T. 瓊圖洛夫, 等. 蘇聯經濟史 [M]. 鄭彪, 等譯. 長春: 吉林大學出版社, 1988.

[2] 契爾年科, 等. 蘇聯共產黨和蘇聯政府經濟問題決議匯編: 第一卷 (1917—1928年) [M]. 梅明, 等譯. 北京: 中國人民大學出版社, 1984.

[3] 蘇聯科學院經濟所. 蘇聯社會主義經濟史: 第三卷 蘇聯社會主義經濟基礎的建立 (1926—1932年) [M]. 盛曾安, 等譯. 北京: 生活·讀書·新知三聯書店, 1982.

[4] 列利丘克. 蘇聯的工業化 [M]. 聞一, 譯. 北京: 商務印書館, 2004.

[5] 田中壽雄. 蘇聯東歐的金融和銀行 [M]. 高連福, 譯. 北京: 中國財政經濟出版社, 1981.

[6] 中共中央文獻研究室. 鄧小平文選: 第1-3卷 [M]. 北京: 人民出版社, 1993.

[7] 劉鴻儒. 關於中國人民銀行專門行使中央銀行職能的幾個問題 [J]. 中國金融, 1983 (6).

[8] 趙海寬. 採取堅決措施, 清理不合理的貨款拖欠 [J]. 金融研究, 1990 (4).

[9] 張光華. 中國外匯調劑市場的回顧與展望 [J]. 金融研究,

1990（9）.

［10］中國人民銀行智力引進辦公室. 中央銀行貨幣政策與銀行監管研究——聯合國計劃開發署援助項目報告選［R］. 北京：中國金融出版社，2002.

［11］朱鎔基. 朱鎔基講話實錄：一至四卷［M］. 北京：人民出版社，2011.

［12］中共中央文獻研究室. 建國以來重要文獻選編：第十四冊——黨的歷史文獻集和當代文獻集［M］. 北京：中央文獻出版社，1997.

［13］張輝. 新中國金融「波瀾」60 年［J］. 瞭望，2009（8）.

［14］楚永生. 基於行政生態學視角的中國政府職能定位（1949—1978 年）研究［J］. 行政論壇，2011（10）.

［15］郭大鈞. 中國共產黨對建設社會主義道路的探索［J］. 北京師範大學學報，1991（6）.

［16］鐘堅. 中國經濟特區創辦與發展 30 年的歷史考察與思考［C］// 2010 中國經濟特區論壇：紀念中國經濟特區建立 30 週年學術研討會論文集. 2010.

［17］袁友軍. 鄧小平的金融思想初探［J］. 社會主義研究，2004（8）.

［18］郭代模，楊遠根. 鄧小平財政思想初探［J］. 財政研究，1997（6）.

［19］楊帆. 人民幣匯率制度歷史回顧［J］. 中國經濟史研究，2005（12）.

［20］穆寬一. 關於中國外匯管理相關問題的研究［J］. 經營管理者，2011（3）.

［21］張文峰，楊雪君. 國有大型商業銀行的國際化之路——以中國工商銀行為例［J］. 國有經濟評論，2013（9）.

［22］崔璨. 論習仲勛在經濟特區創建中的歷史貢獻［J］. 學術論文聯合比對庫，2014（12）.

［23］王定毅. 習仲勛與深圳經濟特區的創建——從中央和地方關係維度考察［J］. 歷史教學問題，2016（4）.

［24］吳念魯，楊海平. 中國外匯儲備制度演進、數量變化的經濟學邏輯及其啟示［J］. 西南金融，2014（8）.

［25］張豔花. 中國金融改革堅定前行——訪中國證監會首任主席劉鴻儒［J］. 中國金融，2018（10）.

［26］李捷. 習近平新時代中國特色社會主義思想對毛澤東思想的堅持、發展和創新［J］. 湘潭大學學報（哲學社會科學版），2019（1）.

［27］周小川. 深化金融體制改革［J］. 中國金融，2015（11）.

［28］陸威. 中國互聯網金融的美好時代［J］. 首席財務官，2014（3）.

［29］韓漢君，王玉. 社會主義金融必須迴歸本源——學習習近平金融服務實體經濟思想的相關論述［J］. 毛澤東鄧小平理論研究，2018（7）.

［30］嚴存生.「全球化」時代與「一帶一路」的法治建設［J］. 上海政法學院學報（法治論叢），2019（3）.

［31］陳文通. 對中國經濟風險的理論思考［J］. 中國延安幹部學院學報，2019（3）.

［32］王璐瑤. 資管新規下商業銀行理財業務發展問題探析［J］. 長春金融高等專科學校學報，2019（3）.

［33］郭瑞雲. 互聯網金融的主要模式及其發展現狀［J］. 長春金融高等專科學校學報，2015（5）.

［34］易綱. 貨幣政策回顧與展望［J］. 中國金融，2018（3）.

［35］賈瑛瑛，孫芙蓉. 推進金融改革發展［J］. 中國金融，2019（3）.

結束語

　　嚴格來說，本書不能算是史學著作，因為本書所敘述的最近幾年的事件尚在發展演變之中，仍然還是現實生活。本書也不能算是金融學著作，因為本書在敘述之前已假定讀者具備金融學的專業知識，所以並未講述各種事件本身及其之間的專業理由。本書只是從貨幣政策與金融監管著眼，用筆者淺薄的知識、有限的資料和低科技的處理手段，坐在不是國家貨幣金融事務管理者的椅子上，講述中華人民共和國70年來的貨幣政策與金融監管的產生和發展及其演變這樣一個宏大的故事。但我們的用心相當良苦，希望通過本書略述我們40年來學習的、研究的和經歷過的事件，幫助讀者縱向地觀察和理解現在，但不包括未來。

　　貨幣政策與金融監管，在現代經濟生活中的確非常重要，但也不是靈丹妙藥。更重要的還是貨幣政策的傳導體系和作用對象：銀行和各種各樣的農工商企業。對於銀行與企業，我們只是略有提及。

　　在敘述過程中，我們已經盡量注意把法律夾帶進來。現代生活從出門上班起就離不開遵守法律，金融交易與監管更是如此。法律是人類社會發明創造的最恆久的資源。沒有法律的大地只能是遍地雜草，生長不出美麗的花。

　　在敘述過程中，我們多次講到社會生產技術水準的變動和社會與經濟制

度的變動都對中華人民共和國的貨幣與金融制度具有重要的基礎性作用。我們深信這樣的變動不會停歇。

　　歷史都是人講述的，人的認知都是有限的，因此我們所講述的歷史難免掛一漏萬，歡迎大家「指正」。

解川波

國家圖書館出版品預行編目（CIP）資料

中國貨幣政策與金融監管制度變遷 / 解川波, 張虎嬰 編著. -- 第一版.
-- 臺北市：財經錢線文化, 2020.05
　　面 ；　公分
POD版

ISBN 978-957-680-397-0(平裝)

1.貨幣政策 2.金融監理 3.中國

561.18　　　　　　　　　　　　　　109005408

書　　名：中國貨幣政策與金融監管制度變遷
作　　者：解川波,張虎嬰 編著
發 行 人：黃振庭
出 版 者：財經錢線文化事業有限公司
發 行 者：財經錢線文化事業有限公司
E - m a i l：sonbookservice@gmail.com
粉 絲 頁：　　　　　網　址：
地　　址：台北市中正區重慶南路一段六十一號八樓815 室
8F.-815, No.61, Sec. 1, Chongqing S. Rd., Zhongzheng
Dist., Taipei City 100, Taiwan (R.O.C.)
電　　話：(02)2370-3310　傳　真：(02) 2388-1990
總 經 銷：紅螞蟻圖書有限公司
地　　址：台北市內湖區舊宗路二段 121 巷 19 號
電　　話：02-2795-3656 傳真:02-2795-4100　　網址：
印　　刷：京峯彩色印刷有限公司（京峰數位）
　　本書版權為西南財經大學出版社所有授權崧博出版事業股份有限公司獨家發行電子
　書及繁體書繁體字版。若其他相關權利及授權需求請與本公司聯繫。
定　　價：450 元
發行日期：2020 年 05 月第一版

◎ 本書以 POD 印製發行